"政校行企"协同创新高职人才培养机制研究与实践工作方案成果之一

高职协同创新探索

GAOZHI XIETONG CHUANGXIN TANSUO

主　编⊙张　杰

副主编⊙谢继延　董加喜　范　琳　曾兰燕

参　编⊙王永祥　纪　伟　曾志明　汤中军
刘保其　于新平　曾三军　王爱晶
邬厚民　廖　慧　段智敏

广东高等教育出版社
Guangdong Higher Education Press
·广州·

图书在版编目（CIP）数据

高职协同创新探索．张杰主编．—广州：广东高等教育出版社，2020.5
ISBN 978－7－5361－6528－1

Ⅰ．①高…　Ⅱ．①张…　Ⅲ．①高等职业教育－教学改革－研究
Ⅳ．①G718.5

中国版本图书馆 CIP 数据核字（2019）第 144899 号

出版发行	广东高等教育出版社
	地址：广州市天河区林和西横路
	邮政编码：510500　电话：（020）87554152　87551163
	http://www.gdgjs.com.cn
印　　刷	佛山市浩文彩色印刷有限公司
开　　本	787 毫米×1 092 毫米　1/16
印　　张	13.75
字　　数	317 千
版　　次	2020 年 5 月第 1 版　2020 年 5 月第 1 次印刷
定　　价	48.00 元

前　言

协同创新是目前我国高等职业教育改革与发展中正在探索和实践的一个新课题。协同创新的内涵是指某一事物或系统在运作和发展过程中内在各部分或要素之间的相互配合和影响。高职院校的协同创新重点是高职院校围绕企业发展需求、科技创新项目和生产实际中的重点难点问题与企业的生产者、管理者之间协同创新与合作攻关，对参与协同的个体、整体及国家都具有非常积极和重要的意义。

国家产业的转型升级与飞速发展，对高职院校的内涵建设提出了更新、更高的要求。2013 年，广东省下发了《广东省教育厅关于组织开展协同机制创新改革研究与实践工作的通知》（粤教科函〔2013〕103 号）、《广东省高等教育“创新强校工程”实施方案（试行）》（粤教高函〔2014〕8 号）、《广东省教育厅关于加快推进高校协同机制创新改革研究与实践工作的通知》（粤教科函〔2014〕11 号）等文件，于是各高职院校掀起了开展协同创新工作的热潮。

广州科技贸易职业学院（以下简称“学院”）是一所由广州市科学技术协会主办的行业高职院校。学院领导十分重视高职教育工作的改革研究，在国家教育改革的大背景下，不断进行教育教学协同创新的改革探索与实践。学院主动适应地方经济和行业发展需求，依托“广东省教育厅协同机制创新改革研究扶持项目”，积极开展人才培养模式、师资队伍建设、实训室建设、专业建设等方面的协同创新探索与实践，取得了较好的成果，教学质量也相应地得到了普遍提升。

本书以高职协同创新探索为主题，以广州科技贸易职业学院改革创新为主线，着重阐述了该学院在办学定位、改革发展、人才培养模式、师资队伍建设、实训室建设、专业建设等方面的协同创新理论探索与实践创新，可为高职院校开展协同创新工作提供一定的借鉴和指导，也可为职业教育理论研究者提供参考资料和案例分析原型。

本书共分八章：第一章，高等职业教育内涵解读；第二章，高职院校协同创新理念；第三章，高职教育协同创新办学路径探索；第四章，高职教育协同创新机制改革探索；第五章，高职教育协同创新专业建设探索；第六章，高职教育协同创新人才培养模式改革探索；第七章，高职教育协同创新师资队伍建设探索；第八章，高职教育协同创新实训基地建设探索。

与同类书籍相比，本书既有对高职协同创新的理论探索，又有对学院深化教育教学改革的实践创新。对办好高等职业教育，培养更多更好的高级技术技能型人才具有一定的启发和借鉴作用，也为高职教育在新的历史阶段的发展提供了丰富的例证。

“‘政校行企’协同创新高职人才培养机制
研究与实践工作方案”课题组
2020 年 3 月

目　　录

第一章　高等职业教育内涵解读

第一节　高等职业教育的科学内涵

在不同的国家和教育制度、不同的角度和价值观念下，人们赋予了高等职业技术教育不同的含义。我国《教育大辞典》对高等职业技术教育的解释是："高等职业技术教育包括职业教育和技术教育，它们同属于第三级教育层次，这种教育可以是就业前的职业技术教育，也可以是从业后的有关继续教育。主要培养文科、理科、工科、农林、医药、政法、财经等7个科类的专业人才。在不同的经济发展时期和不同的国家，高职的内容会有所不同。"1997年联合国教科文组织颁布的国际教育标准分类（International Standard Classification of Education，简称ISCED）对高等职业教育的解释是：将学前教育至博士生教育的整个教育历程分为7个层次：0级为学前教育，1级为小学教育，2级为初中教育，3级为高中教育，4级为高中后的非高等教育，5级为高等教育的第一阶段（包括专科、本科和硕士），6级为高等教育的第二阶段（博士）。属于高等教育的第5级又分为5A和5B两种类型。5A的课程是以理论为基础、为研究做准备、为进入高技术要求专业做准备的课程，相当于我国的普通高等教育。5B的课程是面向实际、适应具体职业的，主要目的是让学生获得从事某种职业或行业，或某类职业或行业所需的实际技能或知识。完成5B学业的学生一般具备进入劳务市场所需的能力和知识。5B相当于我国的高等职业教育，为我国高等职业教育内涵的厘定提供了一个国际标准。1996年颁布的《中华人民共和国职业教育法》明确规定："职业学校教育分为初等、中等、高等职业学校教育。初等、中等职业学校教育分别由初等、中等职业学校实施；高等职业学校教育根据需要和条件由高等职业学校实施，或由普通高等学校实施。"高等职业教育是属于高等层次的职业教育，是高等教育的一部分，是一种特殊类型的高等教育。在我国历史上第一次将高等职业学校教育以法律形式固定下来。1999年颁布的《中华人民共和国高等教育法》明确规定："高等学校是指大学、独立设置的学院和高等专科学校，其中包括高等职业学校和成人高等学校。”在我国教育结构中第一次确立了高等职业教育和高等职业学校的法律地位，以法律形式明确规定高等职业教育是高等教育的一个重要组成部分，是与普通高等教育并存但又相互区别、相辅相成的，以培养高级职业技术人才为目的的高等教育。这是我国高等职业教育经历多次变化、长期探索后，具有法律效果和法律地位的科学结论。

综上所述，高等职业教育是指在高等教育阶段所进行的职业教育，它主要是指在完成高中阶段教育的基础上，围绕相应职业岗位所要求的知识和能力组织教学，以使学生毕业后能立即顶岗工作的教育。高等职业教育是我国高等教育的重要组成部分，是一种特殊类型的高等教育，目的是培养具有社会主义核心价值观，具有良好的公共道德和职业道德，具有终身学习理念，具有团队意识和协作精神，具有较强的实践能力、创新能力、就业能力、创业能力、学习能力，德智体美劳全面发展的高素质、高技能的应用型人才。

第二节　高等职业教育的基本特征

高等职业教育是高等教育的重要组成部分，发展高等职业教育是高等学校的重要任务。高等职业教育具有以下基本特征：层次特征——高等性，类型特征——职业性，知识能力特征——技术性，培养目标特征——应用性。

一、高等职业教育的层次特征——高等性

我们借用西方职业带（occupational spectrum）理论来解析高等职业教育。职业带理论按照各自不同的工作性质、工作对象和管理范围，将工业技术人员划分为技术工人（craftsman）、技术人员（technician）、工程师（engineer）三类。其中培养技术工人的教育称为“职业教育”，主要由职业技术院校承担，培养规格要求主要是具备一定的操作技能；培养技术人员的教育称为“技术教育”，主要由高等职业技术学校承担，培养规格要求既要具备一定的理论知识，又要具备一定的操作技能；培养工程师的教育称为“工程教育”，主要由普通高等学校承担，培养规格要求主要是具备宽厚的理论知识。由此可以看出，技术人员在职业带上介于技术工人与工程师之间。我们借用西方职业带理论，再次解析人才结构的演变和教育形式的演变与科学技术进步和社会生产发展的关系。在手工业生产阶段，职业带上的人才类型只有技术工人；在大工业生产初期，职业带上的人才类型出现了技术工人和工程师两类，而且两类人才的工作职能存在部分交叉。在

20世纪上半叶，工程师为了适应科学技术的发展，必须具备更多更高的理论知识，在职业带上大幅右移，使得工程师与技术工人之间的交叉带消失，由此产生了技术工人之上、工程师之下的“中间人才”，称为“技术人员”；在20世纪下半叶，由于高新技术的广泛应用和生产技术体系的不断发展，工程师的区域继续右移，技术人员的区域不断扩大，并且出现了层次上的分化，从而出现了高级技术人员，即新型的高层次职业技术人员。高层次职业技术人员属于技术人员系列范畴，又与工程师系列人员有部分职能交叉，此类高级技术人员既要具备较高的理论基础，又要具备较强的操作能力，所接受的教育内容已经跨入高等教育领域，因而高等职业技术人才具有“高等性”。①

高等职业教育能够作为高等教育的一个类型出现，是生产技术的发展和劳动组织的变更引起职业技术教育层次上移的结果。

第一，随着科学技术的不断进步和产业结构的调整升级，职业技术教育必须构建适应经济发展、科技进步、个性发展和独具特色的课程体系，课程内容能够及时反映新知识、新技术、新工艺和新方法，着力体现现代化、信息化、国际化的发展要求，着力培养学生的创新能力、创业能力和实践能力。显然，这不是原有职业技术教育受教育者的学历、课程体系和教学内容所能提供的。高等职业教育肩负着不断更新、提升一线劳动者素质的任务，其关注的焦点是尽可能提高就业者适应社会发展与技术变革的能力，满足社会对就业者越来越高的学历和职业能力的要求，为个人职业生涯的进一步发展提供一个坚实的平台。因而科学技术的不断进步和产业结构的调整升级是职业技术教育层次上移至高等职业教育的重要因素。

第二，随着劳动组织的变更和劳动力市场需求的变化，人才的需求和职业的选择具有多样性和变动性，需要劳动者对不同劳动岗位有更强的应变能力和就业弹性。科学技术发展趋势既高度分化又高度综合，必须加强学生通识能力的培养，构建复合型智能结构，增强人才未来转业转岗或通业总揽的自我调适、自我应变的能力。这使得原有职业技术教育中依据职业设置课程体系转变为以职业群或行业设置专业体系、课程体系和教学内容。随着培养目标、培养规格、培养模式等构建教育类型的主要因素的变化，高等职业教育逐渐从职业技术教育中分离出来，成为高等教育新的类型——高等职业教育。

根据联合国《国际教育标准分类》，普通高等教育SA与高等职业教育SB同处于第5层级，明确规定高等职业教育属于高等教育的范畴，为高等职业教育的高等性提供了国际认定标准。从我国职业教育体系来看，除了《中华人民共和国职业教育法》和《中华

---

① 梁志，赵祥刚. 高等职业教育的概念解析及其内涵的厘定［J］. 山东师范大学学报（人文社会科学版），2008（1）：88－91.

人民共和国高等教育法》等法律法规，1996年颁布的《中共中央国务院关于深化教育改革，全面推进素质教育的决定》明确指出：“高等职业教育是我国高等教育的重要组成部分。”2006年，《教育部关于全面提高高等职业教育教学质量的若干意见》进一步明确指出：“我国高等职业教育蓬勃发展，为现代化建设培养了大量高素质技能型专门人才，对高等教育大众化做出了重要贡献；丰富了高等教育体系结构，形成了高等职业教育体系框架；顺应了人民群众接受高等教育的强烈需求。高等职业教育作为高等教育发展中的一个类型，肩负着培养面向生产、建设、服务和管理第一线需要的高技能人才的使命，在我国加快推进社会主义现代化建设进程中具有不可替代的作用。”明确规定高等职业教育属于高等教育体系结构，高等职业技术教育是高等教育的一个类型。由此可见，高等职业教育是高等教育的重要组成部分，发展高等职业教育是高等学校的重要任务，高等职业教育具有高等性的教育属性。

二、高等职业教育的类型特征——职业性

高等职业教育在层次上属于高等教育，在类型上属于职业技术教育，是特殊类型的高等教育；高等职业教育的特殊性，决定了高等职业教育的类型特征——职业性。“职业性”是高等职业教育的原动力，是高等职业教育生存和发展的基础，具体体现在培养目标、专业设置与课程体系等三个方面。

1. 培养目标

在培养目标方面，普通高等教育培养的是从事研究和发现客观规律的学术型人才以及从事与社会谋求直接利益有关的设计、规划、决策等工程型人才，这两类人才的特点主要是应用智力技能来进行工作的。高等职业教育培养的是与我国社会主义现代化建设要求相适应的，掌握本专业必备的基础理论和专门知识，具有从事本专业实际工作的良好综合素质和职业综合能力，在生产、建设、管理、服务第一线工作的应用型人才。与普通高等学校培养的学术型与工程型人才相比较，高等职业教育培养的技术型人才具有以下特点。

（1）普通性。即学生牢固掌握自然科学和人文科学的基础知识、某一类职业岗位共同的专业理论知识，经过专门的技术训练，为掌握高新技术奠定了坚实的文化知识基础。

（2）变通性。学生能“以一技之长为主、兼顾多种能力”，既掌握一类职业岗位共同的专业理论，又能在此基础上，在相近职业岗位范围内发生能力迁移，实现上岗不需要过渡期，转岗亦不需要过多的再培训。

（3）融通性。即学生既具备职业领域的方法和能力，又具有社会活动能力，且能将

这两种能力运用自如。这些能力包括科学的价值判断能力、处理资源的能力、社会交往与互动的能力、获取和处理信息的能力、分析和解决问题的能力、运用科学技术的能力。

（4）潜通性。即学生应具备今后多次创业和广泛就业的潜在素质，包括创新精神、良好的个性品质、善于学习以及广泛的兴趣和爱好。从现实情况来看，一个人的职业角色的变换，得益于每个人的潜在资质，有相当的潜通基础。随着社会进步和科学技术的发展，我国的经济结构、产业结构都处在剧烈的变化之中，这种变化不仅导致产业、产品的技术含量不断增加，而且导致产业岗位不断调整。越来越频繁的岗位变动和职业流动，需要劳动者对不同劳动岗位有更强的应用能力和就业弹性。高等职业教育培养的高素质、高技能、应用型人才，将能更好地适应社会经济发展和人才市场变化需要。①

2. 专业设置

在专业设置方面，普通高等学校专业设置主要依据的是学科，培养目标突出学科本位的特征；高等职业教育专业设置不是针对学科而是针对职业岗位或职业岗位群的，培养目标要突出岗位群需求的专业本位特征。高等职业教育作为职业性的定向教育，是从职业岗位出发而不是从学科出发的，是给予学生从事某种职业的知识和能力的教育。职业能力和职业素质的培养是高等职业教育人才培养目标的核心。这种职业性特点包括两重含义。

（1）在当前我国面临改造传统工业、开拓新兴产业、发展第三产业以及产业结构变化、劳动力转移、劳动人事制度改革等任务形势下，高等职业教育的专业设置必须为适应经济结构、产业结构及人才结构的发展变化而做相应调整。高等职业教育设置专业的依据主要是实际应用型岗位中的较高层次岗位或岗位群需要。该层次岗位所需知识和能力不同于研究型、工程型岗位，它不与某一系统、完整的学科基本对应或为其所覆盖，或所需的应用理论知识为非学科知识，其课程一般是针对该层次职业岗位规范要求所应知应会的知识与能力结构来设计的，它并不要求系统性、全面性、完整性。

（2）学生在校所掌握的专业知识和职业技能，为职业岗位所应知应会的知识能力，都是与本专业所对应的职业岗位或岗位群必然使用或即将使用的。在高等职业教育的培养与培训中，培养培训过程的每一个环节无一不是以掌握岗位技能为目的，无不把目标与劳动力市场的需求，与生产、建设、管理、服务一线的实际需要紧紧地结合在一起。不论是职前的学历性教育，还是在职人员的提高性教育，或者是下岗人员的再就业培训，

① 王梦云. 职业教育的特征研究 [J]. 山西大学学报（哲学社会科学版），2005，28（6）：116－119.

从教学计划的制订，到教学计划的实施，无一不是紧紧围绕着特定的行业、特定的系统、特定的职业甚至是特定的岗位；或者是培养行业或系统的高级管理人员，或者是培养行业或系统的专业技术人员，或者是培养行业或系统一线岗位的熟练工人；或者是就某一项新发明、新创造、新技术、新工艺进行提高性培训。

总之，在高等职业教育的全过程中，每一个环节都有其明确的职业性。职业性反映了高职教育人才培养目标的本质特性。

3. 课程体系

在课程设置方面，普通高等教育是按照学科体系来设计知识体系，按照学科门类来设置专业，按照学科的理论体系来设置课程；要求所培养的学生必须系统地、全面地、完整地掌握古今学科的发展、基础理论和学科知识及其与其他学科的关系，强调所学知识的系统性和完整性；其知识结构的复合性是纵向复合型，以适应学科或学科群基础理论、技术基础理论、工程基础理论和工程设计要求。高等职业教育的课程设计是按照岗位、岗位群所需要的能力或能力要素为核心来展开的，或者就是以能力培养为中心展开的，它通过对工作岗位的分析，确定所需的能力或者能力要素体系，根据这一能力体系再确定与之对应的课程体系。课程是针对高等职业教育层次、职业岗位规范要求所应知应会的知识与能力结构来设计的，不再单纯强调专业知识或专业理论的系统性、完整性，而是强调知识的针对性及实用性，知识结构的总体特征是基于专业理论基础之上的理论知识与实践技术相结合，理论知识和实践技术的相关知识在个人知识结构中占据较大的比重。相对于专业理论知识，理论知识与实践技术相辅相成。实践技术植根于理论知识，是理论知识的应用与实现，理论知识是实践技术的归纳与总结，因此，高等职业教育的课程内容必须重视理论知识与实践技术、经验技术的结合。专业理论知识和实践技术直接反映当前职业岗位的工作需求，体现了高等职业教育的职业性和针对性。同时，作为系统的学校教育，高等职业教育又不能简单地等同于职业培训，理论知识反映了自然与社会的普遍规律，常常是相近职业或某职业群的共同理论基础，基础理论知识的掌握是学习专业理论知识和实践技术的前提。伴随着社会的发展、科学技术的进步以及产业结构的调整变化，新的产业、新的行业、新的职业不断涌现，不同职业岗位的内涵处于不断发展变化中，职业教育的培养对象应该有较强的从业弹性，应该具有可持续发展的理论和技术基础，保证具有对未来就业环境的适应性。高等职业教育的课程结构改革要认真处理理论教学和实践教学、能力培养和知识传授之间的关系，认真研究公共课程、专门课程和实践课程之间的结构、比例和权重，充分满足学生就业、升学和个性发展的需要，构建适应经济建设、科技进步、个性发展的具有高等职业教育特色的课程体系。

三、高等职业教育的知识能力特征——技术性

“技术”是一个历史性的概念，手工业时代技术是一种技能和经验，工业革命后技术是劳动手段的总和，第二次世界大战以来技术既有主体要素——技能和经验，又有客体要素——天然和人工物质，设计、制造和使用产品的知识、技术原理和方法论。技术可分为狭义的技术和广义的技术，狭义的技术是指物质性技术，包括工艺和技能；广义的技术既包括物质性技术，如生产技术、机械技术、化工技术等，又包括非物质技术，如管理技术、营销技术、公关技术等。

“高技术”是一个历史的、动态的概念。高技术是指当前正在迅速发展的，处于发展前沿并在应用手段与方法上还在探索阶段的各类新兴技术，具有高智力、高效益、高资本投入、高竞争力、高渗透力等特征，在经济和社会发展中蕴含着巨大的潜能。高技术一旦趋于成熟并得到广泛普及，其地位就会被新兴技术所取代，转为常规技术或一般技术。

“高新技术”是指在一定时间内新发明、新发现、新创造的技术，包括两层含义：在一定时间内水平较高、反映当时科技发展最高水平的技术；是相对原来旧技术而言的，新技术不一定是高技术。目前高技术或高新技术主要是指信息技术、生物技术、激光技术、宇航技术、自动化技术、新材料技术等。①

所谓技术，即是对知识、能力、技能、手段、物质材料等进行组合，并付诸应用，它是人类在利用自然和改造自然的过程中积累起来，并在生产劳动中体现出来的经验和知识，技术的特点在于“对自然或社会的实际进行控制和改造”。② 技术是与科学相对应的概念，科学偏重规律、原理、理论，技术倾向实践、应用、实用。在科学知识、原理规律形成社会直接利益的过程中存在两次转化，一次是将科学原理转化为工程设计、产品设计、工作规划、运行决策等工程原理；另一次是将工程原理应用于实践过程中，从而转化为工程、产品等物质形态，直接为社会服务。人们通常将第一次转化中所需的技术称为工程技术，将承担第一个转化任务的人才称为工程型人才。工程型人才的任务是把科学原理演变成设计、规划、决策，工程型人才所从事的工作中无疑也有技术，但他们的主要任务是应用相关理论知识进行设计、规划、决策以及对新技术进行研究与开发，而不是技术应用和现场实施。第二次转化是将工程技术应用于工作现场，由技术型人才

---

① 杨斌．软科学大辞典［M］．北京：中国社会科学出版社，1991：374－379.

② 黄中益．新世纪初我国高等职业学校的特色［J］．湖南师范大学教育科学学报，2002（1）：85－90.

与技能型人才共同完成。技术型人才是在生产一线的工作现场从事为社会谋取直接利益的工作，经过他们的努力使工程型人才的设计、规划等转换成物质形态或者对社会产生具体作用，主要任务是技术应用和现场实施，如技术员、工艺师、农艺师等。技能型人才也是在生产或工作现场从事为社会谋取直接利益的工作，他们与技术型人才的区别在于前者主要依靠动作技能进行工作，而后者主要应用智力技能来完成任务。我们通常把掌握技术的人才称为“技术型人才”，将掌握技能的人才称为“技能型人才”。高等职业教育的培养目标范围广泛，涵盖社会的各个领域和各个行业，但就其培养的人才类型而言，主要是“技术型人才”，而非学术型、工程型或技能型人才，是面向基层、面向生产，建设、服务和管理第一线的技术型人才，从而决定了高等职业教育的知识能力特征——技术性。

在科学与技术互动的背景下，技术的科学含量越来越高，技术的科学化趋势日趋明显。科技的变革使得传统的以培养经验技能型人才为主的职业技术教育产生了规格高移的内发动力，所以，传授一种针对职业的“技术知识”或“技术群知识”，即“高等职业技术知识”，它最为基本的属性是其技术性，是高等职业教育最为核心的教育内容和立身之本。高等职业教育的技术性体现在技术的应用性、技术的创造性、技术的职业针对性、技术与知识的高度复合性等方面。随着社会经济的发展，现代科学技术的发展趋势是高度综合又高度分化，这既要求从业者要有更专业的能力，也要求从业者有更宽更广的基础能力。

因此，高等职业教育的人才培养目标必须体现知识和技术的高度复合性。高等职业教育内涵的核心概念是“技术”，表现为面向某一职业或职业群，以基础知识和专业知识为支撑的技术应用、技术推广和技术创造。

四、高等职业教育的培养目标特征——应用性

当前，社会人才可分为学术型人才（科学型、理论型）、工程型人才（设计型、规划型、决策型）、技术型人才（工艺型、实施型、管理型）、技能型人才（技艺型、操作型、经验型）等四种类型，整个社会的运行是依靠这四类不同人才来共同进行的。其中技术型人才与技能型人才处于社会运行链环的终端，是社会财富的直接创造者，社会活动的具体操作者。从一般意义来讲，技术型人才在生产第一线“将意图变为实际”的项目中要承担更多的现场决策和人力资源管理责任，更容易被选择和成长为项目主管。高

等职业教育承担着技术型人才的培养任务。①

高等技术型人才具有以下三个鲜明的应用型特征：

（1）具备现场性——强调高职学生应用理论知识解决实际问题的能力，尤其是具备解决现场突发性问题的应变能力。

（2）具备操作性——强调高职学生应具备必备的理论知识、较强的实践操作能力，因为只有操作能力才能将技术转化为具体的生产力。

（3）具备复合性——强调高职学生除了掌握岗位对应性专门知识外，要能通晓两个以上职业岗位或学科专业的一般知识和常规技能。

由于人才市场的需求变化和人才竞争的日趋激烈，人才的需求和职业的选择具有多样性和变动性。知识与能力的培养要由专精向广博发展。而且，社会需求的人才是多类型、多规格的，高等职业教育培养的人才不仅要从事技术应用、技术开发工作，而且同时要能从事组织管理工作。特别是基层单位和乡镇企业，迫切需要既懂生产技术，又懂产品开发和产品营销的复合型人才。

第三节　高等职业教育的理论基础

随着中国高等教育大众化进程的不断推进，高等教育为社会服务的广度和深度均在不断加强，中国高等教育正由传统单一的精英教育向多层次、多类型、全方位的大众教育系统转化。在高等教育系统化发展的进程中，高等职业教育得到了迅猛发展，并以其特有的办学方式、直接而鲜明的社会定位和社会联动性，迅速得到了社会的广泛认同。高等职业教育作为高等教育的重要组成部分，无论是教育规模，还是社会服务水平，都有了大幅度提升，已成为大学利用其优质资源为社会提供有效教育服务的重要渠道。其教育地位得到了不容争辩的确立和巩固。然而，伴随着继续教育的迅速发展，多种办学体制和机制的广泛应用，高等职业教育社会化趋势日益明显，市场属性的竞争局面已经形成，尤其是高等职业教育直面市场并随市场联动的办学特征，更为教育短缺时代相对稳定的高等职业教育发展带来了许多问题与挑战，在渐趋成熟的市场运行中，高等职业教育改革已无法回避，如何理性适应社会需求与社会竞争，科学把握高等职业教育办学方向和培养定位，成为现代高等职业教育的必然思考，也是保持高等职业教育科学健康发展的关键。

---

① 郑余. 高等职业技术教育概念术语辨析［J］. 浙江师范大学学报（社会科学版），2006（2）：12－16.

一、区域经济与高等职业教育的制约关系

区域经济是指在社会劳动地域分工的基础上，随着经济发展而逐步形成的各具特色、以密切联系为基础的地域经济综合体。区域经济与高等职业教育有着密切的互动关系，区域经济中的产业结构、技术结构、劳力结构和经济效益决定和制约着高等职业教育的层次结构、类型结构、教育质量以及发展速度，制约高等职业教育的专业设置和课程开发，影响高等职业教育的教学内容、教学方法和教学组织形式的变革。同样，现代科技的发展、经济结构的转型、产业结构的升级，极大地提升了职业岗位群的技术内涵，导致现代职业岗位群成为持续趋近高技术的动态系统，促使其由劳动密集型向技术密集型转化。高等职业教育培养的高素质、高技能、应用型人才，将为区域经济发展提供高质量的人才支撑和高水平的技术服务。因此，作为区域经济发展的有机组成部分，高等职业教育必须牢固树立服务区域经济建设的办学宗旨，坚持面向区域经济建设主战场，研究服务对象，把握需求脉搏，营造技术开发优势，担当科技转化的龙头，最大限度地实现教育资源与区域经济的整合，将区域经济产业结构和社会人才需求的变化趋势作为确定高等职业教育人才培养模式构建的主要依据。①

二、社会制度与高等职业教育的制约关系

社会制度主要是指政治制度和经济制度。按照马克思主义的社会发展观理论，高等职业教育发展和社会经济属性之间相互制约、相互促进，即高职教育发展受到社会政治制度和经济制度的制约；反之，高等职业教育发展能推动社会政治、经济的发展，促进社会进步和经济发展。社会主义与资本主义是建立在不同生产关系上的政治制度，不同的政治制度，不但制约着高等职业教育的体制，而且还决定了高等职业教育的办学方向、发展目标、发展模式和发展道路，决定了高等职业教育人才培养模式的构建。

三、文化传统与高等职业教育的制约关系

文化传统对高等职业教育的改革与发展有着广泛的影响，是潜在的制约因素。其他社会因素对高等职业教育的影响，往往是通过文化传统的折射，即使是生产力水平相当、社会政治经济相似的国家，其高等职业教育的发展模式、管理体式、人才培养模式也不完全相同。在同是发达的资本主义国家，高等职业教育管理制度有集权制和分权制之分，

---

① 王明伦. 高等职业教育发展论［M］. 北京：教育科学出版社，2004.

高等职业教育的培养目标有侧重技术和侧重学术之分，这与不同国家及其文化传统不无关系。外来文化对高等职业教育的改革与发展同样有着广泛的影响。如中国的儒家传统思想，对东亚部分国家来说是外来文化，但现在已成为这些国家文化传统的组成部分，广泛而深刻地影响其高等职业教育的改革与发展。又如马克思主义，对中国来说是外来文化，经过半个多世纪，与中国社会主义实际相结合，成为现代中国的主流文化，广泛而深刻地影响着中国的高等职业教育的改革与发展，并对我国高等职业技术教育人才培养模式构建形成主导作用。①

四、高等职业教育发展的哲学基础

从哲学的角度来看，人类在认识世界和改造世界的过程中，科学活动、工程活动、技术活动之间有着相互融合又相互交叉的发展趋势，但这种融合与交叉是一种非本质的融合与交叉，三种活动的本质特征并未被彼此覆盖。因此，高等教育存在着科学教育、工程教育和技术教育三种类型。技术教育相对于工程教育是一种中介活动，它是连接人类发现自然、改造自然和创造社会自然的关键活动，形成了相对独立的活动体系。随着科学与技术的快速发展，生产过程中相对独立的技术活动越来越复杂。根据技术活动的复杂程度，技术活动划分为一般技术、基础技术和核心技术。不同的技术类型以及从事这些技术活动的具体意义和人员配备构成了技术结构。技术结构以及对从事技术活动人员的具体要求，要求技术性人才具有独特的形成路径，并构成技术人才的层次结构，形成完整的职业技术教育体系，这是我国高等职业教育发展的哲学基础。我们将从科学活动、工程活动和技术活动三者的含义及特征本性，三者之间的含义及相互关系出发，来阐述高等职业教育的哲学基础。

从本质上来说，人与自然的关系主要包括两种活动——认识自然和改造自然。人类认识自然和改造自然的活动主要包括科学活动、工程活动和技术活动，其中科学活动是指以发现为核心的人类活动，是一种规律体系，科学活动形成科学建制；工程活动是指以建造为核心的人类活动，是一种生产体系，工程活动形成工程建制；技术活动是指以发明为核心的人类活动，技术活动的基本单元是发明和运用工具，最典型的形式是技术发明、技术开发、技术改进和技术操作，是一种工具体系，技术活动形成技术建制。科学活动、工程活动和技术活动三者之间既相互独立又相互联系，既相互影响又相互促进。一方面，在科学活动中科学发现使改造世界成为可能，同时在改造世界的过程中也促进

① 袁玥. 试论区域经济与职业教育的内在关系 [J]. 职教通讯，2000 (6)：10－12.

了科学发展，如先进的技术设备和手段使得科学发现更具效率，在技术活动和工程活动中也有新的科学发现。另一方面，在工程活动中，科学理论和工程规划为技术发明提供了方向。反过来，在技术活动中技术发明使改造世界的目标变为现实，使科学理论转化为现实生产力。

按照教育社会学的观点，把以规律体系、科学建制为媒介展开的建构性活动定义为科学教育活动，即科学教育；把以生产体系、工程建制为媒介展开的建构性活动定义为工程教育活动，即工程教育；而把以工具体系、技术建制为媒介展开的建构性活动定义为技术教育活动，即技术教育。按照“三元论”哲学观，科学、工程、技术三者之间既高度融合又高度分化，而且随着社会经济的快速发展，三者相互融合并相互转化的趋势越来越明显。因此，科学教育、工程教育和技术教育在整个国民教育体系中，既具有各自独立的体系，同时也出现相互融合的趋势，主要表现在两个方面。

（1）科学教育主要以基础知识、基础原理的教学为主，并在教学过程中注重培养学生探究、发现新知识和新规律的思辨能力、创新能力与研究能力，同时也兼有应用能力的培养，科学教育注重知识的系统性、逻辑性。工程教育主要以基础知识、基本原理及现代技术的综合应用教学为主，在教学过程中主要注重学生的规划、设计和应用能力的培养，同时也注重工程开发和研究能力的培养，工程教育在内容上更具综合性。技术教育主要以科学知识、原理和规律的应用教学为主，在教学过程中注重培养学生的技术应用能力、实际操作能力。随着现代技术的发展，技术教育在内容方面将逐渐由经验技术占据主导地位向理论技术占据主导地位转变。

（2）随着社会经济的发展，科学教育、工程教育和技术教育三种教育类型在现代教育实践中也是相互取长补短、紧密联系在一起的。首先，科学教育已不仅仅是纯粹的思辨式教学。在教学过程中注重应用，把研究成果转化为现实生产力是现代社会赋予科学教育的使命之一，把研究成果转化为现实生产力也使科学教育中融合了技术教育和工程教育的内容。把研究成果应用到技术工具的发明和使用中，运用到建造社会的工程项目中是科学教育、技术教育和工程教育相结合的主要特征。其次，随着技术发展越来越趋于综合性和复杂性，技术教育越来越依靠科学教育的支撑，传统“师徒制”形式中的经验技术逐步让位于系统教学方式的理论技术，基础知识和基本原理成为适应技术变革需要的关键因素。最后，技术作为推动社会发展的核心之一，成为改造社会的有效工具和重要手段，对科学教育和工程教育起着沟通和桥梁的作用。

高等职业教育与生产实践相结合是造就全面发展的技术型人才的有效途径。从马克思主义教育与生产劳动相结合的理论分析可知，教育与生产劳动相结合是两个独立活动过程的有机结合，不是其简单的相加，其结合的内容和形式多样，它体现了现代科学技术条件下社会生产发展和现代教育自身发展的要求。这种结合既包括人才培养教育、教学活动过程与实践活动过程相结合的微观层次的结合，又包括教育与科学技术、经济发展相互联系、相互作用的宏观层次的结合，微观层次的结合是最基本的结合，是其核心部分。其结合的理论在不同社会制度下具有普遍性，但在具体实施上具有差异性。

高等职业教育是实现人的全面发展的一种具体的组织形式，符合马克思提出的通过教育与生产劳动相结合来实现人的发展的原则。高等职业教育是以能力为本位培养目标，理论与实践相结合，既传授理论知识以发展学生智力，又注重技能训练以增强学生的技能，教学过程贴近生产实践，并将两者在实践环节中有效地融合起来，培养学生的综合职业能力。高等职业教育以每个个体的重点发展为出发点，充分尊重个体的选择自由，有针对性地开发个体的潜能资源，使人真正成为其自身发展的主人。因此，高等职业教育也是促进学生全面发展的有效途径。

综上所述，从科学、工程与技术以及科学教育、技术教育和工程教育的关系来看，科学向技术的转化以及工程向技术的转化表明，无论一般技术还是基础技术，或是核心技术，在一定程度上也可以通过科学教育及工程教育的途径来完成和实现。基于技术的独立性和高等职业教育的独特作用，从各种技术的传承和发展来看，高等职业教育是最直接、最有效的途径。积极发展高等职业教育，是推进社会经济发展的必然选择。

第二章　高职院校协同创新理念

教育部颁发的《国家中长期教育改革和发展规划纲要（2010—2020年）》和《教育部关于全面提高高等教育质量的若干意见》中对协同创新作出了长远的战略部署。有效整合高职院校的创新资源，构建协同创新的新模式，更加有效地提高人才培养质量，推进创新型国家的建设。按照协同创新理论，协同创新实践是多个独立的、没有直接隶属关系的组织形成的目标趋同、知识互补、运作配合、收益共享的创新模式，本质上是一种管理创新，也就是说围绕创新目标，多主体、多因素共同协作、相互补充、配合协作。从国内外实践来看，高职院校协同创新可分为内部和外部两个类别，内部协同创新是指高职院校内部形成的知识，即思想、专业技能、技术的分享机制。特点是参与者拥有共同目标、内在动力，并直接沟通，依靠现代信息技术构建资源平台，进行多方位交流、多样化协作；外部协同创新的主要形式就是产学研协同创新，特别是高职院校与科研院所、行业产业、地方政府进行深度融合，构建产学研协同创新平台与模式。在协同创新的进程中，高职院校发挥着重要的作用，共同推进高职院校的创新创业教育发展。

第一节　以机制体制改革引领高职院校协同创新

教育部颁布了《“高等学校创新能力提升计划”实施方案》，提出了“以机制体制改革引领协同创新”，可见机制体制建设在高职院校的建设和协同创新中有着重要的地位和作用，也是高职院校参与协同创新的重要任务。高职院校要进行协同创新能力的提升，就必须进行机制体制的改革，要以机制体制的改革引领、推进协同创新，进一步提高高职院校的人才培养质量，全面提升高职院校服务经济社会的能力。通过机制体制的改革，可以突破高职院校内部机制障碍，打破外部体制壁垒，营造有利于协同创新的环境氛围，充分释放人才、资源、信息、技术等创新要素活力，实现创新资源的聚集和最优配置，实现高职院校资源的共享，提高高职院校人才培养的质量。

一、协同创新中高职院校机制问题与改革

按照《辞海》解释："机制"是指有机体的构造、功能和相互关系，泛指一个工作系统的组织或部分之间相互作用的过程和方式，例如：市场机制、竞争机制、用人机制等；"体制"是指国家机关、企事业单位在机制设置、领导隶属关系和管理权限划分等方面的体系、制度、方法、形式等的总称。高职院校机制是指高职院校内部的构造、功能和相互关系；高职院校的体制是指高职院校在机制设置、领导隶属关系和管理权限划分等方面的体系、制度、方法、形式等。因此高职院校"以机制体制改革引领协同创新"，就是要针对高职院校内部的构造、功能和相互关系以及高职院校在机制设置、领导隶属关系和管理权限划分等方面的体系、制度、方法、形式等存在的问题进行改革，并以此引领高职院校协同创新的能力提升。

1. 协同创新中的机制问题

高职院校的机制问题，主要体现在高职院校内部的资源配置、高职院校系部之间的协同、高职院校的行政权力与学术权力博弈等问题上，具体表现如下。

（1）资源配置的问题。高职院校的资源配置主要是由行政管理部门进行分配的。行政部门如何将资源有效并合理地在院系之间进行分配，这个问题常常会成为高职院校行政与教学科研之间的主要矛盾。一所院校的总资源是一定的，目前省市财政部门对学院人均收入的限制也是一定的，高职院校不能违背财政部门的经济指标，这些都限制了资源在行政与院系之间的分配。行政的经费多了，院系的就少了；院系的多了，行政的就少了。由于行政人员自己掌控着资源的分配，必然会导致资源的分配偏向行政一些，造成年底教师的一些学时费用、甚至教师的教科研奖励都无法兑现，教师意见很大，严重影响教师的教学情绪。

（2）系部之间的协同问题。目前高职院校的教学是以系部划分的。高职院校的行政部门一旦分配好当年的各种资源，就由系部自己管理了。各个系部都有自己的教学资源和实训基地，而这些教学资源，比如多媒体教室、电脑房等，甚至实训基地也分为每个系专有，而这些资源在高职院校院系之间缺乏高效的协同性。一个院系的资源，其他院系是不能使用的，这就造成了院系之间的资源不能有效地相互支撑、交叉融合，无法实现院系之间资源共享。学院的资金在各个院系之间重复建设，学院内部形成了条块分割、各自为政的组织制度，资源的利用率低下，管理模式缺乏活力，缺乏相互的交流与协同。

（3）行政权力与学术权力问题。高职院校是实行行政管理的，往往用行政权力去决定学术问题。高职院校的教研、科研课题的申报一般都有名额限制，在申报的过程中，

需要进行相应的评审。可是高职院校内部的评审者一般都是高职院校具有行政权力的领导，这些领导评审一般会把课题申报的名额给予其他具有同等权力的领导。虽然评审中是匿名的，但同一院校大家都比较熟悉，一般根据材料都能知道是谁的课题。这样造成了普通教师在教科研课题申报中往往连资格都很难取得。他们只能在自己的课题上挂上具有行政权力的领导作为课题主持人，才能够取得课题申报权。这种现象普遍存在于高职院校之中，具有学术能力的教授等学术人没有行政权力，他们很难在学术问题上发表自己的意见与评判。

2. 高职院校机制问题的改革

高职院校机制问题极大地制约了高职院校的协同创新，因此改革高职院校内部机制成为必然，这也是高职院校参与协同创新的重要任务。高职院校只有实现内部的机制改革，才能更好地实现高职院校内部的协同创新发展。具体改革体现在以下几方面。

（1）理顺学院与院系的关系。高职院校对本校未来的发展要有统一的规划，组成专门的领导小组商讨制定学院资源的分配与使用。学院与院系的关系是整体与局部的关系，学院负责整个学院资源的管理，那就要有整体的安排与规划，统筹好学院的资源分配，在保证学院发展的前提下，优先考虑院系的要求，考虑每位教师教学的要求，保障教师的教学资源到位，以提高教师的教学积极性。

（2）协调院系之间的关系。学院应对院系的发展与建设统筹规划，相应的部门要协调好院系之间的资源配置，同时要保障院系之间的固定教学资源的使用具有流动性。各个院系虽然只是各自为政，维护自己的利益，但学院要建立完备的机制，使得院系之间能够有效沟通，保障教学资源、实训基地等固定资源的充分利用。学院要审批系部资金的建设方案，不要让资源在各个系部重复投资，造成资源浪费。

（3）明确行政权力与学术权力的关系。在高职院校中行政权力与学术权力要有明确的定位，以保障高职院校的行政权力不干涉高职院校的学术事务。高职院校的行政权力是行政人员实施的，行政人员和行政机构成为行政管理的主体，用来管理高职院校的人事、组织、宣传、基建、后勤等事务，保障高职院校教学工作的正常运行。高职院校的学术权力在管理学术评价、学术发展和学风建设等事项上发挥重要作用，具体包括在学院的科学研究、对外学术交流合作等重大学术规划、学术道德规范等学术事务上发挥作用。行政权力与学术权力的关系既相互独立，又相互关联，二者不可混淆。

二、协同创新中高职院校体制问题与改革

高职院校是以提高人才培养质量为工作核心的。但目前我国高职院校普遍存在科学

研究与人才培养脱节、教学与经济社会发展脱节等问题。如何对高职院校的体制进行改革，引导科研、教学和社会服务的协同一致，这是问题的关键，也是我们实施协同创新这一改革“工程”的目的。外部协同创新，其主要是针对产、学、研的协同创新，是高职院校与科研院所、行业产业、地方政府所进行的一种深度融合的创新，是要构建产、学、研协同创新的平台与模式。实施高职院校协同创新改革，就要对高职院校进行体制上的改革。要通过对高职院校的体系、制度、方法、形式等的改革，使高职院校与科研院所、行业产业、地方政府进行深度合作，突破高职院校发展中体制的障碍，以保障高职院校办学质量的提高，完成高职院校的协同创新。

1. 协同创新中的体制问题

高职院校的体制问题，主要体现在高职院校管理体系的平衡问题、高职院校管理制度的行政化问题、高职院校人才培养规划等问题上，具体表现如下。

（1）高职院校管理体系的平衡问题。高职院校在多年的发展过程中，形成了书记、校长、系部领导再到基层领导的行政管理体系，这种行政管理体系在发展过程中凸显了自身的不平衡性问题。高职院校的高级领导层指学校的党委常委，即以书记为首的领导班子，包括校长、副校长等。中国高职院校的党政关系是：党委领导下的校长负责制。这种体制下最明显的问题是领导班子合作得不好而导致权力不平衡的问题。如果一所院校的书记掌握着绝对的权力，那么校长、副校长就形同虚设；若校长掌握着绝对的权力，那么书记就会相对较弱。这种不平衡在高职院校是经常存在的，这必然导致其他的教职员工拉帮结派，围绕着不同的领导权力对学院的资源分配以及权力分配上进行拉锯。

（2）高职院校管理制度的行政化问题。高职院校的管理制度一般是由行政管理人员制定的。但由于高职院校一般是由书记负责管理党务工作，校长负责管理教学事务，并且多年不变。其他各处室分别设立了处长管理各部门的行政事务工作。这种管理体制过于行政化，管理人员在某一个岗位长久不变，导致管理机制缺乏活力；行政部门与教学部门的沟通不流畅，服务于教学部门的意识不强。由于管理人员长久不变，学院管理制度的制定、学院的长远规划都与管理者个人的认识有关。如果学院某部门的领导没有认识到学院某种改革的重要性，那么其他人员也将无法推动该部门的管理制度的改革。系部的管理工作也是一样。同时行政部门的管理人员普遍在职称、学历上都比教师低，大部分都没有从事教学工作，但他们却是学院教学制度的制定者，制定的教学管理制度常常与实际的教学工作有脱节。行政管理部门与教学部门交流不够，造成教师意见很大。

（3）高职院校人才培养规划问题。高职院校的人才培养缺乏远景的战略规划。高等教育的需求随着中国经济社会的全面发展已经发生了很大的变化，而高职院校的人才培养计划却长久保持原来的形式，虽然有些变化，但并没有对未来的前景进行远景规划。高职院校与社会创新力量的协作存在着壁垒，没有做到资源、人员、信息、技术等各方要素的高度集成和有效配置，这必然导致高职院校开设的专业并不是企业、社会上所需要的，高职院校培养的毕业生难以找到合适的工作，高职院校的人才培养规划与地方政府、企业行业、科研院所等所需存在着严重的脱节等问题。高职院校只沿着传统的人才培养规划进行人才培养，这种体制必然会制约高职院校的协同创新发展。

2. 高职院校体制问题的改革

高职院校的体制问题主要表现在高职院校与地方政府、行业企业以及科研院所的协同创新中，因此，对高职院校存在的体制问题进行改革，才能更好地实现高职院校外部的协同创新发展。

（1）完善高职院校管理体系的监督。高职院校领导班子的党政位置相对平衡，才会产生积极的效应。因此，要完善高职院校管理体系的监督。要制定党委领导下的校长负责制的领导规则，改变主要靠个人素养、人际关系来保证这一领导体制作用正常发挥的人治方式。建立高职院校党政领导产生的选拔体制，制定党政领导的分工体系，加强对领导权力实施的监控系统。任何权利的拥有都应该有权力也有义务，要建立完善的监控系统，以保障权力的正常运行和有效监控。没有管理的权力一样可能偏离正确的轨道而最终受到处罚。因此我们要建立监管系统，防微杜渐，让我们的权力始终运行在正确的轨道上。高职院校的党政系统要互相监督，同时要实现群众的监督，让群众给予年度的考评。我们高职院校的管理体系还要有政府的专门机构实施监管，但监管的是高职院校最终发展的方向，不是高职院校办学的具体过程。

（2）建立高职院校的现代大学制度。高职院校的管理制度行政化问题比较突出，要改变管理制度的行政化问题，就要促使行政管理规范化。改革高职院校人才培养体制可以从建立现代大学制度的方式入手。那么什么是现代大学制度，它的基本内涵是对政府与大学的关系要进行界定，大学的治理结构要明确，要以规范性的章程作为保证。高职院校可以制订大学章程，作为大学正常运行基本制度的保障。大学章程规定了大学的基本体制，对大学相关部门的权、责进行了明确规定，将成为大学运行的最高法。因此要对大学管理制度改革进行积极推进，就要先从制订大学的章程入手，对高等教育的体制进行改革，才能建立现代大学制度的新局面。高职院校要建立本校的章程，确立好高职院校管理体制的规定，构建大学与政府的新型关系，转变政府职能，落实大学自主权；构建大学与社会的合作关系，引入市场机制，加强社会外部联系，重构大学与政府、市场、社会的关系。高职院校的管理最终将归结到行政管理制度的规范化。

（3）建立未来的规划战略。在国际国内的形势快速变化的今天，我国高职院校要认真分析自身所面临的现状，高瞻远瞩，改变高职院校在人才培养方向与专业上存在的趋同现象。要依据高职院校自身内在发展的需求，明确并制订高职院校未来的人才培养规划。在协同创新的当今，高职院校要明确自身的战略定位，要依据自身的发展现状，建立未来的发展规划战略，建立高职院校与外部的新型关系。引入市场机制，建立高职院校与科研院所、行业产业、地方政府的合作关系。高职院校与科研院所可以共同研究科研课题，高职院校的人才与科研院所的人才联合起来，对企业和政府的课题进行研究，实现尖端课题攻关研究；高职院校与社会企业进行合作，根据市场社会的需求，调整人才培养的结构和方向，加大高职院校人才培养的外部联系，使人才培养与社会的需求方向一致；高职院校与地方政府的关系进行调整，应由政府直接管理的方式转变为政府有效地监管，使高职院校拥有充分的学术自主权，实现大学自身的活力。

深入研究高职院校机制、体制的改革，才能破除高职院校内部、外部协同创新的壁垒，促进高职院校各种资源的有效整合，更好地推动协同创新机制在高职院校的运行，全面提高高等教育人才培养质量，实现高职院校的人才培养与社会所需的有效对接，全面提升高职院校人才培养服务社会的能力。

第二节　高职院校协同创新模式改革

高职院校的机制、体制问题极大地制约了高职院校的协同创新，高职院校在进行内、外部机制体制改革的同时，还要进行一系列的协同创新模式改革。国家、省市的文件，鼓励探索建立适应于不同需求、形式多样的协同创新模式。围绕区域经济和社会发展的重大战略性需求，高职院校要逐步形成协同创新的管理模式。同时高职院校要从实践经验出发，结合所在区域发展的重大需求，建立学院内部的、学院与学院的、学院与科研院所的、学院与企业的、学院与政府的联合协同创新平台模式。

一、协同创新的管理模式改革

1. 科学有效的管理体系的构建

高职院校可以在高职院校与外部主体之间建立协同机制，建立多方参与的协同管理组织架构及运行机制，包括协调机制、决策机制、责权机制等，完善高职院校外部的协同；同时要理顺高职院校内部的协同机制，建立能统筹整合和发挥学科、人才和资源优势，同时又充满活力的、可持续发展的内部管理体系的组织模式。通过高职院校内部和外部机制体制的改革，构建科学有效的管理体系，达到协同创新。

2. 新型人事管理制度的探索

在高职院校中建立新型的人事管理制度。可以在高职院校中建立多向流动的人才管理机制，破除制约人才流动的壁垒和制度性障碍，以推动高职院校与科研院所、行业企业之间人才的多向流动。在人才的引进上，要建立以任务为牵引的人员聘用方式，以增强高职院校对国内外优秀人才的吸引力，调动大家的积极性和创造力，造就协同创新的领军人才。

3. 高素质人才培养机制的推行

在高职院校中要推行高素质人才培养机制，推动人才培养机制的改革。高职院校要以提升学生实践能力为基本要求，以科学研究和实践创新为主导，以高水平科学研究为支撑，建立与科研院所、行业企业及国际创新力量等多种主体联合培养创新人才的新模式，探索高职院校人才培养与社会需求对接的协同育人机制，深入推进科教结合，提高人才培养质量。

4. 资源整合长效机制的建立

高职院校要进行资源整合，建立开放共享的资源配置。高职院校要以学科交叉为导向，重点投入、注重特色，建立资源的有效配置与高效的使用机制。充分利用现有的资源，广泛汇聚社会和国际资源，建立资源整合的长效机制。建立高职院校与其他协同主体之间、高职院校之间以及高职院校内部教学科研设备平台等创新资源的开放共享机制，形成可持续发展的共享服务管理模式和运行机制。

5. 新的评价机制的形成

高职院校要改变过去的评价机制，改变那种单纯以论文、获奖为主的考核评价方式与追求数量的人才培养评价导向，鼓励竞争合作、动态发展，避免频繁考核、过度量化，形成以质量和贡献为导向的新的评价机制。在新的评价机制中，要注重建立创新机制和解决重大现实需求实效的机制。

二、协同创新的平台模式构建

1. 高职院校内部资源整合模式的构建

高职院校要在学院内部构建学院的技术平台，统一分享教学、科研、实训基地等成果，形成专业技能、教科研技术等联合创新的分享机制。专业技能建设的联合创新包括专业、专业群、重点专业、专业信息化资源和课程等项目的改革与建设。高职院校可以在本校内部调整优化专业、专业群的布局，整合重点专业的教学资源，打造重点特色专业；可以构建教学专业信息化资源库，提高专业教学质量；可以加强课程建设与改革，不断优化课程体系的建设。教科研技术分享平台是指围绕平台的共同目标，由平台各主体形成的内部关系结构和共同规范的协调系统。高职院校可构建学院教学平台，实现教学成果共享；构建学院的科研平台，实现科研发展优势互享；构建实训基地平台，实现学生实践资源共享。

2. 高职院校间组建“资源融合协会”

高职院校可以成立“资源融合协会”，负责区域内高职院校的资源统筹。“资源融合协会”可将各院校相同的专业资源、师资、科研等各方面资源汇总登记，使各院校同类资源得到共享。同时可以共同开发新的资源，互相学习，互相利用，使同类资源得到充分的发挥。同类专业的优秀师资可以互聘，通过知名专家的流动知识讲座和教学，使不同院校的学生受益；科研方面的研究，可采用联合攻关的形式，共同承担大型的科研攻关项目，充分利用各院校的特色优势、学科优势、技术优势，集中各院校的同类人才，共同申报、开发、研究，更好地服务地方、企业、教学。

3. 高职院校与科研院所建立“协同创新中心”

高职院校与科研院所之间具有互动性和互补性。高职院校可以与科研院所建立“协同创新中心”，围绕国家重大战略需求、重大科技计划研究、重大工程专项研究等，集中高职院校的科研人才与创新科研团队，依托科研院所的科研资源优势，来进行科研的协同创新，开展相关的理论和技术的研究。由“协同创新中心”与“资源融合协会”联系，将高职院校与科研院所的科研项目与资源平台链接整合起来，实现无缝对接，更好地构建高职院校的创新人才培养模式。

4. 高职院校与企业行业搭建“协同创新发展中心”

高职院校可以与企业行业合作，搭建“协同创新发展中心”。“协同创新发展中心”可将高职院校的特色专业和学科优势与企业行业的特色优势与地域优势集中管理，形成优势链接，实现资源共享。高职院校与企业行业通过“协同创新发展中心”，集中多方优势力量，选择具有全局性、战略性的重大工程项目，进行科研技术攻关，突破技术核心问题，提高高职院校服务企业、行业的能力，实现校企合作、协同创新、共同发展。同时通过“协同创新发展中心”，可以构建高职院校与企业、行业联合培养工程创新人才的新机制，实现工程技术人才培养的新模式。

5. 高职院校与地方政府 共建“协同育人平台”

要加强人力资源的开发和建设，为现代产业体系提供技术技能人才的支撑。各地方政府可与区域内的高职院校互相配合，共建“协同育人平台”。“协同育人平台”可包括地方文化研究院、区域产业技术研究院、行业技术研发中心等。通过“协同育人平台”，促进高职院校、政府的科技资源向行业企业和社会开放，带动区域产业结构调整和新兴产业发展。通过“协同育人平台”，加大技术技能人才的培养。高职院校的学生可实现在各种研究中心的实战锻炼，提高实际的科研能力和创业能力。同时“协同育人平台”的开发，能更好地促进高职院校学科交叉型、复合型、应用型创新人才的培养，为现代产业体系提供更加强大的人才支撑。

总之，高职院校可以通过机制体制改革和资源整合等，完成高职院校协同创新模式的构建，大力转变高等教育的发展方式，提高人才培养质量，推进创新型国家的建设。

第三节　高职院校资源有效整合的协同创新

高职院校在积极提升原始创新、集成创新和引进消化吸收再创新能力的同时，要积极推动协同创新。在推进协同创新中，高职院校应有所作为，也大有可为。在《教育部　财政部关于实施高等学校创新能力提升计划的意见》中，明确提出了要探索建立面向科学前沿、行业产业、区域发展以及文化传承创新重大需求的四类协同创新模式。许多地方政府开始了制订地方中长期教育改革和发展规划纲要，以及区域、校、地协同创新联盟章程，其宗旨是有效整合地方、区域、高校各方面的创新资源，汇集智慧之光助推地方、区域、高校的大发展。高职院校可在协同创新中完成资源的有效整合，实现高职院校创新创业的改革目标。

一、高职院校内部资源整合的协同创新

目前我国多所高职院校正在开展资源整合、协调创新活动，例如广东省大力开展“创新强校”工作。高职院校应根据实际情况，就高职院校内部的协同创新思想、专业技能、技术等形成分享机制。

1. 创新思想作为协同的保障

（1）统一思想认识。实施协同创新，是坚持科学发展观，全面落实党中央科教兴国战略和创新强校战略的重要举措，也是高职院校发展历史中的一次重大机遇和挑战，对建设具有鲜明地方特色的高职院校，具有重大的现实意义和深远的历史意义。高职院校要认真学习、深刻领会有关文件精神，充分认识实施协同创新的重大意义。

（2）成立领导小组。高职院校要成立由主要院领导任组长、相关职能部门以及二级

院系负责人参加的协同创新建设领导小组，制订规划，筹措资金，协调关系，解决实施过程中的重大问题。领导小组下设办公室，一般设在教务处，制订实施方案，组织项目的申报、实施、检查与评估，负责“创新强校”的日常工作。

（3）分解工作任务。根据实施方案，分解“创新强校”的工作任务，责任到人。实行“创新强校”一把手负责制：院长是全院实施创新强校的第一责任人，各系（部）主任是本系（部）的第一责任人，要亲自抓创新强校的活动，从系部学科、专业的强项开始入手，加强与外部企业的合作，从而更好地促进高职院校在提高教学质量、深化教育改革工作的开展。

2. 专业技能建设的联合创新

“创新强校”的专业技能建设是高职院校的核心工作，包括专业、专业群、重点专业（特色、示范性和品牌）、专业信息化资源和课程等项目的改革与建设。

“创新强校”期间，高职院校应进行创新的模式包括以下内容。

（1）调整优化专业布局，整合专业教学资源。为了实现创新强校的办学目标，提高高职院校教学资源的利用率，应集中精力打造重点、特色专业，充分发挥重点、特色专业的辐射作用。学院要根据省委省政府、市委市政府对高职院校的办学定位、区域产业结构及发展前景和现有办学基础，对高职院校的专业建设发展开展以重点专业带动专业群发展的建设思路。可在对区域产业发展和兄弟院校广泛调研的基础上，对高职院校现有专业按专业群建设思路，进行布局调整。根据专业之间的相互关系，将现有专业划分为几大专业群，整合专业及教学资源（包括师资、实训场所、设备、校外实训基地等）；为每个专业群确定 1 ~2 个重点、特色专业，树立全方位打造品牌专业的战略思想，以品牌专业带动专业群发展；暂停部分规模过小、报到率低、没有专业群和校企合作背景的专业，适时开设适应市场需要的新专业。

（2）树立品牌战略意识，打造重点特色专业。要制订品牌战略方案，集中高职院校的人力、物力、财力，加大专业建设资金投入的力度，从人才培养模式、人才培养方案制订、师资队伍（教学团队）建设、校内外实训基地建设、校企合作项目、产学研与社会服务以及教学成果建设等方面全方位打造重点（特色）专业，突出高职院校的建设重点，同时要加大力度申报新的和建设已经获得中央财政支持的重点专业、省级重点培育专业和市级重点专业，以及市级示范性建设专业等，实现高职院校的建设目标。

（3）构建专业教学信息资源库，提高专业教学质量。随着多媒体教学、网络教学手段的广泛应用，信息化教学资源库已经成为现代教育教学的重要支撑，也是提高专业教学质量的重要因素。学院要以网络教学平台为基础，以专业为主线，以课程和实习实训项目为主体，构建专业教学信息资源库，作为专业教学提高的手段，也作为“创新强校”期间高职院校专业建设的重要内容。

（4）加强课程建设与改革，不断优化课程体系。要加强课程建设与改革，加大教学内容改革力度，通过教学研究和改革，建立适应相关产业和领域的新发展、新要求的课程内容体系。同时，要加大校企合作共同开发课程的力度，根据职业岗位能力需求变化，不断优化课程体系。将行业标准融入课程标准建设，建立以适应社会需求为目标，以应用能力培养为主线的高职院校课程体系。

“创新强校”期间，高职院校应以精品视频公开课和精品资源共享课建设为抓手，充分发挥精品课程（优质课程）的带头作用，提高学院整体课程建设水平，促进专业建设水平和教学质量的提高。

3. 教科研技术分享平台建设

教科研技术分享平台的组织结构是指围绕教育、科学研究平台的共同目标形成的内部关系结构和共同规范的协调系统，以人才培养需求为导向，突出高职院校人才培养的核心功能，实现各类教学资源的整合，科研发展促进教学改革。构建高职院校的教科研技术平台，教职员工可分享高职院校的教学、科研等成果。

（1）构建高职院校的教学平台，实现教学成果共享。教学平台可以在高职院校现有校园网的基础上构建。教学平台将收集教职工已经取得的教学资源信息，包括课程资源（精品课程、网络课程）、教学资源（教学名师、教学团队、专业建设、示范专业）教改科研（教改项目）、实训基地等项目，最大限度地把现有的有价值的各种教学资源呈现出来，达到教学资源的交流、协作、示范、互补，以实现内部教学成果的高职院校利用和共享，避免教职工对教学资源的重复开发和建设。

（2）构建高职院校的科研平台，实现科研发展优势。网络信息的优点就是及时性，科研平台的建立可以使高职院校有关的科研信息及时得到公布和传播。科研平台可以公布国家、省、市的最新科研动态和通知；院校已经获得的各类纵向课题和横向课题的申报情况、中期检查情况以及结题情况；研究成果包括教师公开发表的论文、公开出版的著作以及专利情况等。这样可以使高职院校的教职工不再重复研究同类课题，不发表重复的论文，可以在学院已有的科研成果基础上开创新的领域和新的课题研究，推进教学和科学研究迈向更高、更新的台阶，实现科学研究发展的内部优势。

（3）构建实训基地平台建设，实现学生实践资源共享。实训基地平台建设包括：基础类综合实训室的建立，如各类专业课程教学、各类等级考试和技能鉴定等同时使用的实训室；专业教学需求的专业实验教学平台的建立，如创业工场、服装技能实训中心等；

跨学科跨专业的综合实验教学平台的建立，如商务谈判综合实训室、ERP 实验室、会展综合实训室等；各类实训模拟教学仿真软件室的建立，如企业管理、汽车综合模拟实训、电子商务应用等仿真教学软件等。实训基地平台的建设，可以满足高职院校教学实验、实习、实训等实践性教学工作，为教学提供保障条件，以实现学生实践资源的共享。学院内仿真实训室还可以让学生感受到实际工作环境和氛围，熟悉企业运作流程及企业动作规范等，提升学生的综合素质和职业能力。

二、高职院校外部资源整合的协同创新

高等教育已经进入了注重内涵式提升的新的发展阶段，正在大力推进“高等学校创新能力提升计划”（2011 计划），要求高职院校要坚持“三个面向”，打破分散封闭、加强协同创新、促进科教结合和产学研用结合等发展理念，突破高职院校与其他创新主体间的壁垒，充分释放人才、资本、信息、技术等创新要素的活力，大力推进高职院校与高职院校、科研院所、行业企业及地方政府的深度合作，探索适应于不同需求的协同创新模式。在协同创新期间，高职院校要进行资源整合，汇聚成一种高效的、资源共享的协同创新新模式。

1. 高职院校之间协同发展模式

高职院校在进行了内部的资源整合之后，院校与院校之间的同类专业、师资、科研等各方面可以相互融合。各院校的同类专业资源可以交流、共享，互相学习，互相利用，共同开发，使专业建设资源得到充分的发挥，加大、加快同类专业的发展；同类专业教师可以互聘上课，扩大单个学院的某一领域的师资力量，也可以请同类专业的知名专家到其他院校开办专家讲座，使同类专业的学生受益量增加；科研方面最明显的是高职院校的科研课题在申报、评审、开题、结题等一系列的活动中，不同院校间科研处长、教务处长等专家、教授的参与，可以根据不同院校同类研究的经验，给教师更好的修改意见，提升教师的科研能力。同时还可以集中各院校同类资源联合申报科研课题，共同进行科研开发、研究，这样会取得更大的科研成果，更好地服务教学。

2. 高职院校与科研院所交互融合

高职院校与科研院所创新体系之间具有相互支持性。高职院校在科研上没有各类本科院校的优势，但与科研院所之间仍然具有互动性和互补性。高职院校具有实践型、技能型、职业性等特点，可以利用科研院所搭建的科研平台，发展职业教育的理论与研究，实现职业院校与科研院所的互动。高等职业教育具有更偏重实践的特点，在进行理论研究的同时进行实践的检验，弥补了科研院所与本科院校的合作仅注重理论研究的缺陷，

实现了高职院校与科研院所的互补。

3．高职院校与行业企业深度融合

高职院校可以与企业合作，成立合作促进会，以此作为校企合作交流的平台，加强高职院校教育教学资源和行业企业资源的高度合作，资源共享，从而形成招生链、就业链、产业链、师资链等，促进各成员单位实现互利双赢，共同发展。合作促进会可以构建：①校企共订人才培养方案平台。高职院校引入行业和企业的工作岗位标准，根据合作企业“毕业即能上岗”的要求，加强实践课程的建设，并在教学过程中不断进行调整和优化。②校企共赢订单培养平台。学院可以发挥人才订单培养模式的特殊优势，组建企业冠名的订单班，力求人才培养目标与用人标准对接，进一步提高毕业生就业质量，实现学院、企业、学生多方共赢。③校企互通人才资源平台。高职院校可以从会员企业中引进专业基础扎实、操作技能娴熟的专业技术人员和管理人员担任兼职教师，与企业合作，共建国家级教学团队和省级教学团队。同时，高职院校也可以选派骨干教师参与会员企业的科研开发和员工培训，提供社会服务。④校企共享技术成果平台。高职院校可以与会员单位合作申报科研立项，由校企双方组建专兼结合的技术团队，成为高职院校和会员单位解决教学和生产技术难题的重要保障。

4．高职院校与地方政府大力配合

高职院校与行业企业的深度融合中，地方政府发挥着引导的作用。政府是整个协同创新大环境的主要构成者，政府在政策、制度以及舆论等方面的作为，对整个协同创新的环境起着决定性作用。因此，可以由政府开创面向区域发展的协同创新中心，以切实服务区域经济和社会发展为重点，通过推动省内外高职院校与当地支柱产业中重点企业或产业化基地的深度融合，成为促进区域创新发展的引领阵地（“2011 计划”）。同时政府可以聚集高职院校中的人才资源集中使用，进行科研课题的评审和验收。例如广东省科技专家库、广州市青少年科技教育专家库、番禺区科技专家库等的建立，政府有关部门发文，对高职院校的有关人员进行登记，符合条件的各专业的专家均纳入了专家库，对广东省各类科技项目进行评审和验收，实现了高职院校的人才资源与地方政府的合作共享。

在国家“协同创新”的号召下，高职院校要积极响应，寻找和建立内部和外部的协同模式，实现高职院校同类创新资源的整合，有效地提高办学水平和人才培养质量，推进创新型国家的建设。

三、协同创新教育资源整合平台的构建

协同创新平台的搭建能够更好地实现高职院校教育资源的有效整合。协同创新平台

可以从以下三方面搭建：一是建立创新创业教育基地平台，二是建立创新创业成功人士入驻校园平台，三是建立创新创业校友会平台。

1. 建立创新创业教育基地平台

创新创业教育基地平台包括创新创业教育孵化平台、创新创业孵化模拟平台和创新创业孵化实践平台。创新创业教育基地平台结合社会多种资源而建立，形成专门为学生提供创新创业政策咨询服务、项目推荐、创业培训、市场论证、创业场地、专家指导、市场开拓、成果展示等一系列创新创业服务的综合平台，它不仅是创新创业教育和创业活动的基础工程，更是创新创业实践的重要阵地，使学生真实地感受到了实战氛围和气息，具有很高的针对性和社会实效性。

（1）创新创业教育孵化平台。结合各高职院校实际情况对其教学手段进行改革，充分利用现在的网络平台，令其多样化的教学实现方式变为高职院校创业孵化的辅助教育平台。网络创业教学模式要有网络实践模拟。高职院校可以自行设计网络平台，如税务部分企业登记注册、政策咨询、各类扶持资金申请、新公司成立等一系列仿真的网络平台。可在网络实景中，进行角色扮演来体验创业者的创业经历虚拟过程，也可利用校园网资源，完成创业实践在线模拟操作。也可以通过“一赛一平台”的隐形推进，有效提升大学生的创业实践能力。“一赛”是创新创业训练、市场策划、产品创作、青年创业论坛等各系列大赛。“一平台”是网络创业平台，创业实训基地将以该平台作为主要的载体。

（2）创新创业孵化模拟平台。依托产学研联动，将校内创建的实训基地视为创业孵化模拟平台，进而实现地方、产业、行业、企业和高职院校等方面的共赢和联动。在校内实训基地营造较浓的企业文化氛围与环境，将企业文化与校园文化紧密联结起来，进而使学生的综合职业素质不断提升，令其更快更好地成为职业人和社会人。加强仿真实训基地的建设，引入创业教育测评软件和创业实战系统，为创业能力培养提供仿真平台。通过“实战”训练，全方位地培养与提升学生们的素质、沟通能力、团队合作、组织管理、操作技能等，以达到实施个性化的训练与培养。

（3）创新创业孵化实践平台。借助各地区的创业园、校企合作，创建创业基地。充分发挥创业基地在创业活动中的指导和引领作用，有效引导学生选择更符合自身实际情况的创业项目，指导学生参与各行业的实际创业活动，将创业基地视为创业孵化的实战平台。让更多想创业的学生走上创业的成功之路，为经济社会平稳发展做出贡献。高职院校要把毕业生就业放在突出位置，加快建设一批投资少、见效快的大学生创业园或创业孵化基地。在有效推进大学生创业活动中，大学生创业孵化园的建设起到了举足轻重的作用。具体包括以下几个方面：一是较优惠的创业措施与政策，为大学生创业过程中进行申请、政策咨询、扶持资金、企业登记注册等，提供了便捷的“一条龙”服务；二是便于交流创业经验和参加各类型的创业培训；三是大学生创业孵化园为了便于大学生选择投资项目和服务对象，通常设在产业相对集中、科技智力资源丰富和高职院校较聚集的地方；四是提供价格相对低廉的场地。大学生创业孵化基地是以大学生创业项目为载体，以营造创业环境与各种孵化服务为手段，依托各种创业孵化优势资源，形成“培训、研究、孵化、成果转让”等一体化的实用性创业孵化平台，更是服务与开放型基地。大学生创业孵化基地降低入驻项目成本，帮助创业企业成长，快速科技成果转化，提高创业成功率，为支持与鼓励大学生创业，提供实质性的社会公共资源服务，更好地促进大学生创新创业、全面成才。

2. 建立创新创业成功人士入驻校园平台

高职院校可以建立创新创业成功人士入驻校园平台，由经济管理类专家、工程技术类专家、政府经济部门专家、成功企业家、孵化器的管理专家和风险投资家及律师等人员组成一支教师队伍，专门指导学生创业实践，通过面对面地讲述自身的创业成功经历，和学生一起分享他们在创业经历中是如何做人、如何做事、如何圆梦的，以激发大学生创业的激情，引导大学生转变就业观念，为学生创业提供技能和经验方面的支持，用他们的成功历程和人生感悟让学生在教育中感受到真实的案例，解读成功与失败的经验教训，使学生积极投身于创新创业的实践中。

3. 建立创新创业校友会平台

因专业相近的成功人士针对性更强，为此在高职院校建立本科生校友访谈活动。高职院校校友会是联络广大校友，架起母校、校友和社会三者之间重要沟通的桥梁和纽带。高职院校要不断完善校友会在就业创业上的职能，团结校友以支持母校的发展，挖掘和整合校友资源，鼓励校友回馈母校，积极发挥校友会在促就业、促创业工作中的重要作用，激发校友们在自己的工作岗位上建功立业。校友会在服务大学生就业创业工作中，具有天然的优势。充分发挥校友会在就业创业方面的职能，有助于高职院校改善人才培养方案，开拓就业市场和提升就业创业指导与服务水平，同时可以营造促就业、促创业的良好氛围与舆论环境。首先，创业校友会是就业、创业信息资源的重要发布者。创业校友会在原有的开发校友资源和拓展招生就业市场职能的基础上，建立高职院校与校友所在单位、企业人才供需的长效合作机制，并且及时、有效地掌握就业创业资讯，更好地为学生提供信息通畅、准确、及时的就业创业服务。其次，创业校友会是人才培养的重要参与者，作为社会人的校友们是最清楚怎样的人才才是企业发展壮大、单位高效运转最紧迫的需求。高职院校的人才培养方案的制定、教学方案的修订等工作都离不开校友们的积极参与，这有利于高职院校培养大批视野开阔、基础扎实、创新创业能力较强的高素质人才。校友会还是就业实习基地与岗位的关键开辟者，校友们渴望对母校做出自己的贡献，并怀着一种特殊的情感，有着“校荣我荣”的独特情怀，积极与母校建立就业创业实习基地，为在校学生提供了许多实习场所，提高了学生的实践实训能力，并提供了就业岗位。同时校友依托母校的专业支撑，也实施了自己公司的品牌策略，提升了自身的品牌效应，最终实现了校友、学生、母校等共赢的局面。

总之，通过协同创新平台的搭建，高职院校教育资源的有效整合能够更好地实现。

第三章　高职教育协同创新办学路径探索

第一节　职业性、特色化、差异化办学思路的探索

办学理念关键在于高职院校在发展过程中的道路选择。选择什么样的发展路径，坚持什么样的办学特色，这是在高等教育大众化条件下高职院校适应社会与自身发展的必然要求。在现代教育体制机制下，作为一所后起建设的高职院校，要在强手林立的高职教育拥有自己的位置，发出自己的声音，就必须善于科学定位，另辟蹊径，努力发展特色。

广州科技贸易职业学院是属于广州地区的一所高等职业院校，从创建之初就紧紧把握高职教育属性，明确办学目标，强化办学特色，为教育教学改革发展开拓新路。

一、职业化发展的思考

近年来，随着我国高职教育的迅猛发展，学院在发展的道路上充满着挑战和考验，主要存在的问题：一是基础建设设施比较薄弱，实验实训场地、教学设备等方面与人才培养工作还存在一定差距；二是专业设置不够合理，品牌专业、特色专业不够明显；三是教改工作有待深化，内涵建设需要进一步加强；四是师资队伍素质还不够强，缺乏专业带头人，缺乏企业能工巧匠，缺乏“双师素质”教师。在这种情况下，学院班子认为学院必须准确定位于职业化发展，要坚持深化改革，加强基础建设，实行规范管理，不断提高办学水平和办学质量，才能为实现学院可持续发展奠定良好的基础。经过反复调研论证，学院制定了职业化发展的方向。

1．明确办学目标

全面开展学院顶层设计，逐步理清办学思路，明确办学定位和办学目标。通过几年来的努力探索和实践，使学院建设发展不断增强，面向全国 10 个省招生，办学规模与影响力逐步扩大。

2. 改善办学条件

启动校园整体规划建设，动工兴建实训楼，建成校内外多间实训室，基础设施配置与人才培养需求更加适应，积极争取财政支持，全面改造学生课室、宿舍和活动室，增加文化活动场地，加强校园基础建设，整治环境，使校园环境更加优美。

3. 加强专业建设

始终紧贴区域经济发展和支柱产业需求，适时调整专业设置，优化专业结构，专业和专业方向数量逐渐增加，专业建设不断深化，人才培养质量明显提升，赢得用人单位和社会的好评。

4. 优化师资队伍结构

依据职业化发展目标和专业建设需要，面向社会大力引进人才，教职工人数逐步增加，满足师生们的要求。教师队伍数量与结构趋于合理。加大教师的培训力度，副高以上职称教师逐步增加，师资队伍素质全面提高。

5. 规范教育管理

调整组织机构，理顺工作关系，制定完善行政、教学、学生管理等各项工作制度，形成了保障工作运行的机制。坚持教育与管理相结合 ，强化规范，使教育管理工作逐步走上规范化、制度化的轨道。

二、特色化发展思路、发展定位和主要目标

特色化是职业院校立于不败之地的发展方式。面对高职教育的新形势、新机遇，学院要取得新发展，必须建立在特色化发展的基础之上。学院经过反复调研商讨，形成了特色化发展思路，明确了特色化发展的定位和主要目标。

1. 特色化发展思路

近年来，学院发展的总体思路可以概括为三个关键词，即“加快”“特色”“质量”。“加快”就是要学习追赶先进院校，抢抓发展机遇，加快基础设施建设，进一步夯实发展基础，而不是无限扩大规模。“特色”就是要深化专业建设，对传统专业进行调整，通过专业调整优化，逐步形成学院的专业特色。经过坚持不懈的努力，最终使学院实现“学院有特色、教师有特长、学生有特点”。“质量”方面，就是要着力提高人才培养水平，牢固树立质量立校的思想，使学院的办学质量达到学生满意、教工满意、社会满意、政府满意。

2. 特色化发展定位

立足珠江三角洲地区，辐射省内外，依托科协资源优势，加快与企业、行业深度融合，逐步形成以机电制造类专业为龙头，以经贸、管理、计算机、艺术设计类专业为主体，以服装、动漫等专业为特色的相互支撑、协调发展的专业布局，构建“学习、实训、就业”三位一体的人才培养模式，为区域发展高新技术产业和现代生产服务业培养高素质技能型专门人才。

3. 特色化主要目标

通过特色化建设，使学院办学活力明显增强，办学水平整体提升，服务能力显著提高，建成特色鲜明、水平较高、具有较强影响力的高等职业院校。

（1）适度扩大办学规模。全日制在校生达到一定数量，防止盲目扩大。

（2）大力改善办学条件。学院建筑面积、教学仪器设备总值、馆藏图书量等指标达到基本办学指标要求。

（3）加快推进专业和课程建设。专业及专业方向数达到若干个以上，形成相互支撑、具有鲜明特色的专业群，示范性建设专业和课程建设实现新突破。

（4）全面加强师资队伍建设。专任教师总数达到师生们的要求，“双师素质”教师比例达到85%，形成专兼结合、素质优良、结构合理的“双师型”专业教师队伍。

（5）深化校企合作。加大资金投入和实习实训基地建设的力度，建成一批校内实训场所和校外实习基地。

（6）加强国际交流与合作。积极顺应高等职业教育国际化趋势，建立更加广泛的对外合作和学术交流平台，大力推进中外合作办学，形成更加开放的办学格局。

三、差异化发展探索

学院在国家教育创新发展的新时期开启差异化发展的探索。学院结合实际，坚持“科技助推产业，商贸服务经济”的办学定位，走出一条具有差异化的协同创新的办学道路。

从国内看，国家深入实施创新驱动发展战略，在转方式、调结构、促升级的经济发展背景下，职业教育在国家人才培养体系中的重要位置日益彰显，国务院出台了《关于加快发展现代职业教育的决定》，明确提出了未来五年职业教育的发展目标，提出重点提升面向先进制造业、现代服务业、战略性新兴产业和社会管理等领域的人才培养能力。这与广州市政府赋予学院“培养高新技术产业和现代生产服务业技能型人才”的定位相契合，为学院的发展指明了方向，提供了政策保障。

从省市看，广东省提出在“十三五”期间建成在国内外有较大影响力的现代职业教育综合改革先进省，形成具有广东特色、适应发展需要、基本达到世界水平的现代职业教育体系。广州市启动了符合国家中心城市建设和产业发展需求、产教融合、校企合作的具有广州特色的现代职业教育体系建设，四部门联合印发了进一步优化广州市职业教育专业结构的指导意见，进一步明确了学院构建财经管理和文化创意专业群的专业发展定位，为学院发展提供了广阔空间和难得的机遇。

同时我们也清醒地看到学院未来发展面临的各种挑战。规模扩张与内涵建设矛盾依然存在；体制机制改革步伐缓慢，办学活力尚待有效释放；专业课程建设与区域产业发展相衔接仍然任重道远；教学质量保障体系建设和人才质量评价体系建设还不够完善；师资队伍素质和结构还有差距，高水平专业带头人、高层次人才和企业能工巧匠缺乏；学院创新能力不足，对外交流与合作尚需进一步拓展。当前各高职院校在人才争夺、生源竞争、综合实力比拼上日趋激烈，学院要实现差异化发展的形势紧迫、任务艰巨，建设步伐必须进一步加快。

当前，对学院的情况进行综合判断，学院发展仍处于大有可为的重要战略机遇期，同时也面临诸多挑战。坚持走差异化发展道路，学院必须瞄准目标，把握重点，精准发力，不断深化改革，实施强校工程、强师工程、质量工程、活力工程、铸魂工程五大工程，实现质量发展、内涵发展、特色发展、协调发展、创新发展。在学院发展的新时期，必须着力推行差异化的协同创新发展方式，才能推进学院的快速发展。

学院职业性、特色化、差异化办学路径都体现在学院的具体实践之中。

第二节　以协同创新为动力，扎实推进内涵建设

高职教育发展必须践行“改革”这一条主线，具有改革创新的精神，才能推进高职教育的快速发展。几年来，学院始终立足教育教学改革，创新发展思路，全面实施创新发展、质量发展、内涵发展、特色发展、协调发展五大发展战略，为区域发展现代服务业、先进制造业、战略性新兴产业培养高端技术技能人才，逐步将学院建设成为省内一流、国内知名、特色鲜明的现代高等职业院校。

一、大力推进体制机制改革

主动适应形势变化和教育改革的需要，以协同机制体制创新为动力，着力推进学院内部体制机制改革。理顺工作关系，优化内部管理结构，全校撤系改院，建立二级学院

运行管理机制，全面实行二级管理。深入推进人事制度改革，在充分调研论证的基础上，修订完善学院岗位设置实施方案，抓好事业单位养老保险制度改革相关工作。通过实施改革，增强了学院办学活力，调动了广大教职工的积极性和创造性，加快推进了学院事业的发展。

二、全力深化内涵建设

重点专业建设取得突破性进展，获得中央财政支持重点专业 2 个，省级重点建设专业 6 个，省级品牌建设专业 2 个，市级重点建设专业 7 个，市级高职教育特色专业学院 1 个。强化“对接紧密、特色鲜明、动态调整”的职业教育课程体系，获得省级优质课程、省级精品资源共享课程 7 门，市级精品课程项目 3 个，省级教学成果奖实现零的突破。师资队伍结构不断优化，副高及以上职称教师比例由 17% 提升到 25%，具有硕士及以上学位教师比例由 27% 提升到 66%，“双师素质”教师比例由 47 % 提升到 73 %，广东省高等学校优秀青年教师培养对象 5 名，广东省“千百十”培养对象 9 名，省级教学团队 2 个。完成国家、省市科研项目 71 项，公开出版各类著作及教材 124 部，发表论文 824 篇，获得国家专利局授权专利 20 件，在全省高职院校中排名第 7 位，社会服务能力和社会影响力明显增强。

三、着力提升人才培养质量

深化校企合作、产教融合人才培养模式改革，创新“四个合作”办学路径，重视校内外实训基地建设，建成省级实训基地 4 个。创新强校工作初见成效，牵头成立广州高校与企业合作促进会、广州市物流职教集团、校友总会，政校行企协同创新多个项目获省市立项。多次承办广东省高职院校会展策划与管理专业技能大赛，市属高职院校动漫设计与制作技能竞赛暨珠江三角洲高职院校动漫设计与制作邀请赛等技能大赛。强化技能考证，高级证书获得率高达 32. 77%，师生获国家、省市级奖 546 项，市场营销专业在 2017 年全国高职院校技能大赛中荣获一等奖。学院招生就业保持两旺，第一志愿报考上线率均达到 200% 以上，地省最低控制线高出 90 ~ 100 分。毕业生初次就业率始终保持在 98% 以上，整体就业率 100%，用人单位对学校毕业生的满意度达到 90% 以上。

四、努力夯实办学基础

着眼学院长远发展，努力改善办学条件，对教学区、办公区、生活区进行全面改造，不断夯实基础设施建设。信息化建设全面升级，完成校一卡通建设，多媒体教室改造。

开展学院整体规划设计，推进人文化、学习化、特色化、生态化、园林化校园建设。坚持依法治校，治理能力有效提升。学院章程获省教育厅核准。开通“信息公开”专题网站，修订各类规章制度300多项，形成系统规范的制度体系。档案管理工作获得省特级单位并获优秀奖。平安校园建设有力推进，学院管理规范有序，被评为安全维稳先进单位。

第三节　以协同创新为引领，全面提升办学水平

创新是一个民族进步之灵魂，提升办学水平和办学质量始终是大学的根本任务。按照广州新型城市化发展、加快建设有特色高水平市属高等学校的战略部署，全力提升高校的竞争力和服务社会经济发展的能力已成为当前高校建设中的一项十分紧迫的任务。学院在30多年的办学探索中，牢牢遵循广州市政府赋予学院“培养高新技术产业和现代生产服务业技能型人才”的办学使命，紧贴区域经济社会发展的需求，积极为广州区域经济发展发挥培养人才的作用。

近年来，学院紧贴区域经济社会发展需求，紧紧围绕高职院校协调创新的工作，在专业和课程建设、人才培养模式改革、提升科研能力和社会服务水平、凝练办学特色等方面取得了新成效，各项建设快速发展，呈现出良好的发展势头。

一、调整优化专业结构，适应区域产业发展

区域产业发展定位是学院优化调整专业结构的根本依据。《珠江三角洲地区改革发展规划纲要（2008—2020年）》明确提出优先发展现代服务业、加快发展先进制造业和大力发展高技术产业的思路，《广州市国民经济和社会发展第十二个五年规划纲要》提出建设国际商贸中心、世界文化名城、国家创新型城市等建设目标，将商贸会展、现代物流、文化创意、商务服务、旅游等产业列为现代服务业中重点发展产业。

广州市政府对学院的办学定位是：为高新技术产业和现代生产服务业培养人才。这一定位确定了学院重点构建面向高新技术产业和现代服务业的专业发展方向。

学院立足广州，面向珠江三角洲地区，辐射省内外，坚持“校企合作、工学结合”的办学方针，与企业、行业深度融合，紧贴区域产业发展，调整优化专业结构，适度稳定专业数量，打造重点专业和特色专业，以此带动专业群的发展，确定“以先进制造业和现代服务业双轮驱动”的专业布局调整方向。

二、创新专业建设模式，加强重点专业建设

根据区域产业发展，结合学院办学实际，以现代服务业、高新技术产业、先进制造业和经济社会发展需求为导向，对接广州支柱产业、优势产业、战略性新兴产业与其他院校进行差异化专业设置，着力抓好重点专业和特色专业的建设，并将学院26个专业划分为5大专业群，建立以重点专业和特色专业带动专业群发展的专业建设思路，其中会展策划与管理、财务管理、城市轨道交通运营管理、物流管理、电子信息工程技术、汽车检测与维修、动漫设计与制作、国际经济与贸易等8个专业为重点特色专业。经过多年的建设，重点专业和特色专业取得了一定的办学成绩，电子信息工程技术、会展策划与管理两个专业为中央财政支持重点专业，其他6个专业为省级专业建设项目。推动学院品牌、重点、优势专业建设，通过实施校企合作、产教整合、资源共享、服务产业能力等工作进一步促进专业及专业群共同发展。各专业在多年的办学过程中逐渐形成自身的具有一定特色的人才培养模式。

三、构建特色课程体系，满足职业岗位需求

岗位需求是构建职业教育课程体系的关键。岗位引领是根据职业岗位要求，确定知识与能力模块，分析专业能力要素，确定课程设置，构建课程体系，培养职业技能。

加强专业调研和岗位分析，了解社会经济发展方式转变和区域产业结构调整动向，掌握产业变化对高职人才知识与能力需求的变化，优化课程设置，本着“大专业小方向”的原则，搭建专业平台课程，确立专业方向课程，构建“模块化、递进式、多证书”的特色课程体系。

“模块化”是指通过分析专业技术领域和专业岗位（岗位群）所需的职业能力，根据职业能力模块分解能力要素，按照能力要素确定对应课程；“递进式”是指按能力递进方式设置每个能力模块中的课程顺序；“多证书”是指为了实现课程内容与职业标准的对接，除了在课程体系中设置一个必考的专业技能证书基础上，还根据专业特点增加多个相关的专业技能证书供学生选择，以适应不同的专业岗位需要。

四、创新竞赛推动模式，突出职业技能培养

技能培养是职业教育的核心，技能竞赛是促进技能培养的重要手段。加强实践教学和学生技能培养，提高实践教学课时比例，明确集中性实践教学周数，检查落实实践教学安排，细化实践教学项目及内容，强化职业技能培养。精心组织每年一届的院级技能

竞赛，积极参与和承办全国、省、市各级技能大赛。

完善学院技能大赛制度，将技能大赛融入职业教育人才培养方案和教学过程，实现技能大赛常态性、多样化，全员参与，创新竞赛推动模式，实现以赛促教、以赛促学。

五、创新师资建设路径，打造优秀教学团队

师资队伍是高职院校提高核心竞争力的关键因素。加强师资队伍建设，开展教师职教能力与创新能力培训测评，探索“双元选拔、双向培养、双轨运行、双重考核”的“双师”结构教学团队和教学名师的建设路径，着力打造优秀教学团队。

通过双元选拔，推行企业、学院人才共推互聘，共同选拔适合岗位需要的人才；通过双向培养，提升校内专任教师专业能力和业务水平，使其成为既有专业理论，又懂实践操作的优秀教师；通过双轨运行，教学团队相互配合、共同开发职业岗位标准，共同参与人才培养全过程；通过双重考核，实行双重管理与考核，学院与企业联合对双方委派人员进行综合考核与评价。

本着“效率优先、兼顾公平”的原则，推进学院分配制度改革，逐步建立重实绩、重贡献、向特殊人才和重点岗位倾斜的分配激励机制，更好地发挥教师的才能和智慧，提高办学水平和办学效益，通过重构人文管理机制提高师资队伍整体素质。

六、强化创新创业教育，提升学生综合素质

创新创业教育和专业导师制是职业教育提倡的新思维，是提高学生综合素质的重要途径。将创新创业教育纳入专业人才培养方案，设立创新创业学分，成立创新创业中心与创新学院，加强创新创业师资队伍建设，举办讲座、论坛、模拟实践、创业项目训练、创新创业大赛等活动，加强理论研究和经验交流，提升学生的社会责任感、创新精神、创业意识和创业能力。

探索建立“专业导师制”，加强专业教师对学生的人生规划、专业学习、社会实践等全方位、全过程的指导，大力实施学院“厚德励志、人生导航、笃学强能、文化修身、阳光心灵”五大育人工程。构建全方位的育人平台，将技能训练、创新实践和育人工作有机结合，全面提升学生综合素质。

七、创新教学评价体系，提高人才培养质量

课程教学质量的监控与评价是教学质量保障体系的一个重要组成部分。随着校企合作、工学结合的不断深入，与之相适应的监控与评价主体、对象、范围也应随之转变，

即主体由一元转变为多元，对象由教师转变为教师、学生并重，范围由课堂转变为课堂、实训场所并重。

第三方评价是高职教学质量监控的有效手段。在学院教学管理中积极寻求与麦可思人力资源信息管理咨询有限公司合作，开展“毕业生就业与培养质量半年后跟踪测量评估”，通过对毕业生毕业后的跟踪调查进行定量研究，了解毕业生的月收入、专业对口率、职业吻合度、离职率、就业流向、职业远景等就业状态，分析学院培养质量的短期表现和对社会需求的满足情况，最终将培养结果的反馈回溯到培养过程，对教学培养、课程、招生、就业等进行全环节的诊断和指导改进，促进学院教学质量的不断提高。

八、创新教研科研思路，强化社会服务能力

以加强社会化项目合作为渠道，学院积极加强专业建设，不断增强社会服务能力。以专业为依托，以教学科研团队为核心，学院积极为政府、行业、企业提供岭南特色文化教育模式、高职人才培养模式以及信息技术、动漫、环境艺术、广告、社会组织管理、会展、物流等方面的科研和技术服务。为广州市经济社会发展提供智力支撑。二级服装与艺术学院为第 25 届全国青少年科技创新大赛设计志愿者服装，与“婴适康”婴童品牌开发产品和为“标奇”牛仔服装设计产品产生了良好的社会反响。二级创意艺术设计学院为广州手表厂设计的亚运纪念手表，在美国展览会上获得美誉；学院师生为城乡互助结对的增城市正果镇设计包装的“增城十宝——黄塘头菜”LOGO 获得社会好评。

九、探索办学模式创新，推动学院持续发展

为适应广州高职教育综合改革试点区建设的需要，解决制约学院发展的体制机制问题，创新办学模式和管理模式，进一步增强学院发展的后劲和活力，结合学院属于部门办学的实际，学院在市科协、市教育局统一组织下进行了调研，提出了“政府、行业共建”模式，即由市政府（教育局）、市科协共建学院的模式。学院争取各方力量的支持，积极在共建模式上探索新路，并理顺各种合作关系和解决历史遗留问题，为学院未来发展赢得更为广阔的空间。

第四节　以协同创新为契机，加快学院改革发展

国务院颁布了《关于加快发展现代职业教育的决定》（以下简称《决定》），教育部等六部门联合出台了《现代职业教育体系建设规划（2014—2020 年）》，职业教育改革开

启新纪元。习近平总书记关于职业教育的重要批示和国务院的《决定》，确定了我国职业教育新的战略定位、新的工作方针、新的发展目标、新的办学方向、新的培养目标、新的价值追求、新的发展方式、新的办学机制和新的保障机制。学院必须创新发展思路，紧跟形势，狠抓各项工作任务的落地生根。

一、大胆探索实践，夯实协同创新基础

近年来，学院秉承“厚德、砺学、修技、至善”的校训，牢固树立“质量立校、人才强校、特色兴校、服务荣校”的办学理念，按照“服务学生学习就业、服务企业生产发展、服务社会经济建设”的办学宗旨，深化教学改革，全面加强内涵建设，人才培养水平不断提高，并得到社会广泛认可。但是，针对高校职业教育的要求，学院的教学模式与教学发展在办学目标、内涵建设和办学条件方面，还与职业教育的要求存在较大的差距，教育教学质量还不适应社会发展的需要。为大力推进学院职业教育的发展，广大教职员工必须进一步解放思想，全面改革创新，为学院协同创新发展奠定坚实基础。

1. 解放思想，牢固树立协同办学理念

学院正处于快速发展的关键时期，实现学院新的更大发展，必须继续解放思想。解放思想关键在于破除旧的教育理念，从原有的思维定式中走出来，不断更新办学观念，创新办学模式，推进学院机制体制的改革。广大教职员工清醒地认识到，高职教育是面向职业岗位的能力教育，必须按照“就业导向、能力本位、校企合作、工学结合”的要求，树立大局意识、责任意识、竞争意识和创新意识，不断增强学院发展的实力、活力和竞争力。这就需要全体教职员工进一步解放思想，勇于创新，根据高职教育的特点和规律，深化协同创新，加速推动学院发展。

2. 创新思路，明确学院协同发展方向

思路决定出路。创新工作思路，是学院加快发展、迎头赶上的航标和导向。首先要找准学院的发展定位。学院开展顶层设计工作要举全院上下之力，集全院师生之智，找准学院的发展定位，明确学院发展方向。对学院的定位既要从历史发展纵向上研究探讨，又要从珠江三角洲地区、省内外的高职院校发展横向比较中来找准定位。其次要继续深化教育教学改革。学院的教学改革要充分研究珠江三角洲地区改革发展规划纲要，适应珠江三角洲地区以及广东省经济结构调整、技术进步和劳动力市场变化，依托科协资源，积极推进专业设置、人才培养方案、课程建设、教学方法及手段、实践教学、教学管理等方面的全面改革，以适应珠江三角洲地区和广东省经济发展对技能型人才的岗位需求，培养一批技术技能型人才。根据学院的办学目标与办学定位，及时做好专业布局，调整

专业设置，积极发展面向新兴产业和现代服务业的专业，增强专业适应性，努力办出特色。把政校行企协同机制创新作为高等职业教育人才培养模式改革的重要切入点，做好人才培养方案的改革，积极推进订单式培养，彻底摆脱本科“压缩饼干”式的教学模式，探索并创建符合高职教育人才培养特征并具有学院特色的人才培养模式。

3. 整合资源，形成协同办学特色

将有限的资源进行整合，使之发挥最大效益，是高职院校摆脱目前困境、加强内涵建设、创造特色的有效途径之一。首先，要以“政校行企”协同创新高职人才培养机制研究与实践项目的抓手，深化与企业、行业在共同培养人才方面的合作，特别是加强与广州市科学技术协会学会部的交流沟通，充分利用市科协的资源优势，深化与市科协所属的企业、行业的合作，切实建立“校企合作、工学结合”的人才培养模式，力争在专业设置与整合、人才培养方案优化、课程体系和教学内容改革、实践实训基地建设及学生技能培养等方面取得突破性进展。其次，要及时根据市场需求的变化，主动适应区域、企业经济和社会发展的需要，特别选择 2 ~3 个基础条件好、特色鲜明、办学水平和就业率高的专业进行重点建设，优先支持在工学结合等方面优势凸显以及培养高技能紧缺人才的专业，建立以重点专业为龙头、相关专业为支撑的专业群，推动学院专业建设与发展。再次，要加强教材建设，协同各方资源，与行业企业共同开发紧密结合生产实际的实训教材，并确保优质教材进课堂。要积极改革教学方法和手段，融“教、学、做”于一体，强化学生能力的培养。

二、大力实施“六大工程”，推动学院协同发展

面对新形势、新任务、新要求，学院抢抓现代职业教育发展的重要机遇，依托《政校行企多方合作共建广州市高职教育综合改革试验基地》的重点改革项目，全面开展“政校行企”协同创新机制体制改革的探索与实践，并以大力实施“创新强校工程”的良好契机，进一步凝聚全体教职工的智慧和力量，大胆探索实践，勇于开拓创新，围绕学院提出的“抓改革、抓重点、抓特色、抓落实”工作思路，选择差异化协同发展的方式，加快推进学院新一轮协同创新发展。

1. 实施战略工程，组织编制发展规划

成立学院“十三五”发展规划编制领导小组和工作小组，全面梳理学院“十二五”规划执行情况，充分研究分析区域经济社会发展形势、人才培养与产业需求契合度、招生就业形势和学院发展定位，广泛开展调研，创新办学理念，依据开展协同创新机制体制改革的思路，在全面总结“十二五”发展规划工作目标任务的基础上，集中组织力量

编制学院“十三五”发展规划。

2. 实施强校工程，加快推进协同创新

按照广东省教育厅、广东省财政厅印发的《广东省高等教育“创新强校工程”实施方案（试行）》和《广东省教育厅关于加快推进高校协同机制创新改革研究与实践工作的通知》精神，合理整合校内外教学科研和社会服务现有资源，大力实施《学院“创新强校工程”2014—2016年建设规划》中确定的6类36个重点建设项目。筹建学院理事会，强化学院科协、广州高校与企业合作促进会及广州物流职业教育集团管理，提高已搭建协同创新平台的运作效率，加强校企共建专业和共建二级学院的体制机制协同创新工作。

3. 实施强师工程，建立完善激励机制

加强班子自身建设，抓好党管干部。加强“双师”结构和教学团队建设，加大与行业、企业合作培养力度，建立政校行企协同创新机制，不断提升师资队伍的业务水平和科技创新能力。重点加强专业带头人、骨干教师的培养，争取培养出省级教学名师。研究制定《学院人事分配制度改革方案》及系列配套措施，建立行之有效的考核机制和激励机制，落实绩效工资制度，促使想做事能做事做成事的人得到应有回报。

4. 实施质量工程，全面深化内涵建设

在全院树立质量是生命线的理念，着力提炼专业特色，推进重点专业和精品课程建设，启动现代学徒制试点工作。强化常规教学科研管理，完善人才培养质量考评、教学科研水平评价等工作机制，建立双向互动的质量监控体系。深化校企合作协同创新，加快引入行业企业共同参与人才培养质量评价，构建以毕业生就业率、就业质量、企业满意度为核心指标的多维评价体系。

5. 实施活力工程，着力推进内部治理

抓好学院机制体制的改革创新，按照现代高职教育内部运行特点，优化内设机构和基层党组织设置，深入推进二级管理，责权利下移，建立责权利对等的二级管理机制。梳理部门和岗位职责，完善规章制度，加强纪检监察工作，强化内部监控，健全现代高职教育内部治理体系。建立科学高效的依法治校运行机制，全面实施学院章程，创建省依法治校示范校。强化服务意识，为师生创造更多发展空间，鼓励师生主动参与学院民主决策和管理。

6. 实施铸魂工程，打造校园文化特色

加强校园文化育人工作整体规划，高标准高水平规划设计学院，加快生态化、人文化、学习化、特色化、园林化校园建设步伐。深化“五大育人工程”建设，按照“敦品厚学，至善至美”的校园文化精神，落实《关于进一步加强和改进新形势下高校宣传工作的意见》，加强意识形态阵地建设，加大校园文化建设和对外宣传力度。举办“禺山讲坛”，细化实施方案，不断提高讲座质量，逐步形成工作常态，打造学院文化品牌。协同驻地相关部门，强化安全保卫工作，重视安全教育，共同建立高效的突发事件应急机制，努力建设安全校园。

第四章　高职教育协同创新机制改革探索

第一节　“政校行企”多方协同机制创新改革探索

随着区域产业转型升级与飞速发展，对学院协同创新工作提出了更新、更高的要求，分析制约学院发展的主要因素有：一是正在探索的“政校行企”协同创新、共同育人的机制有待进一步研究实践；二是协同创新机制研究系统性不够，更多地着眼于局部，重点不够突出；三是协同创新平台的载体有待拓展。

按照《广东省教育厅关于组织开展协同机制创新改革研究与实践工作的通知》《广东省教育厅关于加快推进高校协同机制创新改革研究与实践工作的通知》《广东省高等教育“创新强校工程”实施方案（试行）》等文件精神，为了加快推进学院协同机制创新高职人才培养工作，提升专业办学水平与教育教学质量，学院决定开展“政校行企”协同创新高职人才培养机制研究与实践工作。

一、开展协同机制创新改革工作的现状

根据《广东省教育厅关于组织开展协同机制创新改革研究与实践工作的通知》的精神，学院从上至下组织了多次学习，深刻认识到协同创新机制改革工作是“创新强校工程”的前提。协同创新机制改革的重点是打破学校与社会、学校内部壁垒，整合教育、经济资源，协同多方主体、创新要素，共同育人、服务社会。并依托广州市教育教学改革攻关重点项目“政校行企多方合作共建广州市高职教育综合改革试验基地”开展协同机制创新改革。在“BOT”模式的基础上，学院探索建立了打破校内外壁垒的“物流职教集团”“岭南服装研究所”“创新发展中心”“广州高校与企业合作促进会”“电子信息工程技术研发中心”等，并取得了较好的效果；建设了“商贸会展校企合作育人平台”“电子商务、艺术专业校企合作育人平台”育人机制；设计并尝试了“政校行企”协同创新理事会机制体制；设计并尝试了“三平台、三载体”技术技能型高职人才协同

培养模式。这些举措为学院开展协同机制创新改革工作创造了条件并打下良好基础。开展协同机制创新改革的优势主要有以下几个方面。

1. 协同创新机制研究全面启动

探索校企合作办学的新型运行机制，学院积极开展体制机制创新的研究与实践。一是积极参与国家级项目“广州市开展地方政府促进高等职业教育发展综合改革试点”的工作；二是正在开展“政校行企”多方合作体制机制的研究与实践，学院“政校行企多方合作共建广州市高职教育综合改革试验基地”获广州市教育教学改革攻关重点项目；三是积极与行业、区域主导物流、会展产业的骨干企业和兄弟院校合作，牵头组建广州物流职教集团，集团由53家单位组成，构筑组织共建、人才共育、过程共管、成果共享、风险共担的政校行企合作平台；四是深化校企合作，初步建立了多方合作办学体制机制，先后与企业共同组建“岭南服装研究所”“电子信息工程技术研发中心”等，主持参与横向科研项目达到30多项，为行业企业开发产品近百款，技术服务能力不断提升。

2. 协同创新办学目标明确

学院确立了“夯实基础、强化内涵、打造特色、协同发展”的办学指导思想，制定符合自身实际的办学定位和发展目标——立足广州，面向珠江三角洲，辐射省内外，依托广州科协资源优势，加强协同创新，与企业、行业深度融合，为区域发展现代服务业、高新技术产业和先进制造业培养高素质技术技能专门人才，创建具有鲜明地方特色的高职院校。

3. 协同创新专业建设特色鲜明

按照协同创新专业建设的机制，紧密契合广东区域产业的发展，优化形成以会展策划与管理、电子信息工程技术、物流管理、汽车检测与维修、服装设计等五个重点专业为核心的商务服务、机电工程、管理、信息与软件和艺术设计五大专业群的专业布局。坚持专业紧贴产业，探索“政校行企”多方合作共建专业的机制，增强专业建设活力。

4. 协同创新强化系统育人

强化素质教育与职业技能培养并重，构建“政校行企”协同创新育人平台，推动“高职院校学生综合素质提升工程”建设，大力实施“厚德励志”“人生导航”“笃学强能”“文化修身”“阳光心灵”五大育人工程并取得显著成效。学院先后有18人获国家奖学金、368人获国家励志奖学金、59人获广州市级先进个人。

二、协同机制创新改革工作的基础

1. 校企共建番禺校区为学院建设模式与管理体制改革提供良好的借鉴

学院通过自筹资金完成征地，依靠企业投入完成整个番禺校区建设。通过学费和住宿费等方面的收入按一定金额偿还企业投入的本金与利息，若干年后学院完全取得所有建筑物的产权，这一校企合作共建“BOT”模式为学院新一轮的体制机制改革提供了良好的借鉴。

2. 产业园区职业教育协同创新平台建设为推进高职教育协同创新奠定良好基础

依托番禺的产业园区优势，集聚现代服务业、时尚创意产业、高技术产业和先进制造业等相关企业，学院组建校际联盟和产教联盟，吸引周边的高职院校、代表性企业进入联盟，搭建校校、校企深度合作的平台，探索了高职教育协同创新的运行机制。

3. 筹建职业教育集团工作为探索政校行企合作互动的体制机制积累了经验

学院以核心专业为单位，筹建相应的职业教育集团，如广州物流职业教育集团、广州会展职业教育集团等。物流职教集团始终坚持“强化一个理念、坚持两个立足、突出三项服务、依靠四方联动、推进五个创新”的示范性职业教育集团项目建设。会展策划与管理专业以琶洲会展中心和白云国际会议展览中心以及大量会展企业为依托，创建了广州会展协同创新中心。

4. 技术创新服务拓宽了“政校行企”协同机制创新的渠道

学院按照“政府促进、社会支持、市场导向、自主创业”的原则，积极推进与广州地铁总公司、广州神州数码有限公司等多家企业进行合作，共同组建了大学生创业基地，开展大学生创业行动，增强大学生创业意识和创业能力，培养敢于开拓的创业精神。通过校企合作、技术创新服务，拓宽了“政校行企”协同创新高职人才培养机制的渠道。

三、建设思路

学院借“创新强校工程”的机会，构建协同创新系统，进而探索完善“三平台、三载体”技术技能型高职人才协同培养模式。其中协同创新机制体系是协同创新系统的关键前导子系统，是协同创新系统的动力总成和润滑系统，它能发挥杠杆效应，也就是能解决企业参与共同育人积极性不高的问题，且能将各方主体预期的利益转化为育人能力、生产力，还能提高产出与投入比，所以，我们不但要先行研究设计机制体系，还要与协同创新平台载体契合运行，在实践中调整发展机制系统，建立形成机制、运行机制、评价机制等全过程的“政校行企”协同创新高职人才培养机制。具体主要有：

1. 研究设计“政校行企”协同创新系统

为了探索“三平台、三载体”技术技能型高职人才协同培养模式，在原有平台的基础上整合资源，研究设计“政校行企”协同创新系统作为机制设计的原型载体。“三平台、三载体”技术技能型高职人才协同培养模式的内涵是指：基于一体化实训室、虚拟公司（教学企业）和工作室三个平台，以模块化项目（模拟项目）、综合项目（模拟项目或竞赛项目）和企业真实项目作为人才培养的三种载体，以实现培养发展型、创新型技术技能人才的目标。确立以电子商务、会展策划与管理、电子信息工程技术、物流管理等几个专业为试点，进行课程体系、师资队伍建设、教学场所建设模式、教学模式、教学运行管理、学生管理模式和教学质量评价体系全方位的改革探索。与政府、其他高校、企业、行业等多方主体协同，并协同多种创新要素，协同培养高职人才的培养模式。

2. “政校行企”协同创新系统

“政校行企”协同创新系统由政、校、行、企多方主体推选的理事会协调指导下的“五位一体”协同育人实践基地、广州高校与企业合作促进会、协同创新中心、校企合作指导委员会等构成。其中理事会主要发挥指导决策作用，实践基地和协同创新中心为具体执行部门，教学指导委员会起业务指导作用，校企合作促进会发挥提供动力作用，整个系统结构合理、要素齐备，能发挥多方主体协同创新、共同育人的作用。

（1）“政校行企”协同创新理事会。在“广州物流职教集团”“广州时尚创意校企合作平台”“广州商贸会展协同创新中心”等创新载体的基础上，创建理事会管理体制。理事会由广州科学技术协会、广州市教育局、广州科技贸易职业学院、其他兄弟院校、4～6家骨干企业、有关协会等组成。常务委员会由常务委员单位组成。各委员单位均为独立法人，在委员会内具有平等地位。

（2）广州高校与企业合作促进会。负责协调各职教集团、协同创新中心、其他企业与兄弟学院之间的关系，组织协调职教集团与学院双方人员交往、师资培养，以及企业员工培训、员工技能鉴定与考试、培训资源共享；负责科技项目联合申报和承担横向技术服务、技术转让、技术推广与应用等。

（3）协同创新中心。学院将牵头在原来“广州物流职教集团”“商贸会展校企合作育人平台”“电子商务、艺术专业校企合作育人平台”的基础上，整合形成“广州物流协同创新中心”“广州时尚协同创新中心”“广州商贸会展协同创新中心”等至少三个协同创新中心。

（4）校企合作教学指导委员会。由学院主导，借助系统中的人力资源，组建校企合作教学指导委员会，以指导系统中各专业对人才的培养。

（5）“五位一体”协同育人实践基地。在原有实训基地的基础上，依靠“政校行企”多方合作建设实践教学、师资培训、技能竞赛、技能鉴定、社会服务五位一体的实践教学基地，为区域企业发展提供高技能人才培养、员工培训、技能鉴定、产品研发、技术咨询等多方面的服务；为职业院校专业教师提供技能和实践教学能力培训；为社会提供再就业技能培训。

3. 研究设计以理事会为核心的“政校行企”协同创新高职人才培养机制体系

机制体系涵盖协同创新的全过程。既包含了打破校内部门壁垒的协同机制，如项目合作机制；也包含了整合多主体资源的协同机制，如理事会协同创新机制。从创新过程划分为如下三类。

（1）形成机制：联络机制、沟通机制、决策机制、动力机制等。

（2）运行机制：激励机制、协调机制、指挥机制、分享机制、转化机制等。

（3）评价机制：人员考核、合作评价、成果评估等。

其中动力机制、激励机制、分享机制构成了动力总成，提供匹配动力；沟通机制、协调机制组成润滑系统，减少摩擦和内耗；决策机制、指挥机制、转化机制、人员考核、合作评价、成果评估起到了杠杆作用，提高创新、培养的效率和成果。协同创新机制体系设计考虑了动力、协调、激励、增益、反馈等功能要素，与协同创新系统匹配，能保证协同创新有效率地进行。

协同创新机制体系具体内容分述如下。

（1）委员会章程的制定，在章程中明确并统一各主体的职、权、利，以确保合作的长效机制。

（2）建立理事会及下设机构的工作职责。

（3）组织制定理事会相关管理制度。

（4）建立多元合作、共赢发展的动力机制。以改革试点专业为单位，建立合作培训学院、改革试点班、冠名教学企业、创新创意工作室、专业实验室等多种形式的合作共同体。依靠这些共同体合作开展培训、人才培养、课题研究、产品研发、技术服务、设计策划等活动，并制定相关的管理制度，建立利益共享、合作共赢的机制。

（5）改革师资队伍建设，建立激发企业人才参与的共同育人机制。为了推进人才培养模式改革，实施校企“双元选拔，双向培养，双轨运行，双重考核”的师资队伍建设模式。通过共同选拔合适人才，共同提升专任教师专业能力、实践能力和业务水平，共同开发职业岗位标准和课程标准，共同参与人才培养全过程。以此构建学院教师与企业员工双重身份、深度融合的“双师”队伍。聘任（聘用）一批具有行业影响力的专家作为专业带头人，聘任（聘用）一批企业管理人员、技术人员和能工巧匠作为兼职教师。

采取激励兼职教师措施。采用划定课酬分配比例办法强化所在专业聘请兼职教师。比如第一年按专业总课酬的20%作为兼职教师课酬，第二年按专业总课酬的30%作为兼职教师课酬。建立名师和技能大师工作室。认定为“双师”素质的专任教师在绩效工资分配上进行倾斜，给予一定的分值，岗位聘用优先。实现事业编制和非事业编制人员同工同酬。

实行双专业带头人制度，聘请技术服务能力强、行业企业影响力较大的专家来院做兼职专业带头人，全程参与专业建设工作。

完善教师培养机制。加强专业带头人和骨干教师的培养。凡新进学院专业教师原则上必须具有三年以上的企业工作经历；在校所有专业教师必须定期分批到对口单位实践，五年内累积不少于两年企业实践经历。与行业企业合作培养专业教师，将教师的社会服务能力纳入职称评审、聘用和绩效考核。加强对兼职教师高职理念、教学规律和方法及院校管理制度的培训。

制定学院高职教育教师资格证认定办法。相关专业实行教师准入制度。将专任教师参与企业技术应用、新产品开发、社会服务等作为专业技术职务（职称）评聘和工作绩效考核的重要内容。改进兼职教师的评价效果，并将考核结果作为对兼职教师奖惩和续聘的重要依据，全面提升兼职教师的教学水平。

4. 实践协同创新形成机制、运行机制、评价机制

在创新强校工程的后续项目中，将拓展和启动协同创新系统，实践协同创新形成机制、运行机制和评价机制。

形成机制是“政校行企”四位一体的协同创新体系能否形成以及能否维系的机制。其实践重点是动力机制、决策机制是否有效。

运行机制是协同创新能否持续、能否有效产出的关键。实践的重点是激励机制、协调机制是否有效。

评价机制是控制产出成果的关键因素。实践的重点是人员考核、成果评估机制是否有效。

对于机制体系来说，在实践中要检验动力总成（动力机制、激励机制、分享机制）是否有力；润滑系统（沟通机制、协调机制）是否有效；杠杆效应（决策机制、指挥机制、转化机制、人员考核、合作评价、成果评估）是否够强，这些是实践工作的重要内容。

5. 调整总结“政校行企”协同创新高职人才培养机制

通过在协同创新平台载体上实践之前设计的协同创新机制方案，调整总结协同创新机制，细化具体机制，形成长效“政校行企”协同创新高职人才培养机制体系，包含重点研究的动力总成、润滑系统、杠杆效应等机制模式。其中的成果尽量固化成模式，以便更好地推广应用。

6. 提炼总结“三平台、三载体”技术技能型人才协同培养模式

根据实践的具体情况提炼总结“三平台、三载体”技术技能型人才协同培养模式。除了前面设计中提到的模式内涵之外，显然这种模式是建立在创新强校工程基础之上的，具有多方主体协同育人的特征，这是需特别注意提炼的内容。

四、研究方法与路径

按照“研究设计—实践反馈—总结提高”的基本技术路径，遵循教改项目建设的基本程序，采取文献分析法、经验法、演绎法、讨论法、实践法、比较法、归纳法等方法，以建立“政校行企”协同创新高职人才培养机制为主线，以构建“理事会”体制、动力总成、润滑系统、杠杆效应为重点，以协同创新中心、合作育人平台和协同创新实践基地为实践载体，设计了研究实践路线。

机制不可能独立于平台载体之外，所以，为了设计机制体系，这里要在已有平台基础上，设计协同创新体系，也刚好作为创新强校工程的平台载体，为本项目和后续项目使用，然后为该体系研究设计“政校行企”协同创新高职人才培养机制体系。

建立理事会体制，将借鉴企业理事会制度和高校理事会体制，保证理事会具有发起、设立、运行的有效性，在理事会的治理框架下，整合共享政校行企关联资源，应用协同创新体系实践“政校行企”协同创新高职人才培养机制体系，产生共同育人、服务产业、创造经济效益的功能。最后提炼协同培养模式成为本项目的升华之处。

研究将注重系统性和实效性，将协同创新机制的研究与协同创新体系紧密结合，发挥机制的协调、激励、分配、共享的杠杆效应，放大产出与投入的比例，突出拔尖人才的核心地位，发掘知识技术潜力，促进成果转化，力求做到多方主体共同受益，协同创新不断自生扩展。在实践中调整协同创新机制，建立规范标准，总结提炼模式，最终构建适合于实践、可以复制推广的创新机制体系以及人才培养模式。

项目的创新点是从“创新强校工程”的视野上，研究实践动力总成、润滑系统、杠杆效应的“政校行企”协同创新高职人才培养机制，最终探索构建“三平台、三载体”技术技能型高职人才协同培养模式。既达到了协同育人的根本目的，又能整合资源使多

方主体受益。

五、学院政策措施

（1）构建“政校行企”协同创新理事会的组织管理体系及章程。制定“政校行企”多方参与管理机构的章程，以便明确各方责权和人员、资源、成果、知识产权等归属，明确重大事务协商、决策与发展规划制定，充分发挥人才、学科和资源的协同创新优势。在协同创新中不断发现和解决重大问题，实现开放共享、持续发展。

（2）构建“政校行企”协同创新体制。制定《协同创新中心建设与运行管理试行办法》《协同创新中心建设经费管理办法》《协同创新中心建设绩效评价办法》，形成“政校行企”多方融合发展机制。

（3）建立符合国际惯例和以任务为牵引的人员聘用与分配制度，制定《创新人才引进与管理试行办法》，以便增强对优秀人才的吸引力和凝聚力，打造协同创新的领军人才与团队。

（4）充分利用和盘活学院现有创新资源，以优势专业为重点建立协同创新体系，集中优质资源重点支持，发挥优势和特色专业的汇聚作用，构建有利于协同创新的基础条件，培育若干省市级协同创新中心，形成协同创新长效机制。

（5）优化以校企融合为导向的资源配置方式。制定学院《“政校行企”协同创新资源优化配置试行办法》。以协同创新研究和实践为主导，通过校企融合、产学研紧密合作等途径，推动人才培养机制改革，以高水平研究实践支撑高质量人才培养。推动学院与科研院所、企业之间的人员流动，优化创新人才队伍结构。

（6）形成以创新质量和绩效贡献为导向的评价机制。制定学院《以创新质量和绩效贡献为导向的评价机制试行办法》，改变单纯以论文、获奖为主的考核评价方式，注重原始创新和解决企业建设重点科技需求的实效，建立综合评价机制和退出机制，鼓励竞争，动态发展。

（7）营造有利于协同创新的学术氛围。构建自由开放、鼓励创新、宽容失败的学术氛围，倡导拼搏进取、敬业奉献、开拓创新、求真务实、团结合作的精神风尚。

（8）学院将以“创新强校工程总体规划”为纲领，多方筹集资金，保障资金投入，开展培养人才、服务社会的工作。

第二节　职教集团运营模式探索与实践

全国开设物流专业的高职院校已达824所，物流职业教育初具规模并呈蓬勃发展之势。目前，国内物流职教集团的组建模式在其他地区已经初步形成，其组建情况有：上海交通物流职教集团于2007年12月成立，是上海市先期成立的两大职教集团之一；2008年7月，湖南现代物流职业教育集团成立，是湖南省正式批准成立的第一家职业教育集团；2009年11月，陕西省教育厅和交通运输厅共同组建陕西交通物流职业教育集团；2010年9月，苏州市开始筹备“现代物流”职业教育集团等。广州市在物流职教集团组建上可借鉴其他地区的经验，并在其基础上进行更多创新和优化，为广州市职业教育改革探索新路。

学院牵头组建了广州物流职业教育集团。由省内部分职业院校、物流企业和行业协会共53家成员单位组成的产教联合体和利益共同体。广州物流职业教育集团在集团运营的实践中探索内部利益纽带，创新职业教育集团化办学的运行机制；搭建并完善集团内部信息交流平台；提升学校服务物流行业能力；建设并共享职业氛围实习实训基地；通过“工学结合”“订单式培养”，中高职衔接、专业课程建设、实训基地建设、教师队伍建设的探索与创新等多种方式引领并在构建技术技能人才培养体系等方面进行建设和探索。

一、建设意义

职教集团是一个新的组织形态，是深化校企全面合作、推进产学研深度融合的重要平台，是加快办学机制改革、促进优质资源开放共享的重要模式。近几年，国家和省市教育部门高度重视职教集团的组建工作，各种职教集团陆续成立。实践证明，组建职教集团是促进职业院校和企业实现优势互补，培养技术技能型人才的有效途径，对建设现代职教体系，建立校企合作办学、合作育人、合作就业和合作发展的长效机制，对推动职业教育事业发展具有十分重要的意义。

二、建设目标

发挥行业优势，整合行业资源，走内涵式发展、集约化办学的改革之路。把人才、智力、创新优势转化为行业企业的发展优势，真正实现共建、共育、共享、共荣。以特色项目建设为抓手，使集团化办学的规范化、信息化和现代化水平更高，服务社会经济能力更强，师资更优，特色更鲜明，从而成为全国物流职业教育集团的示范和杰出代表，发挥引领、骨干和辐射作用。到2018年，建成“运行机制有创新，资源共享有成效，合作育人有特色，合作项目有影响”的国家百强职业教育集团。

三、建设内容

强化一个理念：强化集团化办学的理念。坚持两个立足：立足学生职业能力的培养和职业生涯的发展，立足学校教学质量的提高和主动服务经济和社会能力的提高。突出三项服务：服务于中高职院校的物流管理专业，服务于广东省物流相关企业，服务于广东省物流行业及经济社会的发展。依靠四方联动：学校、政府、行业协会、企业四方联动，政府导向，教产合作，专业共建，优势互补，资源共享，四方共赢。推进五个创新：推进物流职业教育师资队伍创新，推进物流职业教育集团管理制度创新，推进物流职业教育集团化办学模式创新，推进物流职业教育集团内部合作方式创新，推进物流职业教育集团人才培养创新。

四、建设要求

1. 依托广东省采购师职业技能鉴定所（站）开展社会技术培训

广州物流职业教育集团依托广东省采购师职业技能鉴定所（站），以科贸花果山校区为培训基地，为采购师职业技能鉴定所办公场所，面向广东省开展国家高级采购师、采购师、助理采购师、采购员的培训及鉴定等相关工作。本项目预计年培训人数达到1 000人次。

2. 开展深层次校企合作

以“国家中心城市”建设和“珠江三角洲地区交通枢纽和物流中心”构建为契机，带动其他相关院校积极参与校企合作，促进校企之间资源共享、优势互补，校企共同进行专业建设和课程开发，共同建设校内外生产性实训室，共同参与科技创新、科技研发、科技攻关，共同培养“双师”素质教师，共享教学生产仪器设备，实现校企共建、共育、共享、共荣，推进广州物流职业教育整体水平和企业综合竞争力的同步提高。

3. 校企共建高水平实训基地

以学生综合职业能力培养为目标，按照依托行业、植根企业、双向嵌入、深度融合的建设思路，整合和共享集团内优质教学资源，以厂校融合育人环境为目标，共建共享校内生产性实验实训基地和校外教学性实验实训基地，力争建成10个区域性共享型生产性实训基地，为提高人才培养质量打下良好基础。

4. 搭建物流专业毕业生就业平台

组织筹备以指导物流相关专业学生就业为主题的现代物流职教集团人才供需招聘活动，力争招聘有代表性的物流企业达30家，招聘岗位达300个。充分发挥广州物流职业教育集团的聚集作用，积极搭建就业平台，拓宽就业渠道，加强就业指导，在集团范围内共享就业信息，使集团内院校学生就业率连续保持在95%以上，保证就业质量得到提高，赢得较好的社会声誉。

5. 开展集团内和集团间的职业技能竞赛

建立物流技能竞赛的完整制度，联合企业筹备举办广州物流职业教育集团内部技能竞赛，每年一次，并保持连续性。同时，集团内各职业院校应积极参加国家级、省级比赛，争取获得优异成绩。

6. 集团内中高职衔接及共同研制人才培养方案

集团内各会员院校通过共同研究制定人才培养方案、共同开发课程和实训项目、共同参与社会服务项目等形式，实现“五个统一”，即统一人才培养方案、统一专业课程标准、统一教材、统一实训标准、统一评价标准。同时集团内的中高职院校之间研究相互课程衔接、教学内容及方法衔接等课题，响应广东省中高职衔接的政策号召。

7. 注重并提升学院服务物流行业能力

计划在两年内继续为企业提供技术与人才支撑。围绕产业结构优化升级，顺应经济发展方式转变，校企联合开展生产技术攻关项目，使集团的服务行业能力不断加强，使学院的行业影响力不断提升。

8. 建设并共享职业氛围实习实训基地

按照校企“共建、共管、共享、共赢”的原则，在不发生产权转移的条件下，共建共享校内生产性实验实训基地和校外教学性实验实训基地，实现校企人才、设施、技术、资源的有机结合，力争建成10个区域性共享型生产实训基地，为提高人才培养质量打下良好基础。

五、今后发展思路

平等、互利、自愿是物流职教集团的工作原则，做大、做强、做优是物流职教集团的奋斗目标。学院作为集团筹建的牵头单位，如何推动集团顺利发展，必须凝聚各成员单位的智慧，紧紧依靠成员单位的力量，共同献计献策。各成员单位坚定信心，团结协作，开拓创新，就能把职教集团办出特色，就能够实现合作共赢，就能为广州职业教育、广州物流事业和广州新型城市化建设做出新的更大的贡献。

1. 以信息服务推动职教集团的发展

加快集团网站建设步伐，全面链接集团内企业和院校网站，为集团内的有关行业部门、企业界人士、职业院校的教科研人员等建立起互通信息、交流经验、切磋技艺、更新理念的平台。通过集团网站，提供物流行业企业发展信息，企业设备、企业文化信息，院校专业课程及教材建设信息，人才供需信息，毕业生就业信息，职业资格鉴定信息，职业技能竞赛信息，教育培训信息，技术服务信息，等等。

2. 以资源共建共享推动职教集团的发展

院校成员积极引进企业先进设备、资金、车间用于实训，将学校实训中心建成企业的“校中厂”及技能考核鉴定场所。开发融“教、学、做”为一体的工学结合课程，优质教学资源相互开放，共享网络教学资源。集团成员单位联合互动，在人才培养、实训基地建设、教材开发、技术服务、课题研究、员工培训等方面加强合作，形成生源链、产业链、师资链、信息链、成果转化链和就业链，促进集团成员单位之间的发展难题共担，发展成果共享。

3. 以专业建设推动职教集团的发展

院校成员物流管理专业均有较好的发展基础，学院物流管理专业于 2004 年设立，经过多年的建设发展，现为广州市示范性建设专业和中国物流学会产学研合作基地。专业建设是增强职教集团成员凝聚力的重要纽带，接下来，要通过集团内学校与行业企业共同制定专业标准，紧贴产业行业发展水平和职业岗位需求，推动技能人才培养的标准化和规范化。校企共同制定人才培养方案，对专业设置、教育标准、实践教学、技能考证等有关人才培养事项进行研究，保证专业发展的适应性，校企共同开发人才培养计划，共同实施专业建设计划。

4. 以服务企业推动职教集团的发展

服务行业企业是职教集团的重要职能。组建物流职教集团，有利于发挥职教集团人才、智力优势，为企业开展技术研发技术咨询、技术转让、技术培训，为行业企业排忧解难。同时可以利用职教集团的实训基地平台，为行业企业提供技能鉴定，组织行业技能大赛。近年来学院成功承办了广佛肇物流大赛，三地多家物流企业和职业院校积极参与，获得各级高度赞誉，取得了良好社会效益。在未来的实践中，职教集团要竭诚为物流企业服务，推动行业发展发挥更大的作用。

第三节　校企合作促进会建设探索与实践

近几年，经济社会发展中存在的高技能人才结构性矛盾日益突出。一方面，大学生求职面临一定困难；另一方面，各行业技能人才出现紧缺，存在招不到合适人才的情况。出现这种矛盾的主要原因是：高校的专业设置与产业发展的岗位实际需求不相匹配，企业对人才技能水平的要求与高校实践教师、实训设施严重缺乏形成的技能培养能力不相匹配。社会的就业、教育、产业等资源未能得到有效整合。

一、成立校企合作促进会的意义

高校根据企业对高技能人才的实际需求，有针对性地培养人才。校企合作，使高校与企业信息、资源共享，让高校和企业的设备、技术实现优势互补，节约了教育与企业成本，是一种“双赢”模式。因此，迫切需要成立一个面向广州地区、为高校和企业合作服务的社会团体。整合资源，把企业文化与高职教育进行对接，更好地加强高等院校、企业单位之间的联系和交流已经成为众多高校和企业共同的希望。经过一年多的酝酿，学院根据《社会团体登记管理条例》的有关规定，申请组织成立了“广州高校与企业合作促进会”，指导和协调高校与企业开展合作工作。

广州高校与企业合作促进会的正式成立，是广州地区校企合作工作的一件大事，对于进一步推动广州地区校企合作健康发展必将起到重要的作用。成立促进会的意义主要有以下几个方面。

（1）从校企合作的作用看，高校与企业强强联合，相互依托，整合资源，形成协同创新、合力育人的长效机制。建立全方位、多功能、广覆盖的职业教育体系，成为新时代下大力发展职业教育的有效途径。政府也不再像过去那样对大学生就业安排都揽在自己身上，而是由社会市场经济自行调剂和双向选择。在社会和民间仍然有许多途径可以做到这种双向资源配套，可以进行人力、物力、财力资源整合。这些资源就需要有校企合作组织把它们收集起来，然后再分配下去。更好地促进校际之间、校企之间、企业与企业之间的相互对接和交流，使高校的人才培养不断满足现代企业转型升级对技术技能型人才的需求。

（2）从校企合作发展进程看，需要提升服务社会的能力。服务社会是高校的重要职能，是对社会承担的职责使命，只有在服务地方经济社会发展中才能体现自身价值，实现更好更快地发展。比如厦门大学已经成为厦门经济特区和海峡西岸经济区建设的人才库、技术创新的引擎、地方政府科学决策的智囊团，走出了一条服务发展、共建合作的成功路子，赢得了省市政府和社会力量在办学经费、发展空间及各类优惠政策等方面的支持。由此总结出，高校对社会的服务有利于促进高校办学模式的创新。学校在服务中发现问题、解决问题、开展专业交叉、凝练专业方向、建立新兴专业、提升专业水平等。同时，服务为学生顶岗实践打造了广阔舞台，为毕业生就业创业提供了更多的机会。

（3）从当前校企合作建设情况看，既需要进一步扶持培育，又需要加强管理和规范。国务院《关于大力发展职业教育的决定》指出：“各级人民政府要加强对职业教育发展规划、资源配置、条件保障、政策措施的统筹管理，为职业教育提供强有力的公共服务和良好的发展环境。”中共中央办公厅、国务院办公厅《关于进一步加强高技能人才工作的意见》进一步明确：“各地要建立高技能人才校企合作培养制度，可由政府及有关部门负责人、企业行业和职业院校代表，以及有关方面专家组成高技能人才校企合作培养协调指导委员会，研究制定校企合作培养高技能人才的发展规划，确定培养方向和目标，指导和协调学校与企业开展合作。”高校需要与企业需求和劳动就业紧密结合，开展校企合作、工学结合。继续完善“政府主导、依靠企业、充分发挥行业作用、社会力量积极参与”的多元办学格局和“在国务院领导下，分级管理、地方为主、政府统筹、社会参与”的管理体制，为我国走新型工业化道路，实施国家技能型人才培养，提高劳动者职业能力服务。积极推动职业教育从传统的升学导向向就业导向转变。促进职业教育与生产实践、技术推广、社会服务紧密结合，与企业紧密联系，积极开展“订单培养”、合作办学等，建立和完善职业院校校企合作的培养模式。同时充分发挥各类社会团体在高技能人才培养中的作用，例如建立高校与企业合作促进会，通过促进会的枢纽平台与政府、高校、企业协作，建立高技能人才校企合作培养制度，加快高技能人才培养步伐。

二、校企合作促进会工作内容

从筹备开始，发起单位就根据国务院颁布的《社会团体登记管理条例》和民政部制定的《社会团体章程示范文本》，结合广州地区校企合作实际情况，起草了《广州高校与企业合作促进会章程（初稿）》（以下简称《章程》）。在广泛征求意见的基础上，经过广州高校与企业合作促进会会员大会审议通过，形成了正式《章程》。促进会所承担的工作，在《章程》中有明确的规定，主要体现在以下五个方面。

1．搭建高校与企业信息交流平台

建设促进会网站、创办刊物，构建人才资源库、企业信息库、高校联盟、公共服务平台、校企宣传等。

2. 建立校企协同创新平台

探索开放、长效、共享、共赢的校企合作平台，组织开展高校与企业校企合作的理论研究、专题调研与实践；成立校企协同创新专家委员会、专业委员会、校企协同创新学院、校企共建校内外实训基地、创新创业基金会，打造职业教育、技能鉴定、培训、大学生创业、企业家（专家）论坛（沙龙）、技术研发、项目合作、文化艺术交流、校企协同创新成果推广与展示等协同平台。

3. 构建校企合作评审考核机制

建立以校企协同创新成果为导向的综合评价机制，不断完善考核、评价体系；制定考核标准，对用于支持校企合作发展的资金使用情况进行绩效评价；成立校企合作评价中心、人才评价中心等；对有突出贡献的高校、企业、个人按规定进行表彰。

4. 为政府提供咨询服务

组织开展校企协同创新调查研究，为政府机构的高校教育决策提供建议和咨询服务，集信息服务、咨询服务、科技服务于一体的协调创新咨询服务平台，并负责校企协同创新项目的评审工作。

5. 与国（境）内外高校与企业开展交流合作

开展与国（境）内外院校的交流与合作，推动高等教育为区域经济社会服务。推广高校优秀研究成果与企业对接，推广校企合作经验。

《章程》作为一个社会组织的“基本法”，关系到每个会员及会员单位的切身利益，要求每个会员及会员单位都要共同遵守。《章程》共有七个部分六十条，除对工作内容进行了明确外，还对促进会的性质、会员入会条件、程序、权利和义务；组织机构及负责人产生、罢免；资产管理、使用原则；《章程》的修改程序；促进会的终止程序及终止后的财产处置等做了明确规定。

三、会员发展和组织机构推荐工作

经市民政局同意筹备后，促进会筹备组随即开展发展会员工作，印发了宣传资料和有关表格，开展宣传动员发动工作。根据部分发起单位的建议，经筹备组会议讨论通过，提出了本届理事会理事候选人的产生原则和程序。

产生原则：一是代表性。为充分体现促进会的代表性，理事单位既要有社会团体，又要有企业与高校及民办非企业单位。此外，为了有利于促进会开展工作，在部分职能部门推荐少数理事；在理事中产生领导机构，领导机构成员应具有代表性。二是广泛性。

在促进会会员中，既要有行业性、联合性社会团体，也要有专业性、学术性社会团体；在企业会员中，首先吸收在全市有影响、业绩突出、诚信建设做得比较好的单位。三是务实性。要求推荐的理事以上人员熟悉校企合作发展、建设、管理方面的法律法规和方针政策，在促进会中担任一定的职务，有时间和精力参与促进会的各项活动。

推荐程序：先由发起单位提出初步名单，然后由筹备组与发起单位协商、讨论，提出建议名单，并征求部分单位会员意见，最后报经业务主管单位资格审查，确定向大会推荐理事候选人建议名单。

根据以上原则和程序，在促进会筹备组会议上确定促进会第一届理事会推荐的理事候选人共计 13 名。为了便于促进会的工作开展，按照德才兼备、民主协商、筹备组审查的原则，在推荐理事会理事的基础上，筹备组提出了促进会会长候选人 1 名、副会长候选人 3 名、秘书长候选人 1 名。

四、校企合作促进会工作特点

广州高校与企业合作促进会是广州地区高校与企业间的信息交流与共享平台，是推进广州地区高校与企业深度融合、协同创新的有效载体。促进会自成立以来，在各会员单位的大力支持下，各项工作有序开展，特别是在建章立制、完善机制、服务会员、打造特色等方面取得了初步成效。促进会的工作主要有以下三个特点。

1. 机制活

一方面建立了灵活的交流机制。学校与企业、企业与企业开展研讨会、专题交流会、项目洽谈会、理事会、会员交流等活动 50 多场次。通过思想碰撞，经验互鉴，信息互通，资源共享，会员单位之间的联系更加紧密，发展空间更加广阔，相互合作更加深入。另一方面建立形式灵活的合作机制。开展境内外校企合作项目和达成合作意向 30 多项，如：曼德勒缅中友好协会主席吴博敏先生一行 6 人访问促进会，表示愿意借助中国政府“一带一路”倡议和“东盟计划”，与促进会开展深度合作，产生良好国际效应；与广东河北商会、广东盐城商会、南村总商会等建立了良好关系，就一些合作项目进行深入交流。

2. 制度全

规章制度是办会的前提和保障。按照广州市民政局要求，结合校企合作促进会实际，研究制定了促进会章程以及财务制度、会员管理制度、信息公开制度等 40 多项规章制度。这些规章制度是经过深入调研，认真修改，在反复论证的基础上制定的，秘书处和有关同志付出了艰辛努力，做了大量卓有成效的工作。这些规章制度经理事会审议通过，编印成册，便于执行。此外，促进会根据章程和制度要求，完善了内部运行机制，配备了专职人员，建设了网站和微信公众平台。校企合作促进会的各项工作在完备的制度保障下有序开展。

3. 影响大

促进会是在高职大发展、企业大转型、校企大融合的背景下成立的，促进会成立后，受到高校、企业和社会各界广泛关注。随着宣传力度不断加大，合作项目不断深化，促进会的影响力不断增强，促进会规模得到不断扩大，结构得到不断改善，会员单位逐渐增加。促进会运行模式得到教育主管部门充分肯定，“高职院校促进校企合作的体制机制研究——以广州高校与企业合作促进会为例”获得广东省高等职业技术教育研究会立项，政校行企多个项目获省市教育部门立项支持。

五、校企合作促进会工作设想

自广州高校与企业合作促进会成立以来，在上级领导的大力支持和有关部门的指导下，在广大会员单位的全情参与下，促进会工作取得了一定的成绩。但是，学院也清醒地意识到，很多工作还没达到高标准、高效率，很多工作离促进会的目标使命还存在很大差距。面对经济社会发展新常态新机遇新挑战，校企合作促进会需要不断开拓创新、探索实践、主动作为。

1. 以会员为本，做好会员服务工作

服务好会员是促进会的基本职能，只有服务好会员，才能更好地服务社会。要把服务摆在首要位置，当好会员的服务员、组织员、宣传员、培训员、调研员。要时刻把握经济社会发展形势和机遇，提供资讯与服务；要时刻了解会员合作发展面临的问题，提供平台和帮助，为会员排忧解难；要时刻把维护会员权益放在第一位，保障会员合理合法诉求；要搭建好交流服务平台，组织形式多样的活动，让活动经常化、实质化、制度化，增强会员对促进会的信任度和归属感，增强促进会凝聚力。

2. 以项目为载体，实现会员互利共赢

项目合作是促进会的重要抓手。只有为会员提供优质的项目，只有把项目抓细抓实抓好，促进会发展才有动力、才有生命力。要更加深入会员单位看资源、问需求、听建议，通过研讨会、讲座论坛、经验交流会等形式，分专业行业、分专题主题组织开展一系列活动，了解会员所需，确定合作项目，整合资源，扩展优势资源与需求的对接力度，争取每年都有几个有影响、有效益的项目落地生根，实现互利共赢，共促发展。

3. 以创新为引领，服务区域经济发展

开拓创新是促进会发展的不竭动力。要继续组织会员赴外地学习考察交流，拓宽视野，创新思维；要组织开展校企协同创新实证研究和理论研究，为政府机构的职业教育决策提供建议和咨询服务；要通过探索多元化办学模式和特色化人才培养模式，提高技能型人才培养的质量，促进广州高等职业教育与区域经济协调发展；要以市场需求和促进创新创业为导向，加强协同创新，为会员发展提供技术技能型人才保障，为促进广州经济社会发展做出贡献。

4. 以章程为基础，保证科学高效运行

将章程作为促进会依法治会、自主管理、履行职能的基本准则，严格按章办事。要继续优化内部运行机制，配齐工作人员，完善监督考核机制，确保促进会健康有序、科学高效地运转。各会员单位要积极建言献策，主动参加各项活动，共同建设好、利用好促进会这个平台，努力把促进会打造成管理规范、运行高效、开放包容、特色鲜明、充满活力的组织。

校企合作是职业教育改革和发展的主旋律，是企业增强核心竞争力的必然选择，通过校企深度融合，实现多方共赢。全体会员要充分认识到目前经济转型升级带来的新挑战、珠江三角洲地区功能新定位、创新创业新使命，不断拓宽工作思路，创新工作方法，共同创造校企合作工作新业绩，努力开创促进会工作新局面。

附件：

广州高校与企业合作促进会章程

第一部分 总则

第一条 本会的名称是广州高校与企业合作促进会。

第二条 本会的性质是由广州地区各高校与相关企业自愿组成的地方性、非营利性社会团体。

第三条 本会的宗旨是遵守宪法、法律、法规和国家政策，遵守社会道德风尚，整合社会各方资源，以“融合、创新、发展”为原则，其目的是以市场需求和促进创新创业为导向，以协同创新为引领，搭建校企合作平台，为行业企业发展提供技术技能型人才保障，为促进广州的经济社会发展做贡献。

第四条 本会登记管理机关是广州市民政局，并接受政府相关职能部门的监督管理和业务指导。

第五条　本会的活动地域范围为广州地区。

第二部分　业务范围

第六条　本会的业务范围：

（一）反映会员诉求，维护会员权益。

（二）搭建交流平台，加强信息沟通。

（三）开展业务培训，提供良好服务。

（四）按规定承接政府职能转移、委托以及购买服务等事项。

（五）建立校企协同创新平台。

（六）建立校企合作评审考核机制。

（七）为政府提供咨询服务。

（八）与国（境）内外高校与企业开展交流合作。

（九）推进高校优秀研究成果与企业对接，推广校企合作经验。

（十）开展符合本会宗旨的其他活动。

组织开展校企协同创新调查研究，为政府机构的高校教育决策提供建议和咨询服务，协助校企协同创新项目的评审工作。

建设促进会网站、编辑刊物，主要内容：人才资源库、企业信息库、高校联盟、公共服务平台、校企宣传等。

探索开放、长效、共享、共赢的校企合作平台，主要内容：组织高校与企业开展校企合作的理论研究、专题调研与实践。成立广州大学生创新创业导师委员会、广州大学生创新创业大赛组委会、广州校企合作峰会组委会、各专业委员会（校企协同技术创新中心）、校企协同创新学院、校企共建校内外实训基地、创新创业基金、技能鉴定、培训、企业家（专家）论坛（沙龙）、技术研发、项目合作、文化艺术交流、校企协同创新成果推广与展示。

建立以校企协同创新成果为导向的综合评价机制，建立考核、评价体系，制定考核标准，对用于支持校企合作发展的资金的使用情况进行绩效评价，成立校企合作评价中心、人才评价中心等。

本会开展相关业务活动，依照相关法律法规，须向政府有关部门申请许可、审批或备案的，应当先履行相关手续后方可开展。

第三部分　会员

第七条　本会的会员为单位会员和个人会员。

本会设置会员名册，由秘书处保管。会员名册是会员资格的证明。会员享有查阅会员名册的权利。

第八条　申请加入本会须向本会理事会提交入会申请书，经理事会讨论通过，并登记于本会会员名册。

本会成立登记前，申请入会的组织须向本会筹备组提交入会申请，由筹备组确认会员资格，并登记于本会会员名册。

无正当理由，本会筹备组、理事会不得拒绝申请人入会。

第九条　会员享有下列权利：

（一）出席会员大会，参加本会活动、接受本会提供的服务。

（二）选举权、被选举权和表决权。

（三）获得本会服务的优先权。

（四）对本会工作的提议案权、建议权和监督权。

（五）入会自愿、退会自由。

第十条　会员应当履行下列义务：

（一）遵守本会章程。

（二）执行本会的决议。

（三）按规定缴纳会费。

（四）维护本会的合法权益。

（五）向本会反映情况，提供有关资料。

第十一条　本会严格按照《社会团体登记管理条例》和《民政部　财政部关于进一步明确社会团体会费政策的通知》等有关规定，认真履行会费标准制定程序，以自愿为原则，由全体会员的三分之一以上表决通过，并载入章程。会员缴纳会费的标准为：

（一）会长每年缴纳会费××万元。

（二）执行会长每年缴纳会费×万元。

（三）监事长/常务副会长每年缴纳会费×万元。

（四）副会长每年缴纳会费×万元。

（五）常务理事每年缴纳会费×千元。

（六）监事单位、理事单位每年缴纳会费×千元。

（七）会员单位每年缴纳会费×千元。

本会制定或修改会费标准由会员大会采取无记名投票方式进行表决。

第十二条　会员自愿退会应书面通知本会，由本会秘书处将其从会员名册中删除，并报告理事会。

第十三条　会员有下列情形之一的，理事会有权取消其会员资格，由本会秘书处将其从会员名册中删除，并书面通知会员：

（一）不按规定缴纳会费的。

（二）无正当理由，不参加本会会员大会的。

（三）正在被执行刑罚、刑事强制措施、被公安机关或者国家安全机关立案侦查的。

（四）不遵守本会章程的。

会员担任理事会、监事会成员的，取消其会员资格须经会员大会表决通过。

第四部分　组织机构和负责人的产生、罢免

第十四条　本会由会员组成会员大会。会员大会是本会的最高权力机构，依照国家法律、法规和本会章程的规定行使职权。

第十五条　会员大会行使下列职权：

（一）决定本会在法律、法规规定范围内的业务范围和工作职能。

（二）选举或者罢免会长、副会长、监事长、秘书长等负责人和监事、常务理事、理事。

（三）审议本会的年度工作报告、年度财务报告。

（四）审议理事会对取消兼任理事会、监事成员的会员资格的提议。

（五）对本会的名称、法定代表人、业务范围变更、本会解散和清算等事项做出决议。

（六）改变或者撤销理事会不适当的决定。

（七）制定或修改章程、组织机构的选举办法。

（八）决定其他重大事宜。

第十六条　会员大会每届4年。届满前应当进行换届。

会员大会每年至少召开一次会议。理事会认为有必要或者五分之一以上的会员提议，可以召开临时会员大会。

第十七条　会员大会必须有全体会员的三分之二以上出席；其决议应当由全体会员的过半数通过。

第十八条　本会设理事会，为会员大会的常设机构，在会员大会闭会期间，依照会

员大会的决议和本会章程的规定履行职责。理事会由会长、副会长、秘书长、常务理事、理事组成。

第十九条　理事会的职权是：

（一）筹备和召集会员大会。

（二）执行会员大会的决议，并向会员大会报告工作。

（三）决定本会具体的工作业务。

（四）制定本会的年度财务工作方案、变更、解散和清算等事项的方案。

（五）制定本会增加注册资金的方案。

（六）决定设立办事机构、分支机构、代表机构和实体机构，并领导上述机构开展工作。

（七）决定新申请人的入会、对会员的处分和除名；提议取消对兼任理事会、监事成员的会员资格。

（八）决定本会分支（代表）机构主要负责人。根据秘书长提名，聘任或者解聘副秘书长和本会办事机构主要负责人，决定其报酬事项。

（九）制定本会内部管理制度。

（十）本会章程规定的其他事项。

第二十条　理事会每半年至少召开一次会议。三分之一以上理事提议的，可以召开理事会。

理事会由会长召集和主持。会长不能召集或主持理事会会议的，可由会长委托副会长或秘书长召集或主持；不能委托的，可由出席会议的理事商议确定 1 名参会代表临时召集或主持会议。

理事会必须有三分之二以上的理事出席，其决议须经全体理事过半数表决通过方为有效。

第二十一条　理事会人数在 50 人以上的，根据需要从理事中选举常务理事，设立常务理事会。常务理事会由会长、副会长、常务理事、秘书长（选任制）组成。

常务理事会对理事会负责，在理事会闭会期间行使理事会职权。常务理事会议必须有三分之二以上的常务理事出席，其决议须经全体常务理事过半数表决通过方为有效。

第二十二条　本会设立监事会，共设 3 名监事，其中 1 名监事长。

理事会成员及秘书长不得兼任监事会成员。

第二十三条　监事行使下列职权：

（一）向会员大会报告年度工作。

（二）监督会员大会、理事会、常务理事会的选举、罢免；监督理事会、常务理事会履行会员大会的决议。

（三）检查本会财务和会计资料，向登记管理机关以及税务、会计主管部门反映情况。

（四）监督理事会、常务理事会遵守法律和章程的情况。当会长、副会长、理事和秘书长等负责人和管理人员的行为损害本会利益时，要求其予以纠正，必要时向会员大会或政府相关部门报告。

（五）有权向理事会、常务理事会提出质询和建议。监事会列席理事会会议、常务理事会议。

第二十四条　监事会决议须经全体监事过半数通过方能成效。

第二十五条　本会召开会员大会、理事会、常务理事会、监事会，本会秘书处应于会议召开10个工作日前将会议的时间、地点、内容等通知应到会人员。应到会人员因故不能出席，可以书面委托其他应到会人员代为出席，委托书必须载明授权范围。

第二十六条　本会会员大会、理事会、常务理事会/监事会应当对所议事项的决定作会议纪要。会议纪要应当注明应到会人数、实际到会人数，逐一列明会议议题、表决程序和方式等事项，并附会议签到表。

理事会、常务理事会、监事会会议纪要须由参加会议的理事、常务理事、监事签名；对会议决议投不赞成、弃权票或持异议的，可以不签名或签署本人意见。

会员有权查阅上述会议纪要。

第二十七条　本会的会长、副会长、监事长、秘书长必须具备下列条件：

（一）坚持党的路线、方针、政策，遵守国家法律法规。

（二）在本业务领域内有较大影响。

（三）身体健康，能坚持正常工作。

（四）未受到任何刑事处罚。

（五）具有完全民事行为能力。

第二十八条　本会设会长一人。本会会长行使下列职权：

（一）为促进会发展出谋划策并提出指导性意见。

（二）检查会员大会、理事会决议的落实情况。

（三）代表本会对外签署合同及有关重要文件。

第二十九条　本会副会长、秘书长在会长领导下开展工作。

本会的会长和秘书长两者不得是近亲属或者具有其他利害关系。会长不得兼任秘书长。

第三十条　本会秘书长为本会法定代表人，不得兼任其他社会团体的法定代表人，对理事会负责。秘书长行使下列职权：

（一）主持办事机构开展日常工作，组织实施年度工作计划。

（二）组织制订、实施年度工作计划和预算。

（三）协调各分支机构、代表机构、实体机构开展工作。

（四）提名副秘书长以及各办事机构、分支机构、代表机构和实体机构主要负责人，交理事会决定。

（五）提名办事机构、代表机构、实体机构专职工作人员的聘用，报会长批准。

（六）处理其他日常事务。

第三十一条　本会会长、副会长、秘书长、监事会、理事会成员的每届任期与会员大会届期一致。会长、副会长、秘书长原则上连任不得超过两届；监事会成员可以连选连任。

聘任制的秘书长任期由理事会决定。

第三十二条　本会选举或者罢免理事会、监事会成员须由会员大会采取无记名投票方式表决。参会会员对正式候选人可以投赞成票、反对票或者另选他人，也可以投弃权票。

第三十三条　本会换届选举工作，由上一届理事会负责组织筹备，成立换届选举筹备工作组具体实施。下一届理事会、监事会候选人，由上一届理事会广泛征求各会员意见，在充分酝酿协商基础上，由上一届理事会全体理事过半数表决通过产生。若上一届理事会未能按规定产生下一届理事会、监事会候选人，由上一届理事会以无记名投票的形式直接推选候选人。

本会换届选举通过召开会员大会进行，不得采用通信方式召开换届选举会议。

第三十四条　本会会长在任期内，调离原单位或因其他原因不能继续担任会长的，理事会应在30天内召开理事会或常务理事会讨论研究，提出新的会长候选人，并提交会员大会无记名投票选举产生。召开会员大会有困难的，可以通过书信、电邮等方式征求会员意见进行表决。

按照前款产生的新会长任期为上任会长未尽任期。

第三十五条　本会届中变更和增补理事会成员（除会长外），由理事会决定，向全体会员公告，并经会员大会追认。

本会届中变更和增补监事会成员，由理事会决定，向全体会员公告，并经会员大会追认。

按照前两款产生的理事会、监事会成员，在会员大会上追认表决未通过的，其资格终止。

第三十六条　本会换届选举以及有选举事项的其他会议，会前监事会必须对会员资格进行审核，确认选举的合法有效性。

第三十七条　本会专职工作人员实行全员聘任制，并依法订立劳动合同，其薪资和保险、福利待遇按照国家有关规定执行。

第三十八条　本会符合建立中国共产党基层组织以及工会、共青团、妇联组织的，按照有关规定组建。本会支持上述组织按照有关规定开展活动。

第五部分　资产及内部管理

第三十九条　本会经费来源：

（一）会费。

（二）捐赠。

（三）政府资助。

（四）在核准的业务范围内开展活动或服务的收入。

（五）利息。

（六）其他合法收入。

第四十条　本会接受捐赠时，应当遵守法律法规，不得以任何形式进行摊派或变相摊派。

捐赠人、资助人或单位、会员、监事有权向本会查询捐赠财产的使用、管理情况，并提出意见和建议。对于捐赠人、资助人或单位、会员、监事的查询，本会应及时如实答复。

第四十一条　本会取得的收入除用于与该组织正常活动有关的、合理的支出外，全部用于登记核定或者章程规定的公益性或者非营利性事业。工作人员工资福利开支控制在规定的比例内，不得变相分配该组织的财产，其中，工作人员平均工资薪金水平不得超过上年度税务登记所在地人均工资水平的两倍，工作人员福利按照国家有关规定执行。

本会财产及其利息、盈余不得在会员中分配。

第四十二条　本会财产受法律保护，任何单位、个人不得侵占、私分和挪用。

除各级人民政府及其部门外，自然人、法人和其他组织对投入本会的财产不保留或者不享有任何财产权利。

本会会员以及工作人员私分、侵占、挪用本会财产的，应当退还；构成犯罪的，依法追究刑事责任。

第四十三条　本会执行《民间非营利组织会计制度》，依法进行会计、核算。建立健全内部会计监督制度，保证会计资料合法、真实、准确、完整。

本会接受税务、会计主管部门依法实施的税务监督和会计监督。

第四十四条　本会需配备符合国家上岗证规定的专职人员。设会计1名，负责掌管账本，按时记账，管理发票；也可以委托有资质的会计师事务所代理记账；设出纳1名，负责保管现金，具体属实地登记好每一笔资金去向用途，做好现金日记账，做到账款分离。会计不得兼任出纳。会计人员必须进行会计核算，实行会计监督。会计人员调动工作或离职时，必须与接管人员办清交接手续。

第四十五条　本会的资产管理必须执行国家规定的财务管理制度，接受会员大会和财政部门的监督。资产来源属于国家拨款或者社会捐赠、资助的，必须接受审计机关的监督，并将有关情况以适当方式向社会公布。

第四十六条　本会换届、变更法定代表人、注销登记，必须先委托会计师事务所进行财务审计，审计结果向全体会员公告，并接受登记管理机关的监督。

本会向聘用的会计师事务所提供真实、完整的会计凭证、会计账簿、财务会计报告及其他会计资料，不得拒绝、隐匿、谎报。本会聘用、解聘承办审计业务的会计师事务所，应由理事会表决通过。理事会就解聘会计师事务所进行表决时，允许会计师事务所陈述意见。

第四十七条　本会授权理事会制定财务管理、印章管理、档案管理等内部制度，对本会财务管理职责、经费审批权限、印章使用管理、档案管理等事项进行规定，并向会员公开。

第四十八条　本会举办研讨会、论坛以及开展涉外（包括港澳台地区）活动，接受境外捐赠或赞助等重大活动，或发生突发事件、事故等影响社会稳定事项，应当按规定向登记管理机关备案或报告。

第四十九条　本会开展评比达标表彰活动应当符合社会组织章程规定的宗旨和业务范围，不得超出其活动和业务领域，不面向非本会会员，不与境外组织合作举办评比达标表彰活动。

评比达标表彰项目或奖项的名称前应当冠以社会组织名称，不得冠以“广州”“全市”，以及“中国”“全国”“国际”“世界”或其他类似字样。

评比达标表彰活动必须坚持非营利性原则，不得向评选对象收取任何费用，不得在评选前后收取各种相关费用或者通过其他方式变相收费，不得以任何形式与营利性机构合作举办或者委托营利性机构举办。

登记管理机关或政府有关部门对评比达标表彰活动管理有关规定的，按照相关规定办理；未按规定履行报批手续的，不得举办评比表彰活动。

第五十条　本会按照登记管理机关要求参加社会组织等级评估，于每年按时参加年度检查。

第六部分　解散、终止及终止后的财产处理

第五十一条　本会有以下情形之一，应当解散，并由理事会提出解散动议：

（一）完成章程规定的宗旨的。

（二）会员大会决议解散的。

（三）本会发生分立、合并的。

（四）无法继续开展工作的。

（五）无法实现章程规定的宗旨的。

（六）章程规定本会存续时间到期的。

第五十二条　本会解散动议须经会员大会表决通过；有正当理由，确实不能召开会员大会的，应由理事会表决通过，并在广州地区公开发行的报纸上向社会发布解散公告。

经会员大会表决通过或向社会发布解散公告后 15 个工作日内，须书面向登记管理机关备案。

第五十三条　本会依照本章程第五十二条解散后，须组成清算组进行清算，清理债权债务，处理善后事宜；清算期间，不开展清算以外的活动。

本会解散后，除开展清算工作外，不得再以本会名义开展其他活动。清算结束之日起 15 个工作日内须到登记管理机关办理注销登记手续。

第五十四条　本会经登记管理机关办理注销登记手续后即为终止。

第五十五条　本会终止后的剩余财产，用于公益性或者非营利性目的，或者由登记管理机关转赠给予该组织性质、宗旨相同的组织，并向社会公告。

第七部分　附则

第五十六条　本章程中的各项条款与法律、法规、规章不符的，以法律、法规、规章的规定为准。

第五十七条　本章程经 2016 年 1 月 9 日会员大会表决通过。

第五十八条　对本章程的修改，须经理事会表决通过后报会员大会，以无记名投票方式表决通过。

第五十九条　本章程自登记管理机关备案之日起生效。

第六十条　本章程的解释权属本会理事会。

第四节　校企合作共建二级学院探索

根据《珠江三角洲地区改革发展规划纲要（2008—2020年）》及广州市产业发展定位，面对珠江三角洲区域经济发展和产业转型升级、结构调整对高端技能型人才的迫切需要，以及国家大力发展职业教育新形势的发展要求，需要加强各领域的校企合作。校企合作共建二级学院无疑是校企双方深度合作最好的形式之一，既能解决学生在真实场景下的“工学交替”问题，又能解决学校专业培养目标与社会现实需求标准的统一问题，以及在学校资金不足的情况下，可以保障学生在校实习实训的条件。

在技术技能型人才培养中，校企合作协同育人的优势日益凸显，已成为当今我国职业教育的特色和灵魂，是职业院校发展的必由之路。校企合作共建二级学院是由校企双主体实施的，集教学、技能鉴定和技术服务为一体的多功能职业教育中心。通过共建的二级学院承接企业生产加工业务、参与企业生产和产品研发，把学校的日常实训融入企业产业链，使教学与生产、学生与企业“零距离”接触，是校企共建二级学院的基本内涵和实质所在。目前在学院已通过“校企共建、引资援建、产业化辐射、订单培养”等校企合作方式，并依托广州及其周边地区的优越地理位置，与相关企业进行校企深度融合，初步形成“企中校，校中企”的格局。

一、建设目标

建设3个独立设置的二级学院，学校和企业共同出资入股，二级学院主体设在学院，可在合作企业设立分院，分院主要完成实训和顶岗实习任务。企业以设备、场地（分院场地）、技术、师资、资金等多种形式向学院投资，合作成立相当于独立系部地位的二级学院，以二级学院为主体，校企双方共同招生，共同参与教学和管理，共同负责学生就业，共同研究和制定人才培养方案，共同培训师资，共同开发课程和教学内容，共同开发实训项目，共同进行教学管理和共建“双师”结构教学团队。通过校企合作，紧扣广州及其周边地区产业结构升级，继续深化“职业导向、校企融合”的人才培养模式，在已有建设成果的基础上，借鉴、吸收国内外建设经验和先进成果，对共建的二级学院进行硬件设施、课程体系、实践教学体系、评价体系和社会服务能力建设。

二、建设方式及内容

1. 硬件设施与环境建设

按照技能鉴定的标准，增加设备设施，完善实训场地，按照企业经营标准，形成真实职业环境，实行一体化教学，健全实训场地设备管理办法。加强信息化建设与信息化管理，以满足在校生一体化教学和生产性实训要求。

2. 课程体系与内容建设

主动与行业企业合作，开展专业调研和职业资格分析，以“典型工作任务”为基础开发专业人才培养方案、设计课程教学情境、改革课程内容、编写教学材料（教材、引导文、工作页）；在课程教学内容、教学模式、教学方法和评价方式等方面全面创新；有针对性地建设工学结合的优质核心课程、精品开放课程及其网络学习环境。

3. 实践教学体系建设

通过系列培训讲座，结合职业标准和学生实验积累的第一手资料，完善实验科目和教学内容，编写相关的教学讲义和实验指导书。设立专业课程与综合专业技能的模拟实训教学环节、配备多个专业的综合实训室，依托校企合作平台，运营真实项目，设计实施专业性较强的比赛或经营活动，提升学生技能。

4. 教学评价体系建设

按照“学校与企业主导、学生及家长参与、市场化运作”的原则，创新教学评价体系，具体包括：

（1）建立网上人才培养质量评价平台，实施第三方评价体系。采取购买服务的方式，聘请第三方机构对专业毕业生毕业半年后的跟踪调查进行定量研究，形成对专业教育教学改革的合理化建议，为专业修订人才培养方案提供决策依据。

（2）完善校内三级教学质量监控体系。教学质量监控管理采用“三级四方”监控体系，“三级”是指学校、校企合作共建的二级学院、教研室，“四方”指的是学校、企业、二级学院、学生。由学校、企业、二级学院、学生四方参与全过程、全方位的教育教学质量监控与评价，同时由学校、二级学院、教研室三个层次分别从不同角度对教育教学管理活动进行组织实施，实现三级监控、四方参与。

（3）全部课程均采用过程评价与结果评价相结合的评价方式。

5. 师资队伍建设

校企共建兼职教师人才库，建设一支由专兼结合的高素质的教学团队，搭建师资培训交流平台，提升教师的教学与科研水平，聘请行业企业兼职教师，制订切实可行的教育理论培训计划，提高兼职教师的教学素质，建立兼职教师人才库。

6. 社会服务能力建设

与企业共同建立和完善专业教师紧密联系企业、为社会服务的激励制度；组建项目组，承接企业真实项目；对社会开展职业资格认证培训；开放教学资源，培训企业员工。提高社会服务能力，达到每年500人次的社会技能培训需要。建立国家职业技能鉴定所，完成高级技能鉴定工作和培训认证。

三、保障措施

1. 管理保障

为保证学院创建省级示范性高等职业院校建设项目申报工作顺利开展，加强对建设项目的组织领导，提高投资效益，使建设项目工作有序进行，确保建设目标的实现，学院成立了创新强校领导小组，实行建设项目目标管理责任制。各重点专业和各个项目的建设按照建设方案的要求落实到位、落实到人，有效激发全员参与建设项目的积极性、主动性和创造性。校企共建二级学院按系部进行管理，独立运作。学院设理事会，实行理事会领导下的院长负责制。理事会7~9人，学校指派4~5人，企业指派3~4人。设理事长1人，由企业指派；副理事长2人，校企双方各指派1人。设院长1人，由学院委派或企业委派；副院长2人，校企各指派1人。设总支书记、副书记各1人，由学院委派。成立校企合作专业建设指导委员会，由企业专家和学院专业教学人员组成，按专业需要设立相应教研室。二级学院派专人与投资二级学院的企业方共同组建学生在企业实习、实训、顶岗实习期间的学生管理委员会，负责学生管理工作。

2. 资金保障

立项后，将有省、市及学院自筹的配套资金，保障项目的正常运行。学院将严格遵守专项经费管理办法，合理有效地使用各项经费。同时，通过各种方式筹集部分项目建设经费用于项目建设，专款专用，保证建设项目顺利进行。

3. 制度保障

校企合作共建二级学院的健康发展，离不开完善的规章制度建设。从管理实践看，规范的管理文件应包括：《校企合作理事会年会制度》《校企高层定期联席会议制度》

《校企教学及管理工作例会制度》《“双师型”教师培养计划》《企业技术骨干教师聘任考核办法》《企业教学各环节基本要求》《专业建设指导委员会章程》《联办二级学院学生管理办法》《学生顶岗实习指导教师工作职责》《学生顶岗实习综合能力考核评价办法》《企业专职辅导员工作职责》《二级学院教学督导条例》等。通过逐步建立和完善以上规章制度，实现对校企合作共建二级学院的规范管理，并达到有效运作。

第五节　高职思想文化建设探索与实践

高职教育的培养目标是培养具有一定基础理论知识和较强实际操作技能，适应生产、服务等一线需要的专业人才。加强思想政治与校园文化建设，营造良好的育人环境，是促进高职院校培养高素质人才的重要途径。

一、抓好政治思想学习

1. 注重“三个结合”，在深化团员青年政治理论学习上下功夫

一是把学习教育活动与组织学生干部理论学习相结合。学院团委成立了“学生干部理论学习中心组”，每年结合党、国家的重要理论热点组织4次以上的专题学习活动，通过学生党员和学生团干部的模范带头作用，引导、帮助广大团员青年加强政治理论学习，以点带面，相互学习，共同提高。学院团委的“学生干部理论学习中心组”是广东省高职院校第一个成立的政治理论学习型学生组织，中心组曾荣获团市委特色工作奖。二是把学习教育活动与团员青年的自身特点相结合。高职院校重视学生动手能力的培养，学生对技能学习热情较高，对政治理论学习较为被动，因此，将思想政治教育有效地融入素质拓展活动和文化活动之中尤为重要。学院共青团充分发挥组织活动优势，以技能大比拼、技能知识讲座、座谈讨论、报告会、辩论赛、演讲比赛、主题大团日、文艺演出、青年志愿者服务、社会实践等多种形式的活动，提高学生综合素质，增强大学生思想政治教育的实效性。三是把学习教育活动与爱党爱国爱校教育相结合。学院团组织将新时代党的总任务与大学生的成长成才目标结合起来，以重大节庆活动和重要事件为契机，广泛开展学习教育活动，使广大团员青年全面了解国家在改革开放以来所取得的辉煌成就，从而激发大学生爱党、爱国、爱校的热情。

2. 强化道德实践教育，在坚定团员青年理想信念上下功夫

学院党委坚持构建“一体化育人”的思想政治教育体系，把校园文化建设作为意识形态领域的重要阵地来抓。学院团委按照党委提出的“坚持方向、打造品牌、创新载体、

完善机制”的工作思路，围绕思想政治教育的难点、热点、重点，积极组织开展各种主题教育活动，构建高品位的校园文化。几年来，重点实施了“青春导航行动”——树立先进典型　建设和谐校园、“心理导航”——大学生健心工程、“励志扬帆　引领成长”——企业家论坛等活动，强化道德实践活动，构建了一整套内容丰富、形式新颖、点面结合的思想育人新体系。

3. 强化素质拓展训练，在提升团员青年综合能力上下功夫

学院党委始终把服务大学生全面成长成才作为学院工作的出发点和落脚点，积极构建全方位的大学生素质拓展训练体系。学院团委大胆创新，凸显特色，强化品牌，注重实效，以学分制的方式推进大学生素质拓展计划，有效地强化了青年大学生的素质拓展训练环节，促进了学生综合素质的全面提升。校园文化活动按照“大型活动届次化、精品化，中型活动学院化、专业化，小型活动社团化、经常化，品牌活动班级化、普及化”的发展思路不断深化。学生社团遵循“突出学术科技型，加强理论学习型，优化志愿服务型，鼓励兴趣爱好型”的建设思路全面拓展。学生学术专业技能明显提升，学术科技型学生社团不断发展，学院品牌特色活动的影响力不断提升，工作成效得到社会广泛认可。

4. 强化正面示范教育，在树立学生先进典型上下功夫

学院党委十分重视运用先进模范人物先进事迹及身边典型，对广大团员青年进行示范引导和开展正面教育。每年坚持开展“科贸之星”评选活动，评选学习之星、道德之星、志愿者之星等8种先进典型，通过专题宣传、事迹宣讲、表彰等形式，在校园中营造树立先进典型、学习先进典型、追赶先进典型的浓厚氛围，引导大学生树立正确的世界观、人生观、价值观。此外，学院党委还不断完善表彰制度，加大对优秀学生的奖励和宣传力度。

二、加强党团组织建设

1. 建立“新型团支部”，激活基层团组织

学院团委牢固树立抓基层、打基础的思想，按照“大团建”的思路，充分发挥基层首创精神，着力在基层组织设置形式、组织体系、组织制度、组织运行机制建设、工作方式方法等方面进行大胆探索创新。学院团委以“多种模式、多重覆盖”的社会化特征为思路，积极构建院团委、系团总支、班级团支部、宿舍团支部、实践实习基地团支部、社团团支部六级运行机制；着力建设社团团支部、宿舍团支部、实践实习基地团支部，实现团员青年“一种身份，多个舞台”。

2. 严格推优入党制度，为党组织输送新鲜血液

推荐优秀团员作为党的发展对象，体现了党组织对团组织的充分信任。学院各级团组织狠抓新生入学教育和“团员轮训”工作，通过各种主题教育活动引导新生积极向党组织靠拢，对重点党员发展对象进行重点教育培养。如院团委通过承办学院入党积极分子培训班有针对性地进行培养教育，不断端正学生入党积极分子的入党动机，提高其思想政治素质。此外，按照“成熟一个，发展一个”的原则，积极向党组织推荐优秀入党积极分子入党。目前学生党员发展工作基本形成了“早发动、早选苗、早培养、早发展”的格局。

3. 落实有关政策，为团的组织建设提供保障

学院党委认真贯彻上级有关政策，把团的工作纳入党建工作要点，总体谋划、统一部署，切实做到了政策落实、经费落实、场所落实。学院各级团组织在党委的统一领导下，牢固树立服务理念，认真做好服务大局、服务中心、服务青年工作，真诚服务青年团员、服务学院大局，努力推动团的事业发展。

三、创新思政育人模式

学院党委始终把思想政治课建设摆上重要议程，不断推动思政理论课的改革创新，增强思政课的思想性、理论性和针对性。坚持“育人为本、德育为先”的教育理念，落实立德树人的根本任务，重点开好思政课。大力实施“厚德励志”“人生导航”“笃学强能”“文化修身”“阳光心灵”五大育人工程，不断提高学生的思想素质、道德素质、职业素质、文化素质和身心素质。把思政课教学与“五大育人工程”有机结合，实施以职业素质为本位，以职业能力为核心的全面素质教育，形成具有学院特色的“素质本位、能力核心”健康人格教育的思政课育人模式。

1. 实行“理论教育、行为训练”的课堂教学模式

（1）教学内容结合社会热点，突出高职特点。教学以学生为本，团队集体备课，关注新闻时事与学生需要，教授内容做到“五体现”，即体现时代特征，体现改革开放的特色，体现中国特色社会主义现代化建设实际，体现学生学习生活实际，体现学生专业课程实际。如：对会计专业的学生进行“诚信为本、操守为重、坚持准则、不做假账”的职业道德教育；对艺术类专业学生进行“尊重他人版权”的职业操守教育；对理工类学生进行“产品质量安全”教育。始终将理论教学与社会热点联系起来，从而增强教学内容的针对性。

（2）教学方式提供锻炼平台，提升职业素养。近三年来，学院先后组织学生进行课

堂演讲、讨论、辩论赛等40多场次，让学生走向讲台接受锻炼，使课堂成为“学生说”的有效实践教学形式。通过采用形式多样、方法灵活、动静结合、有张有弛的实践教学形式，使学生在课堂中学习，在实践中提升职业素养。

2. 开展“德育熏陶、体验引导”的课外实践教学

制定适合学生实际的主题实践教学项目，主要开展了“诚信”“爱国爱校・诚信守法・彰显自我・立志成才”“责任”三个主题实践活动。组织开展诚信宣誓、诚信演讲、诚信签名、“三下乡”感恩教育、责任主题班会等活动，通过行为规范制度化方式培养学生的社会责任感，与学生签订了诚信承诺书、助学信贷还款承诺书，引导学生将自身人格素质的培养与社会生存能力相结合，激励学生立志成才。

3. 培育“感悟内化、文化修身”的校园文化

（1）实施“传承历史、文化育人”的岭南文化教育活动。利用广州地处岭南文化中心地位，举办岭南文化图片展，将区域文化元素融入思想政治理论教育教学之中。结合学院“文化修身”工程，以“校园文化艺术节”“社团文化月”为载体，通过开展“书香校园”“科普校园”、重大纪念活动征文、演讲、歌舞大赛等系列文体活动，营造健康向上的校园文化氛围，使学生在文化熏陶中受到启迪，全面促进学生人文素养和文化品位的提升。

（2）以大学生国旗护卫队建设为载体，推动爱国主义教育。学院成立大学生国旗护卫队，一是以国旗护卫队建设为阵地，推动爱国主义教育；二是以大学生军事协会为依托，有效开展国防教育；三是以大学生文明执勤队为引领，参与和谐校园建设；四是挖掘特色的团队文化，走内涵式发展道路；五是以学生全面发展为目标，大力加强思想、素质教育。

（3）建立“交流互动、知行合一”的红色学生社团。成立红色学生社团——星火学社。带领社团成员积极开展社团活动，组织参观黄埔军校、广东省博物馆、广东科学中心，赴梅州兴宁开展“三下乡”调研活动，受到学生的欢迎，使学生在社团活动中经受了锻炼，增长了知识，促进学生健康心灵的形成。

（4）实行“一一对接、责任到人”的人生导师制。学院以社会工作专业为试点，将学生与教师分组，为学生建立成长档案。档案内容主要包括学习情况、表现记录、联系方式等个人信息，以及心理状况、宗教信仰、谈话记录等。引导学生树立理想信念，帮助指导学生适应环境，做好职业生涯规划，实现人生目标。

通过创新实践育人的形式，学院已建成课内外教育、社会实践、制度建设、教师表率等互为补充、相互促进、形成合力的大学生健康人格教育的有效机制，学生的人格素

质得到了优化。学院德育工作成效显著。国旗护卫队参加广东省首届国旗护卫队展示获得三等奖荣誉；在全省高校国防教育工作中获得广东省国防教育先进单位、广东省优秀高校国旗护卫队等多项荣誉，获得广东省首期广东国防教育优秀视频一等奖。学院先后有 11 人获得国家奖学金，368 人获国家励志奖学金，44 人获广州市级先进个人。学院被广州市政府授予“文明单位”等荣誉称号。

第六节　高职院校学生综合素质提升工程建设探索

学院致力于创新素质教育模式，提出并实施“厚德励志”“笃学强能”“文化修身”“阳光心灵”“人生导航”五大育人工程，全面培养和提升学生的思想素质、道德素质、职业素质、文化素质、身心素质等五种素质。并在多年的育人实践中不断总结经验，推进“高职院校学生综合素质提升工程”建设，使其与高职院校特点和学生实际相符合。育人工作取得了显著成效，在广州亚运会、亚残运会中树立了优质志愿服务品牌，被广州亚组委授予“志愿者优秀组织单位”等荣誉称号。学院心理健康教育和咨询工作成绩显著，被广东省教育厅评为心理健康教育与咨询工作优秀集体。未来三年，学院将通过志愿服务优质品牌与开展校企合作，建立协同创新、合作育人的战略联盟，培养学生成为德才兼备的发展型、复合型和创新型技术技能人才，建成院内可传承发展、省内可复制推广的素质教育模式。

一、建设目标

“高职院校学生综合素质提升工程”建设，旨在通过强化志愿服务品牌，建立多元学习积分制，构建文化学用平台，建设助人自助心灵成长工程、职业素养提升工程和就业创业能力提升工程。利用社会主义核心价值体系引领学生立社会主义道德、树社会主义人格；通过“政校行企”协同创新育人平台，帮助学生立职业道德、强职业素养，培养学生成长为德才兼备、身心健康的生产、建设、服务和管理第一线所需的高素质技术技能人才。

1. “厚德励志”工程建设目标

坚持“德育为先”的理念，以提高学生思想道德素质为目标，加强社会主义核心价值体系教育，通过强化优质志愿服务品牌、构建网络思想教育管理服务系统和建设标杆示范工程，完善德育体系，帮助学生以社会主义道德立身，在学习中不断磨砺意志，使学生成长为有道德、有理想、有抱负的时代新人。

2.“笃学强能”工程建设目标

坚持“能力为重”的理念，推进学业与技能的相互融通，在端正治学风气、夯实学生学业基础、建立多元学习积分制度的同时，结合竞赛、实践活动以及各类社会及校内资源磨砺和提升学生的专业技能，培养学问扎实、技能专精的人才。

3.“文化修身”工程建设目标

坚持“文化育人”的理念，以科技文化、社团文化和网络文化为内容，完善科技文化学习平台、社团文化活动平台和网络文化教育平台等三大文化学用平台，全面提升学生的文化素养和动手能力。加强校企文化共融，营造浓厚的职业文化氛围，培育学生的职业素养和适应能力。同时，加强宿舍文化建设，创建和谐学生社区，为学生营造文明包容互动的成长环境。

4.“阳光心灵”工程建设目标

坚持“阳光育人”的理念，在“七个一”工作的基础上，通过全员参与，编织“心”网；全程培养，建构“心”桥；全方关注，搭建“心”架等工作模式，增强学生心理调适和社会适应能力，优化学生心理品质，充分开发学生潜能，促进学生身心健康发展。

5.“人生导航”工程建设目标

坚持“全程育人”的理念，以强化学生职业生涯规划意识、提升学生职业生涯规划能力、就业创业能力为目标。通过开展学业生涯规划、职业生涯规划、创新创业等教育，全面引导学生做好人生规划，帮助学生在认识生活、适应社会、发现自我、规划未来中立志早日成才。

二、建设内容

（1）强化优质志愿服务品牌。建设常态化星级志愿者评价激励机制，志愿者注册率达到90%以上；开拓2个志愿服务新项目，实现2个省级志愿服务立项。

（2）构建网络思想教育管理服务系统：思想教育管理服务网络化、网络社区运行和各种线上活动的开展成为常态，学生满意度达80%以上。

（3）建立健全多元学习积分制度。推进多元学习积分制度及网络宣传全面铺开，覆盖率达到100%；提升承办校际技能竞赛的能力；行业、企业资源库累计完成目标资源量达95%以上。

（4）打造文化学用平台。完善已有科技文化学习形式、社团文化活动形式、校企互动活动形式、社区文化活动形式；完成社区文化墙建造项目，并挖掘和完善其功能；启用大学生文化活动中心，完善功能设施和管理制度，基本形成具有职业特色、自主学习、学以致用的校园文化氛围。

（5）完善助人自助心灵成长工程。制定完善朋辈心理辅导人员的选拔、培训、督导、评估体系；编印学院“生生、师生、师师”互助体系手册；建设5个“朋心憩屋”；培养心灵导师，结合专业教师的特点，建立教师的专业培训计划，促进教师职业化、专业化；成功申报院和市级大学生心理健康精品课程；导入心理辅导，完善“四位一体”顶岗实习管理模式，建立顶岗实习的心理辅导机制；渗入专业教育，开设行业心理学课程。在各专业中开设行业心理学课程；建设团体辅导室、宣泄室、放松室、沙盘室二级心理辅导站；建立实践基地和社区志愿服务队；开拓校内外实践基地，建立长期合作服务机制。

（6）创建职业素养提升工程。引进大学生职业生涯规划与职业向导数字平台，建立远程可视面试系统，并结合专业特点和学生实际，完成校本化改造，向全院推广。

（7）实施就业创业能力提升工程。壮大“四位一体”师资队伍，完善“普适课程—培优课程—项目扶持与孵化课程”的阶段式课程体系；建成创新创业网，实施创业教育，提升创业服务水平；搭建“创业教育、创业孵化、创业实践”三个平台，形成创新创业“培养—孵化”产业链。

三、建设要求

（1）构建学生思想教育网络信息平台，建立包括网络思想政治教育、网络党团建设、网络素质教育、学生综合管理、网络就业指导与服务、网络心理健康教育在内的立体网络社区。建立志愿者登记系统，推广星级志愿者评价机制，落实志愿者的层级管理，推进志愿服务精品项目的建设。

（2）建立多元学习积分制度及学习系统平台，包含在线学习模块，为全校学生提供网络及新媒体学习渠道；与企业、行业协会建立良好的合作关系，分“三步走”建立行业、企业资源库，最终资源累计完成目标总量达95%以上。

（3）建成文化学用平台，校企文化共融得到加强，营造出有新时代特色的职业校园文化氛围，充分发挥环境育人的功效，学生的文化素养、职业素养、动手能力、适应能力得到全面提升。

（4）成功申报市级以上大学生心理健康精品共享资源课程，各专业开设行业心理学课程，建成学院心理素质拓展基地，完善心理实验室各项建设，创建全员、全程、全方位的心理健康教育和咨询模式，优化学生压力应变能力，培养学生心理健康意识，促进人格完善和发展。

（5）完善大学生职业生涯规划与职业向导数字平台和远程可视面试系统的功能，并在全院推广；壮大“四位一体”师资队伍，完善“普适课程—培优课程—项目扶持与孵化课程”的阶段式课程体系，形成创新创业“培养—孵化”产业链。

四、政策措施

（1）加强组织领导。成立高职领导小组，由学院分管学生工作的副院长、学生工作处负责人、政治辅导员等相关人员组成。

（2）强化制度保障。制定素质教育的相关配套政策；各子项目申报和经费支持的有关制度；与行业、企业共同开展研究合作育人的相关制度等。

（3）创新工作机制。建立企业行业专家、职教工作者、相关领域专家共同参与研究制定的素质提升工程评价体系，探索建立合作育人新机制。

（4）加大经费投入。设置学院专项经费，按生均下拨，用于各平台建设和子项目的实施。

第七节　大学生创新创业能力培养工程建设探索

培养创新型人才是“人才强国”战略和建设创新型国家的主要内容，也是学院人才培养的重要目标之一。大学生创新创业能力训练是培养创新型人才的重要且有效的手段。当前和今后一段时期，伴随着社会转型、经济结构调整和深化教育体制改革，培养大学生的创新能力不仅有助于缓解大学生就业压力，也是培养适应国家发展战略和行业市场需要的高素质复合应用型人才的要求。学院历年来重视大学生创新创业教育工作，虽取得一定成绩，但还有很大提升空间，大学生的创新意识仍比较薄弱，创业基地建设资金支持不足，大学生创业服务环境有待进一步加强。基于此，实施创新创业能力培养项目，成为学院人才培养的重要课题。

根据《教育部关于大力推进高等学校创新创业教育和大学生自主创业工作的意见》等文件要求，按照学院发展的总体部署，通过创业课程、创业讲座、创业竞赛等学习培训，积极培养大学生创新意识、创业精神和创业能力，组建、遴选学生创业团队，设立大学生创业基金并搭建创业孵化平台，健全创业服务体系，全面提高学生的创业实践能力，构建学院创新创业教育工作体系。

一、建设目标

以“培养基础知识扎实、实践能力强、知识面广、适应创新型国家建设需要的具有创新精神和创新创业能力的高水平人才”为总体目标。具体为：开展“大学生创新创业训练计划”，增强大学生创业意识和创业精神；设立大学生创业基金并搭建创业孵化平台，锻炼大学生的创业实践能力；建立大学生创业指导站，构建创业教育专家库，完善大学生创业服务体系，为大学生提供良好的创业运作环境。

二、建设思路

（1）加强创业教育师资培训，提高教师创业教育的教学能力和实践能力，推动创业教育普及化、科学化、制度化。

（2）定期组织创业教育工作者到企业和创业教育典型的高职院校进行学习交流，建立并完善行之有效的“教育、实训、指导、服务”的创业教育工作体系。

（3）设立大学生创业基金，搭建创业孵化基地平台。倡导以学生为主体的创新创业训练，调动学生的主动性、积极性和创造性，激发学生的创新思维和创新意识，提高其创新实践的能力，并积极通过与政府、企业、社会合作，拓展经费渠道，搭建创业孵化平台，初步形成省、学院、企业多方位的创新创业计划资助体系，为学院开展大学生创新创业活动提供稳定的经费来源和场地保障。

（4）建立大学生创业辅导制度，组建由企业精英、职业经理人、专家学者、创业优秀校友等组成的创业导师队伍。建立创业导师帮带机制，采取结对、讲座、访谈和在线咨询等方式，对大学生创业者进行分类、分阶段指导。联系优质企业为大学生提供创业实习机会，帮助大学生创业者积累实践经验。

（5）组建、遴选大学生创新创业训练项目实践团队，组建专家库。组织专家进行指导、评审，对符合市场需求和创业教育内容的项目进行培育孵化，并推荐选送参加市级、省级创业竞赛，搭建项目与资本对接平台，促进优秀项目落地转化。

（6）建立大学生创业指导站，搭建实体创业平台。推进创业孵化基地建设，为大学生创业提供政策宣传、租金优惠、政务代理、创业辅导、创业补贴申领协助等服务，为大学生提供一个良好的创业运作环境。

（7）开展创业典型评选，培育大学生创业典型，完善激励制度。积极组织开展创业典型进校园、创业典型面对面等活动，通过印发创业典型宣传手册、校园媒体传播等形式，广泛宣传自主创业的大学生典型，激励在校大学生的创业热情，培养大学生创业精神。

三、建设方式及内容

根据高职教育培养产业转型升级和企业技术创新需要的发展型、复合型和创新型技术技能人才的最新要求，全面贯彻落实国务院、教育部、省市相关文件关于就业创业工作的精神，根据学院发展的总体部署，积极开拓创新创业教育资源，以增强大学生创新意识，提高大学生创业素质与技能为宗旨，以校园创业孵化基地为平台，全面提升学生创新创业能力。

（1）开展“大学生创新创业训练计划”，每年以二级学院申报、学院评审的方式，遴选出10项大学生创新创业训练项目，其中省市级立项3～5个，院级立项5～7个，择优进驻学院创业基地孵化项目，建立一个师生互动的实体创业平台。

（2）设立大学生创业基金，搭建创业孵化基地平台，初步形成省、学院、企业多方位的创新创业计划资助体系，为学院开展大学生创新创业活动提供稳定的经费来源和场地保障。

（3）建立大学生创业辅导制度，组建创业导师专家库，建立创业导师帮带机制。对大学生创业者进行分类、分阶段指导，联系优质企业为大学生提供创业实习机会，帮助大学生创业者积累实践经验。

（4）建立大学生创业指导站，为创业大学生提供政策宣传、创业指导、创业补贴申领协助等配套服务体系。

（5）组织举办多种大学生创业创新大赛，搭建创业实践平台，多层次多角度培养学生的创业精神。

（6）开展大学生创业典型评选活动，培育大学生创业标杆，发挥示范和引领作用，并不断完善激励制度。

四、保障措施

（1）机构保障。学校及二级学院设立大学生创业指导中心、大学生创业指导站，负责统一协调管理工作。制订具体建设方案与计划，筹措相关资金，部署具体工作任务。

（2）制度保障。学院制定了《关于加强大学生创新创业工作的实施意见》《大学生创新创业训练计划的管理办法》，为开展大学生创新创业训练计划提供坚实的制度保障。

（3）经费场地保障。学院专门设立专项经费，用于鼓励和支持开展创业教育活动。创业教育资金做到专款专用。专门划出300平方米场地资源用于改造建设创业孵化基地。

（4）师资保障。学院在现有专任教师中遴选组建高素质、高水平、治学严谨、责任心强的创业导师师资队伍，担任大学生创新创业训练项目的指导教师，负责指导学生的创业实践工作。

第五章　高职教育协同创新专业建设探索

第一节　专业建设思路探索

专业建设是高职院校教学的基础建设，是提高教学质量和办学效益，培养合格人才的重要工程。科学地规划专业建设，是高职院校谋求发展，形成自身办学特色和优势的一项战略性任务。根据《国务院关于加快发展现代职业教育的决定》《广东省现代职业教育事业发展“十三五”规划（2016—2020 年）》《广州市中长期教育改革和发展规划纲要（2010—2020 年）》《广州科技贸易职业学院“十三五”发展规划纲要》等文件精神，学院确定了“十三五”期间专业建设发展思路。

一、专业建设思路

全面贯彻党的十八大和习近平总书记系列重要讲话精神，遵循“四个全面”战略布局和创新、协调、绿色、开放、共享的发展理念，全面贯彻党中央、国务院关于加快发展现代职业教育的决策部署，以立德树人为根本，以服务发展为宗旨，注重技术技能人才培养，大力弘扬工匠精神，坚持走“科技助推产业，商贸服务经济”的差异化发展路子，加快建设发展，为区域发展现代服务业、先进制造业、战略性新兴产业培养高端技术技能型人才。努力将学院建设成为省内一流、国内知名、特色鲜明的现代高等职业院校。专业课程结构更加合理，依据国家战略和区域产业发展，继续优化专业结构与布局，重点建设产教深度融合、特色鲜明、社会认可度高、全省一流的省级品牌和重点专业，并带动相关专业（群）发展，高职专业数控制在 30 个以内，试点应用型本科专业 2 ~ 3 个，新建成省级以上品牌专业 2 ~ 3 个、重点专业 3 ~ 4 个，力争获得教育部骨干专业 1 ~ 2 个，新建成省级精品资源共享或在线开放课程 8 ~ 10 门，国家级精品资源共享或在线开放课程 1 ~ 2 门，优化基于综合职业能力和素质培养的课程体系改革。创新人才培养模式，强化实践教学环节，强化信息化教育教学，全面提高教学质量。大力推进创新创业教育，提高学生创新精神和实践能力，提升学生的职业核心能力和就业竞争力。提高国家和省级技能竞赛获奖数量和层次，毕业生获“双证书”率达到100%，获高级证书率达到40%，初次就业率达到98%以上。

二、专业建设基本原则

1. 服务地方原则

服务广州及珠江三角洲地方区域经济，对接产业，重点支持对接广州支柱产业、优势产业、战略性新兴产业与关系到国计民生的基础产业的专业，推动学院专业设置、人才培养定位与产业岗位群对接，实施全方位深度合作，有针对性地培养本土企业需求的高技能人才，并为区域企业开展技术服务，更好地推进区域产业转型升级。

2. 校企共建原则

坚持“合作办学、合作育人、合作就业、合作发展”，引导和鼓励创新校企合作机制、教师队伍建设机制、投入保障机制，实现专业发展与人才培养目标和企业发展与岗位任职要求相对接、专业教学内容更新与企业技术革新相对接、专业教学环境与企业现场环境相对接、专业文化与企业文化相对接、毕业生就业与企业人力资源需求相对接，形成人才共育、过程共管、成果共享、责任共担的紧密型校企合作专业建设长效机制。

3. 优先保障原则

专业建设中，要把改善专业办学条件作为工作重点，整合“政校行企”多方资源，多渠道筹措资金，加大投入力度，科学合理使用资金，使专业办学条件从根本上得到改善；优先重点发展省级重点、品牌专业建设，以重点品牌专业建设带动专业群发展，打造特色专业学院，形成学院特色。

4. 提高质量原则

以提高质量为核心，深化教育教学改革，体制机制创新改革，构建以就业质量为核心的质量评价监控体系，引导专业形成以职业能力为核心的教学体系，建立多方评价教育教学质量的机制，构建以社会满意度为核心的质量评价监控体系，切实提高专业人才培养质量，提高服务区域经济社会发展的能力。

三、专业建设主要内容

1. 探索“政校行企”多方合作共建专业的办学机制

充分发挥广州校企合作促进会、创业导师委员会、职教集团、专业指导委员会等社会团体的作用，积极探索、推进“政校行企”多方合作，共同培育人才、共同参与教学过程管理、共同分享办学成果、共同承担人才培养任务。在专业办学中，“政校行企”四方将发挥各自在产业联系、经费投入、先进技术应用、兼职教师聘用、实习实训基地建设和学生就业等方面的优势，推动校企深度合作，促进专业建设，增强专业办学活力。

2. 大力优化专业结构，建立特色鲜明的专业体系

在招生专业总量控制在30个左右的目标下，大力发展与广州现代服务、高新技术产业高职类专业，积极设置面向区域高新技术产业、先进制造业、高端化现代服务业和社区服务的专业。对已有的高新技术类专业和经济、贸易、管理类专业以及其他与区域经济社会发展紧密结合的专业，加大投入力度，充实办学条件，深化教学改革，提高人才培养质量；并根据区域经济社会发展调整改造传统专业，及时调整专业内容和人才培养方向。形成能够体现学院办学特色的五个专业群：面向高新技术产业的信息与软件、艺术设计专业群，面向先进制造业的机电工程专业群，面向高端化现代服务业的商务服务、管理专业群，突出专业群核心专业的关键带动和辐射作用。

加强专业（群）建设，重点发展专业群内核心专业，加大对这些专业的建设力度，在经费投入、师资配备和政策等方面给予优先考虑，促使这些专业加大改革力度，整合和优化配置资源，增强整体实力，突出课程体系特色，不断提高质量和水平，为区域产业经济发展提供服务。通过重点建设核心专业，发挥核心专业在专业群内的辐射作用，带动专业建设整体水平上升。

3. 大力推进品牌专业建设，建立专业发展的竞争机制

根据学院办学定位，以人才培养为中心，以提高教学质量为目标，增强品牌意识，大力建设一批品牌专业。在专业建设上，以“树品牌、创特色、促效益”为原则，推进专业建设水平和办学效益的不断提高。对于列入品牌专业建设项目的专业，在政策上给予重点扶持，在经费上给予重点投入。同时，建立竞争机制，建立品牌专业检查评估、动态管理、滚动建设、末位淘汰的机制，带动全院专业建设整体水平的提高，不断加强专业内涵建设。

增强为区域经济社会发展服务的意识，以市场需求为导向，准确把握经济发展和社会进步的基本趋势，科学设置、调整优化专业，建立与专业建设相衔接的就业质量保障体系，为专业教学改革提供支持。完善校内咨询制度，充分听取校内专家以及教学、招生、就业、学生等职能部门对专业设置和招生计划的意见和建议，集思广益，优化专业设置。建立健全专业建设与管理工作制度，形成专业建设与管理工作规范发展、良性循环的新局面。以招生第一志愿上线率、就业率和就业质量水平作为专业调整的重要依据，

对办学条件好、质量高、学生就业率高的专业扩大招生规模，对市场需求量不大或办学条件差、师资力量薄弱的专业，则控制招生规模或实行隔年招生，直至停办。加快推进新专业的设置工作，对新开设的专业做好论证，加强人才需求调研工作，对专业办学进行科学论证。加强对现有专业的优化组合，实现教学资源的合理配置和优化共享，充实和改善现有专业的办学条件。

4. 加强专业内涵建设，提高专业建设质量

（1）加强高水平专兼结合教学团队建设，建立一支高素质的专业教学团队。积极探索与企业联合培养专业教师的机制，使具有“双师”素质专业教师比例达到90%；加快“双师”结构专业教学团队建设，聘用一批具有行业影响力的专家和能工巧匠作为专业带头人、兼职教师，使兼职教师承担的专业课学时比例达到50%。通过引进、培养等手段，积极充实新办专业的师资队伍，优化师资队伍结构，健全激励机制，建设一支素质好、富有创新精神、充满活力、高技能的教师队伍，为提高专业建设水平提供有力的人才保证。加强兼职教师队伍建设，建立兼职教师队伍的培养和管理机制，建设兼职教师资源库，形成兼职教师队伍建设的长效机制。引进一批具有3年以上在专业对口的职业岗位工作的教师。

（2）加大教学投入和建设力度，改善专业的办学条件。重点加强“共享度高、受益面广”的公共信息化实训室。为学生提供真实的企业环境，按照“重点专业，重点支持”的原则，建设特色实训室10间，孵化器1 000平方米，为大学生创新创业提供空间支持。优化实训基地管理运行机制，提升实训室的使用效率。加强实训指导教师引进力度，在完善生产性实训基地的基础上，强化实训导师的引入。加强职业技能鉴定业务和管理水平，不断强化考评员队伍建设，积极开拓工科类鉴定工种考点工作，根据地方和行业、企业需求，开展职业技能鉴定培训，成立为社会服务的国家职业技能鉴定站，结合学院特色专业，设立相应鉴定工种的职业技能鉴定所（站），建立多层次的鉴定体系，开拓国际认证业务，着力提高专业的办学水平和教学质量。

（3）加大专业改革力度，进一步提高专业的人才培养质量。积极引导和支持各专业根据高等职业教育专业建设规范要求，借鉴其他院校同类专业的先进办学经验，开展教学改革与建设；加强各项教学“软件”建设，深化“校企合作、工学结合”专业人才培养模式改革；推进跟岗实习、顶岗实习、“教学做”一体化、项目导向、任务驱动等符合高职教育规律的教学改革；建立由企业社区和政府人员参与、包含就业水平和企业满意度等方面内容的人才培养质量评价体系；建立健全质量保障体系，全面提高人才培养质量。

5. 加强学生核心能力培养，完善课程体系改革

加强课程体系建设，建立产业技术进步驱动课程改革机制，形成对接紧密、特色鲜明、动态调整的课程体系。实施素质教育；充分发挥基础课功能，将职业道德、创新创业教育、人文素养教育贯穿于专业课程体系中，加强学生核心能力培养；完善以“工作过程和岗位综合职业能力为导向”的课程体系建设；引入行业企业参与符合职业资格标准的新课程开发；积极参与省市级各类课程建设；探索建设以 MOOC（慕课）为代表的在线开放课程，积极推行“翻转课堂”“泛在教学”“混合式教学”等各种先进的教学模式实践；重点建设专业核心课程的数字教学资源以及覆盖主干课程重要知识点的微课资源，进一步加强重点专业教学资源库建设工作，实现教学资源校内开放，校外共享；以技能竞赛为抓手，积极组织和参与省市乃至国家级的技能竞赛，以赛促教，以赛促学，赛教融合，赛训结合，弘扬工匠精神，培养高素质技术技能型专门人才。

6. 推进创新创业教育与人才培养过程的融合

加强创新创业教育课程体系建设，以增强大学生创新意识，提升大学生创业素质与技能为宗旨，将创新创业教育融入人才培养全过程。建立多层次、立体化的创新创业教育课程体系，改革教法、完善实践，促进基础课程、专业课程与创新创业教育的有机融合。加强创新创业师资队伍能力素质，按照高质量创新创业教育的需要调配师资，积极从社会各界聘请企业家、创业成功者、专家学者、风险投资人、优秀校友等优秀人才做兼职教师，建立一支专兼结合的高素质创新创业教育教师队伍。开展创新创业实践活动，充分利用校友资源，开展“挑战杯”等技能竞赛、创新创业活动，丰富学生的创新创业知识和体验，提升学生的创新精神和创业能力。创造良好的创新创业条件，设立创新创业基金，建立形式多样的大学生创业和孵化基地，扶持师生创新创业，支持学院教师在岗离岗创业，规范创业基地管理，建立健全创业网络服务，完善创业扶持渠道，建立质量检测跟踪体系。力争创建广东省大学生创新创业教育示范学校。

四、保障措施

1. 加强组织领导

成立专业建设规划实施领导小组，加强对专业规划实施的组织、协调和督导，制定规划实施方案，细化目标任务和责任分工，定期召开推进会，总结部署规划实施进展，研究解决问题和障碍，确保规划顺利实施。加强规划宣传和引导，学院各职能部门要全面开展宣传教育活动，多层次、多形式地开展规划的宣传解读活动，领会规划精神实质，形成全体师生共同关注、支持规划顺利实施的舆论环境和良好氛围。

2. 加大经费投入

专业建设的投入包括硬件和软件建设投入，硬件建设包括实验室、实习基地等基础设施建设；软件建设包括课程建设、教材建设、专业教学改革与建设。“十三五”期间，学院将多方筹措，积极争取专项资金，用于重点品牌专业建设，整合资源，打造特色专业学院，实现创建省内一流专业建设水平的目标。

同时，以专业群建设为核心，加大经费投入，打造公共实训服务中心，推动各专业都能有技术先进、综合性强，能满足专业主要技能训练、满足上岗训练要求的校内实训基地；学院每年将拨出一定的专项经费，主要用于支持与专业建设有关的教育教学改革项目、实训基地建设项目、教学团队、大学生创业训练项目等；鼓励专业多渠道筹措建设资金，积极开展与企事业单位横向教学科研合作，开展咨询服务，为社会多做贡献，提高专业自身的办学能力和办学效益，提高人才培养质量和社会知名度。

3. 明确建设责任

明确责任，贯彻立足重点专业，发展优势专业、特色专业，开拓新兴专业的原则，以重点和特色专业建设为重点，推进专业建设总体发展。各专业指导委员会要根据学院专业建设规划和目标要求，组织开展专业建设的研究落实工作，制订出专业建设实施计划，申报新专业，修订完善相关专业人才培养方案，并指导各专业建设和专业教学工作。学院教学指导委员会审议并讨论通过各系部申报的新专业和人才培养方案，研究落实学院专业建设规划，指导各系的专业建设工作，并将研究讨论情况上报学院党政领导班子研究决定。学院党政领导班子将对专业建设规划的重大问题进行决策和指导，并充分调动学院内外各方面的力量和资源，加大投入和改革力度，建设好校内外实习实训基地，促进学院专业健康持续的建设与发展。

4. 建立专业建设诊断和绩效考核制度

建立专业建设评估小组。组织开展专项考察和研究，跟踪专业建设的实施进展情况。按照人才培养内部质量保障体系要求，定期对专业建设执行情况进行考核，对专业建设、机制创新和工作进展进行总结和反思，对专业建设的执行效果进行系统、科学的诊断，及时为学院规划提供全程的专业指导，为学院机制改革、管理工作和重大决策提供实证依据。

建立专业建设绩效考核制度，加大检查与考核力度。对专业建设情况要定期检查、定期报告、跟踪问效，定期召开会议，报告建设情况，提出整改意见。对建设中的好做法、好经验要进行推广；对出现的新问题、新情况，要迅速研究解决，并进行督促整改，确保专业建设任务落到实处。

第二节　专业群及重点专业建设探索

学院紧贴区域经济发展的需要，围绕现代服务业、先进制造业和战略新兴产业调整专业设置，优化专业结构，形成了商务服务、信息与软件、机电工程、管理和艺术设计五大专业群26个专业的布局。目前各专业水平参差不齐，多数专业特色不够鲜明，整体水平有待提高。为进一步促进专业及专业群建设，学院确立重点特色专业，并以重点特色专业为先导，通过校企合作、产教融合、资源共享、服务产业能力等方面的建设，带动专业群建设，实现专业共同发展。

学院以现代服务业、高新技术产业、先进制造业和经济社会发展需求为导向，依托广州、番禺特有的商贸会展、动漫游艺、国际贸易、现代物流、汽车制造、地铁轻轨等重点产业，与区域内兄弟院校进行差异化专业设置。确立会展策划与管理、电子信息工程技术、国际经济与贸易、财务管理、物流管理、城市轨道交通运营管理、动漫设计与制作、汽车检测与维修等8个专业为重点特色专业。这8个专业具有明显的区域产业背景，与广东及广州区域产业高度契合，区域产业的发展将给这些专业的建设带来机遇与契机。借助这8个专业的建设，推进学院办学特色更加鲜明。同时，这8个专业均为学院的优势专业，其中会展策划与管理、电子信息工程技术为中央财政支持重点建设专业，已按时通过验收；其他6个专业为省级重点专业建设项目，其中动漫设计与制作、财务管理、城市轨道交通运营管理专业还是广州市级重点专业，物流管理、国际经济与贸易、汽车检测与维修为广州市级示范专业，专业建设基础扎实。

学院以品牌专业、优势专业、特色专业建设为抓手，努力打造品牌、重点、优势、特色专业，使学院形成一个影响大、声誉好的品牌专业、优势专业、特色专业构成的专业（群）集群，产生核心竞争力，并将专业建设纳入常规管理。

第三节　会展策划与管理重点专业建设

会展业在市场经济中的重要地位日益突出，在“十三五”期间，中国会展业将进入发展的快车道。展会是展示品牌的最佳平台，广州是展会的发源地和集中地。根据《珠江三角洲地区改革发展规划纲要（2008—2020年）》及广州市的产业发展定位，会展业与商务服务业是广州产业发展的重点。广州政府势必从整合各方资源、规范市场、加强人才培训等方面对会展业加以重视，从而促进广州会展专业教育的蓬勃发展。会展业发展促使行业专业人才需求数量急剧增加，且目前会展从业者专业出身的人才比例很低。广州每年需要3 000名以上会展人才，产业内存在人才紧缺及人才素质亟待提高的状况。专业人才岗位需求与求职者的比例为8∶1。广州会展专业人才教育与培养工作相对滞后，专业会展人才的培养迫在眉睫。

会展策划与管理专业经过“中央财政支持高等职业学校专业建设发展项目”的扶持与培养，通过两年期的建设，达成本项目规定的预期目标，实现本专业的项目验收，成为“省高职教育重点专业”。未来将继续争取国家、省市上级管理部门的支持，加强本专业的内涵建设，形成自己的特色课程体系与培养体系，同时不断探索与企业的合作培养人才模式，借助广东省内丰富的会展企业资源，依托会展企业平台，实现专业建设的新突破。

一、建设内容

1. 构建校企合作平台

设立省会展教学指导委员会，加入市会展行业协会，搭建校企合作平台，建立强大有效的校企合作关系。通过企业调研，形成行业岗位标准，完善专业人才培养方案。通过校企合作建设课程及开发软件；通过校企共建校内外实训基地，建立琶洲会展中心及白云国际会议中心合作企业群。构建合作平台，建立校内专任教师及企业兼职教师互通机制，通过学生培训、校企项目合作、员工培训等多层次合作，让校企合作平台实现教师、学生、企业效益共赢。

2. 探索系统培养

确定本专业的岗位技能标准体系，通过与学院及上级招生主管部门的联系与沟通，将该体系推行到相关中职学校实现中高职衔接“三二分段”系统培养，同时在以上工作成熟后与应用本科相连接，探索与本科学院系统培养的体系。作为其专业技能培养的方向及招生参考依据，探索与中职学校、应用本科大学对接的自主招生及免考特招制度，打造以职业岗位技能为主要内容的考核评价机制与系统培养招生机制。

3. 深入推进人才培养模式改革

以共同制定的动态会展行业的标准、人才培养方案、课程标准引领教学；以校企共建的校内外实训基地为出发点，通过运营相关会展项目及学生设计的创业项目，最后达到提高就业创业能力与综合素质，直至完成就业创业社会通道的人才培养模式。该模式被称之为“标准引领教学，项目提升技能”的人才培养模式。

4．课程体系与教学内容建设

主动与行业企业合作，开展专业调研和职业资格分析，以“典型工作任务”为基础开发专业人才培养方案、设计课程教学情境、改革课程内容、编写教学材料（教材、引导文、工作页）；在课程教学内容、教学模式、教学方法和评价方式等方面全面创新；有针对性地建设工学结合的优质核心课程、精品开放课程及其网络学习环境。

5．强化实践育人

设立专业课程与综合专业技能的模拟实训教学环节、配备多个专业的综合实训室，依托校企合作平台，运营真实会展项目，设计实施专业性较强的比赛或经营活动，提升学生技能。依托广州白云国际会议中心及广州琶洲国际会展中心，与多个会展企业建立稳定的校外实训基地，并辐射其他商贸企业。建立10个或以上校外实训基地，为学生提供稳定的校外实训条件。

6．教学团队建设

引进一名具有企业经历及较高行业领悟力的专业带头人；培养6名或以上骨干教师；启动11名教师“双师”素质培养工作；与相关单位共建兼职教师人才库。

7．实施第三方评价

建立网上人才培养质量评价平台，实施第三方评价体系；完善校内三级教学质量监控体系；对工学结合课程采取过程评价与结果评价相结合的评价方式；建立校企共评的学生就业质量评价体系。

8．增强服务能力

建立和完善专业教师紧密联系企业、为社会服务的激励制度；组建项目组，承接企业真实项目；对社会开展职业资格认证培训；开放教学资源，培训企业员工。

二、建设要求

围绕专业定位，以能力培养为目标，以就业为导向，不断加强会展专业的内涵建设。积极打造会展专业的课程体系，构建从院级到省级的立体精品（开放）课程框架；建立校内模拟实训、课程软件开发、校内项目实训和校企项目合作、学生创业项目运作等多层次、多角度的校企实训合作平台；通过广泛联系企业，探索校企合作新模式，提高专业的实践教学水平；为匹配专业教学的需求，要加大师资队伍人才的引进和培养等。

具体包括：与行业协会、教指委、合作企业、兄弟院校等共同制定相关行业岗位标准、技能标准、竞赛标准等，规范专业人才培养；建设专业核心课程、网络课程及开发会展专业辅助教学软件系统，课程体系建设全面化、多样化；加强对现有实训设备及软件的使用，计划新设立一批以会展专业核心课程、单个实训项目及专业综合实训为对象的校内实训基地；通过广州琶洲国际会展中心及广州白云国际会议中心为轴心，计划再发展10～20个会展类企业作为校外实训基地，形成稳定的合作关系，探索深层次的合作方式；成立“会展服务与管理项目组”，以项目团队形式，承接真实的可操作的会展类项目，加大对学生的技能培养，以创业带动就业；打造具有“双师”素质和“双师”结构的专兼结合的教师队伍；进行师资培训，引入权威、专业的培训课程，加强对师资的培养。

三、建设成效

1. 构建校企合作平台

会展专业高职人才的培养重点在于专业技能的培养，其专业技能的获得主要通过实践教学的方式进行，在实践教学中通过构建有效的校企合作机制，建立有效的校企合作平台对会展专业高职人才的培养十分重要。本专业在建设期内构建了“政校行企”四位一体合作平台，搭建了有效的校企合作专业建设平台。主要包括：成立“广东省会展（高职）专业教学指导委员会”，并在学院设立了秘书处，指导委员会主任委员、学院领导、秘书长为会展专业带头人。邀请广州市会展行业协会会长及相关知名会展企业总经理成为会展专业教学指导委员会副主任委员，专业指导委员则由院校、企业、行业专家组成。校企合作平台专业指导委员会对本专业的建设进行了有效的指导。通过与广州市会展行业协会沟通，以理事单位的身份加入广州市会展行业协会，成为协会的重要成员。各成员已多次参加广州市会展行业协会组织的年会、校企合作论坛及相关会议，与行业企业形成了合作办学、合作育人、合作就业及合作发展的深度校企合作关系，有效地建立了广州琶洲国际会展中心和广州白云国际会议中心校企合作轴心。

2. 依托校企合作平台，开展专业建设

（1）进行了会展策划与管理专业的专业调研与人才培养方案的修订工作。通过对目前广东省内知名会展企业的采访与调研，梳理现有企业对高技能型岗位的人才需求，共同研究会展企业岗位及技能，团队取得了广东省教育厅下达的“广东省会展行业岗位技能标准体系研究”教学研究课题立项，并以此为基础展开研究，不断完善专业人才培养方案。

（2）构建会展专业课程体系，校企合作共建开发5门会展专业核心课程，校企合作开发4个教学软件。核心课程包括“会展策划与管理”“会展营销”“展览实务”“会议组织与管理”“会展概论”。根据岗位胜任能力模型，与企业合作开发会展职业倾向测评系统软件、会展营销、会展客户关系管理及顶岗实习等教学软件。通过几个教学软件在教学实践过程中的运用，使专业教学更贴近企业实际工作，会展专业的教育更具有职业化。

（3）校企共建校外实训基地。依据会展策划与管理专业“展览和会议”的两大内容，以广州琶洲国际会展中心和广州白云国际会议中心为平台，与广州益武国际展览有限公司、广州天唯展览服务有限公司、广州白云国际会议中心等19家企业，建立了展览与会议校外实习实训基地。

（4）通过合作平台，建立了校内专任教师与合作企业兼职教师共通机制。通过校企深度合作，专业教师深入企业第一线学习和工作，学生在学习期间由教师带领进入企业工作实践与实习。一方面，能将所学的专业知识得以充分运用于实践之中，提高学生的专业技能和实践能力。另一方面，通过实习，培养学生的职业道德，为顺利地走上工作岗位打下基础。从企事业单位来看，通过校企合作能解决其业务繁忙期间专业技术人员不足的困难，还能为其日后提供实用人才做储备。教师团队带领学生共同完成企业的工作项目，主要在中国（广州）国际茶业博览会、中国（广州）国际汽车展览会、中国（广州）国际家具博览会上，开展展览策划与管理服务的工作项目达100项，提高了学生的职业水平，打造了实践教学水平高的校内专任教师与校外兼职教师达27人的“双师”结构教师团队。

另外，校企合作除了以上课程开发等领域的合作外，还通过校企合作引入师资及学生培训、考证培训、校企项目合作、顶岗实习及生产性实训等多层次的合作关系，建立为教师、学生和企业共同发展的工学互助、效益三赢的合作平台。

3. 深入推进人才培养模式改革

在高职教育的人才培养体系中，实践教学是重要的人才培养环节。通过各种项目提升专业技能，是高职人才培养模式创新的重要内容。依托校内外的资源，建设校内外实践教学基地，培养高职学生的就业创业能力及综合素质是高职院校的重要使命。会展策划与管理专业根据高职教育规律，积极探索，通过校企合作平台，以会展项目运营为基础，共同培养学生的就业创业能力，进行良好效果的就业创业人才培养模式的构建与创新。搭建校企平台之后，借助广东省高职会展专业教学指导委员会、广州市会展行业协会、校企合作平台的联动机制，并通过对广东省50多家会展企业深入调研，制定了会展行业标准，包括岗位标准、技能标准及竞赛标准，完善了专业人才培养方案、课程标准、教学规范，以标准规范教学、指导教学。为了不至于使专业体系因为标准而因循守旧，在学院的人才培养框架内，每年都修订人才培养方案，保证这套标准体系能够与时俱进。体现以上精神的会展专业高职人才培养的模式总结为“标准引领教学、项目提升技能”的人才培养模式。这是会展策划与管理专业通过校企共建的就业创业实训基地，以学生的就业创业能力提高为目标，整合社会、企业及学校的资源共同参与学生的就业创业能力培养的人才培养模式。其核心内容有如下几个方面。

（1）会展商业项目运营能力及企业管理能力培养。

本专业学生的就业创业专业技能主要体现在会展企业的商务策划、公司组织与运营、市场营销与推广、商务谈判、会议组织与展销、展前组织及展中运营管理、展后服务等领域。以上专业技能都是以企业的创立，企业的市场运作，企业的经营管理等企业活动为中心的，是企业开展策划、组织及管理等活动所必要的专业技能。通过与企业共建校内生产性实训基地的方式，学院与合作企业共同商讨建设方案，学院成立“会展项目运营指导委员会”，其成员由学院方面包括主管校领导、教务处、实训中心、团委、就业指导中心、专业主任和企业总经理组成，指导、帮助、规范学生团队运营。“会展项目运营指导委员会”规划校企合作的商业项目及实训目标，借助合作企业已有的管理平台进行公司管理制度的培训、企业文化的培训等工作，使学生完成由学生到企业员工的角色转变。学生组成会展商业项目团队并参与项目运营相关的工作后将获得全程免费的培训，为将来就业创业打下坚实的基础。学生可亲历从市场调研到项目设计再到销售各个环节，实践各种营销手段，体验职场，提升商业意识和行动力，最后获得商业项目的运营能力。

（2）校内外企业真实项目运作的就业创业能力培养。

通过以上学生参与运营会展商业项目，全程参与“以物易物”“线上线下活动”“校园文化用品展销会”“达人秀”“茶博会”“汽车展”等校内外会展项目运营过程中所经历的工商注册登记、税务代理、商务谈判、市场策划与推广、会展营销、会展管理与服务等工作环节，使学生完全熟悉会展项目经营的各个工作环节，提高学生在会展创业过程中所需要的各种专业技能与综合素质。学生经过完成企业校内会展项目的运营管理能力培养及锻炼后，将较成熟的学生团队延伸至合作企业的校外真实项目，使学生完全过渡到真实的企业及市场环境中去。通过实际项目的运营，结合引入企业针对性的定向培训，实现项目育人、选人、用人的目的。学生通过组团以主人翁身份经营管理企业项目，承担会展企业运营中的所有工作，着力提升学生就业创业能力。

（3）以学生能力、经验为基础的就业与创业通道的贯穿。

以上两个方面是以培养学生就业创业能力为目标的实践教学内容，其以校内外会展商业项目为基础，构建了一个从校内到校外的以学生团队为主体的，以引进企业项目或学生自创项目为经营对象的就业创业能力培养体系。作为一个完整的人才培养模式，其中还包含一项重要的内容即对学生的就业创业能力的教学效果评价及社会评价，其本质就是通过学生能力与经验的积累，打通学生的社会就业与创业通道。这个通道的教学环节主要体现为在以上实践教学过程中充分发挥“会展项目运营指导委员会”的指导与评价作用、合作公司的企业评价体系的作用。在学生运作校内的会展项目、校外的企业项目的过程中，以上几方面的评价机制始终与学生的运营管理联系在一起，当学生的项目运营行为出现偏差时，学院的指导教师、企业的培训师等会通过以上的机制纠正学生的行为，最后使其获得运营项目的能力与经验。通过以上平台将各方面专业技能比较好的学生推向社会，打通学生就业与创业的通道，实现高职就业创业人才的培养目标。

（4）标准引领教学，项目提升技能的人才培养模式的运行体系。

本专业定位“标准引领教学、项目提升技能”的人才培养模式后，主要从两大部分开展工作：一是专业标准的制订，二是项目的开展与实施。这里主要介绍专业标准工作的开展。专业标准工作的开展分为三大部分：一是根据人才培养目标和规格，与行业专家共同研究制定会展策划与管理专业人才培养方案；二是由学院会展策划与管理专业教师在广东省会展策划分指委的指导下具体组织广东省 9 个单位申报的广东省高职院校教育教学改革项目“广东省会展行业岗位技能标准体系开发研究”，获批广东省教育厅质量工程 B 类项目，与其他高校、行业协会、会展企业协同研究制定会展业岗位技能标准；三是以校级课题方式立项研究会展策划与管理专业的课程标准与教学标准，以实现标准引领教学的目的。

与此同时，为整合广东省各高职院校会展专业教学资源，为今后会展专业技能比赛统一标准，在会展策划分指委的指导下，由学院与广东高等教育出版社联系，组织会展分指委各院校教师编写会展专业系列教材 8 本。

第四节　电子信息工程技术重点专业建设

珠江三角洲地区具有电子产业集中的特点，形成具有地域特色的产业带。随着电子信息产业在珠江三角洲地区的快速发展，电子信息企业对不同层次的人才需求量也越来越大。根据人才需求信息，电子信息类专业是十大热门专业之首，目前在电子信息产业中以排除设备故障，系统的配置、安装、操作和维护，产品的销售及售后服务等四类人才最为短缺。在这四类短缺的人才当中尤以技术应用型、技能型人才为主。

学院电子信息工程技术专业经过多年的发展和完善，目前本专业拥有在校生 302 人，获得中央财政支持高等职业学校专业建设发展项目，经过三年的建设，已通过验收并成为省级重点建设专业。

该专业以培养电子与通信行业所需要的高端技能型人才为目标，围绕培养学生职业能力、继续深化“岗位导向、校企互动”的适岗型人才培养模式；按照“针对工作过程定课程、针对工作岗位练技能、针对岗位技能需求考证书”要求，完善以工作过程为导向、技能培养为核心、项目驱动为载体的课程体系；转变人才培养方式；在横向课题、企业咨询、企业员工职业技能培训等社会服务方面形成规模优势和鲜明特色。

该专业以培养电子信息行业所需要的高端技能型人才为目标，围绕培养学生职业能力，构建以典型电子通信类产品生产加工过程为导向，产品设计制作、系统测试与维护、企业实践与教学交替的人才培养模式。以电子通信类产品生产为载体，建成集“教学、生产实训、产品开发设计、技能培训”功能为一体的校内外综合生产性实训基地。打造一支精通电子通信产品生产加工过程并具有丰富的产品测试与维护经验的“双师”素质的教学团队，全面提升专业服务企业、行业的能力，形成校企多元互动与合作。

一、建设目标

通过电子信息工程技术专业内涵建设，紧扣珠江三角洲地区电子信息产业转型优化升级，继续深化“岗位导向、校企互动”人才培养模式；在已有建设成果的基础上，借鉴、吸收国内外同类专业的建设经验和先进成果，在人才培养模式、课程建设、实训条件建设、师资队伍建设等方面全面总结并提升，将本专业建设成为培养适应电子信息产业转型升级的发展型、复合型和创新型的技术技能人才的省级重点专业，影响、辐射广东省高职院校电子信息工程技术专业。扎实推进“岗位导向、校企互动”的人才培养模式，在横向课题、企业技术服务、企业员工职业技能培训等社会服务方面形成规模优势和鲜明特色。

二、建设内容及要求

1. 构建校企合作信息管理平台

为进一步深化校企合作、强化工学结合、推进人才培养模式改革和提高人才培养质量，搭建校企合作信息管理平台，加强企业与学校、企业与学生、学校与学生之间信息交流及多方管理。

2. 深化系统培养

深化中等和高等职业教育衔接、贯通的技能型人才培养通道，促进中等和高等职业教育协调发展；开展电子信息行业、企业人才需求调研，分析人才在中等、高等职业教育中的结构比例，为系统培养提供有力数据；加强本专业与对口的中职学校交流，优化“三二分段”人才培养模式。

3. 深入推进人才培养模式改革

电子信息产业涵盖了电子、通信、网络等行业，对人才的需求越来越趋向综合化，对人才培养的质量要求具体化；以电子与通信产品生产型企业、通信服务类企业相关岗位群岗位能力作为培养主线，校企双方共同参与人才培养，根据珠江三角洲区域通信产品生产型企业、通信服务类企业对高端技能型人才的要求和人才培养目标的定位，继续深化“岗位导向、校企互动”的适岗型人才培养模式。

4. 课程体系及课程内涵建设

根据行业发展要求，与行业、企业共同研讨并制定专业课程体系；按照“针对工作过程定课程、针对工作岗位练技能、针对岗位技能需求考证书”要求，构建以工作过程为导向、技能培养为核心、项目驱动为载体的课程体系；积极探索和实施任务驱动、项目教学、一体化教学、分段教学等教学模式；校企合作共同开发4门优质专业核心课程；3门基础课程建成网络课程；实施实践教学过程化考核方式，形成校企共同评价教学质量的机制。

5. 强化实践育人

强化实践育人，必须使教学过程具备实践性、开放性和职业性，合理地设计实践教学；在现有校内实训条件基础上，通过改造和新建实训室、引进企业共建等方式，初步实现“校中厂”实践教学基地；加强与企业合作，推进合作内容的多元化，扩大合作企业的数量，深化校外实训基地内涵建设，形成“厂中校”的校外实践教学基地。

6. 教学团队建设

建成一支专任教师专业化、兼职教师职业化的专兼结合专业教师团队，通过各种形式、各种渠道积极聘请具有行业、企业单位背景，具有丰富实践经验的专家、技术能手、工程师等作为兼职教师，承担专业课或实践技能课程的教学；建成一支26人以上、专兼合理的教学团队，使专任教师队伍中具备“双师”素质的教师达到100%。

7. 实施第三方评价

通过对历届毕业生和用人单位的调查，建立人才质量评价制度和运行机制；联合用人单位、地方电子和通信行业协会、学生及家长和第三方评价机构开展本专业毕业生质量的调查和评价；负责收集相关数据，并对数据进行分析处理，促进专业及专业群的建设发展。

8. 增强服务能力

在学院已有的顶岗实践制度的基础上，建立和完善本专业教师紧密联系企业、为社会服务的激励制度。面向相关电子信息产业行业企业开展技术服务。主动面向相关行业企业开展企业员工和行业从业人员的新技术、新知识培训和学历提升；主动面向社区开展服务，共享教育资源。

9. 带动专业群整体水平的提高

电子信息工程技术专业是信息与软件专业群的重点专业。信息与软件专业群包含电子信息工程技术、计算机应用、电子商务、动漫设计与制作等四个相关联的专业。通过电子信息工程技术专业的重点建设，可以有力地带动群内各专业的建设和发展，使本专业群教育教学水平和社会服务能力得到整体提升。

三、建设成效

1. 人才培养模式改革取得明显成效

通过调研，分析珠江三角洲区域经济中电子与通信行业、企业的人才结构，根据生产型企业、通信服务型企业对人才需求的规模要求，推进了本专业的人才培养模式的改革，构建了“岗位导向、校企互动”的人才培养模式。专业课程体系围绕着岗位技能要求和职业标准建立了新的课程体系，使本专业的人才培养实现了专业与产业对接、课程标准与职业标准对接、教学过程与真实工作任务对接（见图 5－1 所示）。完成 8 门课程标准制定、4 门校企合作课程的开发；实行了“双证书”制度，近两年毕业生的职业资格证通过率达到 100%，毕业生初次就业率达到 100%，专业对口率达到 88.88%，毕业生对学院的满意度为 91%。

2. 校企合作内容多样化，校企合作信息管理平台发挥积极作用

珠江三角洲地区经济进入转型和跨越阶段，特别是通信领域中的通信网络升级、三网融合和物联网技术三大工程的推进，带来了大量的技术提升、设备更新和网络优化等方面知识、技能要求，与 3G、4G、5G 相关新技术体制下的通信产业链需要大量的网络工程建设、维护人员以及手机制造人员，电子通信产品制造型企业、通信网络运营企业对不同层次的人才需求量也越来越大。

结合以前校企合作中出现的问题，例如，企业不够主动、合作内容单一化、校外实训开展难度大、顶岗实习安排难度大、学生管理不到位、信息交流不及时等，已建立的

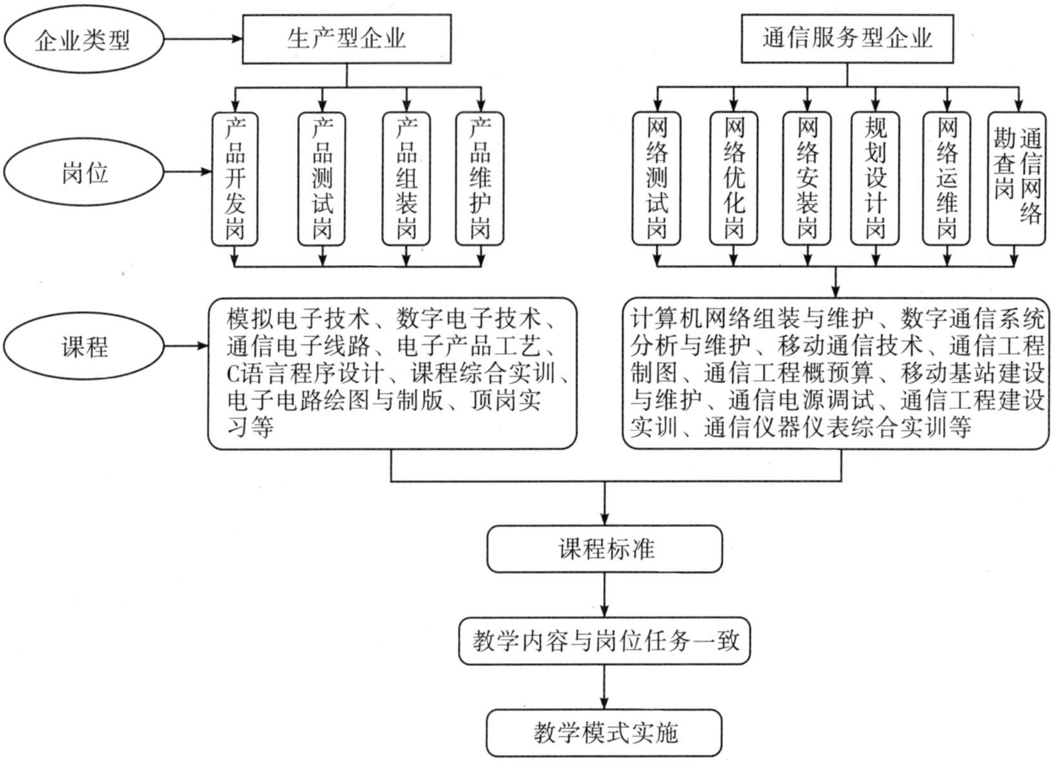

图5-1　人才培养构架

“校企合作管理信息平台”提供了院校管理、企业管理、学生通道、实习管理、系统维护、家长通道，对校企合作过程中出现的问题起到及时反馈作用，实现了多方面的交流，促进了深度的校企合作，深化了工学结合的内涵。

校企合作数量化、合作内容的多样化在人才培养过程中显得尤其重要。为了促进人才培养模式的改革，提升专业服务产业的能力，学院建立了15个校外实训基地，充分发挥企业的资源优势。在课程开发、校企互聘、实践教学资源共享、顶岗实习的开展、横向项目的开发、员工的培训等方面开展了多方面的合作，形成了“校企互动”的人才培养格局，受到了学生、家长、企业的高度评价。

3. 教学资源库与网络教学平台在教学过程中的应用

网络教学是现代教育发展的一个重要方向，共享型专业教学资源库与网络教学平台是现代教育中非常重要的组成部分，也是学院教育信息化建设工程的重要组成部分，是实施网络教学、精品资源课程建设、重点专业建设、质量工程项目建设与申报的基础。为了加强学院网络课程教学和重点专业、精品资源共享课程、教学团队、教育教学改革项目等质量工程项目建设，推进教学改革，提高学院教学信息化水平，为师生提供网络教学工具及教学资源管理平台，学院实施了“教学资源库与网络教学平台”信息化项目建设，在电子信息工程技术专业中选择“单片机系统设计与制作”“电子产品生产工艺及管理技术”“通信电子线路”“移动基站设备与维护”“通信工程概预算”5门核心课程开展了教学资源和网络课程建设。该平台在课程建设过程中发挥了积极作用。

4. 实践育人取得新成效

高职教育教学中最重要的人才培养环节就是实践教学环节，无论从校企合作深化，还是人才培养模式的探索及改革，其直接的目的都是以培养学生的职业技能和职业素养为最终目标，而职业技能的获得最有效的方式要依靠实践教学的改革与实施。

紧密围绕本专业及专业群的教学内容，突出专业核心技能，遵循学生职业能力提高的规律，适应学生的学习特点，通过扩建、新建实训室，对现有资源进行整合和引企进校方式，建成集教学、生产实训、产品开发设计、技能培训于一体的校内综合生产性实训基地，并能有效地开展“项目引领、任务驱动”的教学模式，形成“校中厂”实践基地。

通过校企合作平台的构建，在原有校企合作基础上，继续深化校企合作内涵，已建立15家稳定的校外实践基地，按照岗位能力要求，结合校内实训条件，充分发挥校外实训基地在生产性实训和顶岗实习等实践教学方面的作用，同时和企业技术人员共同进行课程和教学资源的开发建设。重点建设3个校外实训基地，打造“厂中校”实践教学育人基地，形成稳定的合作关系，逐步实现校企联合教学，有效提升通信产品生产企业、通信服务企业人才培养的质量。

5. 社会服务能力稳步提升

社会服务能力建设的思路是：以教学团队为核心，以校内实训基地为前提，以校企合作为平台，立足电子信息，整合教育资源，服务行业、企业，充分发挥教师团队、校内外实践基地的作用，进一步增强社会服务能力，为提高行业企业生产一线员工职业能力，加大应用技术研发推广和为促进区域内就业提供服务。面向珠江三角洲行业，为企业员工开展培训并提供技术支持；为中小企业提供开发项目；与校外技能鉴定合作，面向社会开展技能鉴定培训。

近年来，学院充分发挥专业优势，服务区域产业发展，通过校企合作，紧密结合行业和企业，团队承接横向课题、纵向研究项目16个，获得研究经费361万元，获佛山市科技进步奖二等奖。与合作单位广东创电科技有限公司建立了长期合作关系，为该企业解决了一系列的难题，在广东省电源行业有着较高知名度和影响力。据粗略统计，成果产生经济效益达3 000万元，对信息产业技术进步起到了一定的作用，使5家企业单位受益，得到企业好评。获得12项知识产权，其中3项著作权、5项发明专利、4项实用新型专利，为社会培训达到每年300人次以上。

第五节　国际经济与贸易重点专业建设

学院国际经济与贸易专业为省级重点专业建设项目。该专业适应广东省及广州市外向型经济模式和国际贸易行业发展的需要，以培养发展型、复合型和创新型的外贸技能人才为目标，深入推进“三个结合、一个贯通”人才培养模式改革，在教学团队、职业教育实训基地、社会服务等方面进行深入改革，建设一支高水平、“双师型”、专兼结合的省级教学团队，建设一个校企共建、深度融合的省级职业教育实训基地。通过国际经济与贸易专业的重点建设带动专业（群）的改革与建设，最终把国际经济与贸易专业建成人才培养质量优、社会服务能力强、具有一定示范引领作用的省级重点专业，进一步提升专业群服务行业和区域经济的能力。

一、建设内容及要求

1. 深化“三结合、一贯通”人才培养模式改革

深入推进“通过课岗结合、赛训结合、真仿结合，培养贯通外贸业务全过程的高端技能型外贸人才”的人才培养模式的建设，并对接外贸行业标准制定4门核心课程的课程标准，开展4门双语教学课程，建设2门省级精品资源共享课、3门校级精品资源共享课，出版4本核心课程工学结合教材。

2. 建立一支高水平、专兼结合的“双师型”教学团队

引进或培养2名专业带头人；培养骨干教师8名；建设或完成省级以上项目5项、院级以上项目5项；双语教学教师比例达80%；专任教师“双师素质”教师比例达100%；建立兼职教师库，聘请10名行业企业的能工巧匠。建设一支高水平、“双师型”、专兼结合的省级教学团队。

3. 建设“两性合一”的效益型校内生产性实训与校外顶岗实习基地

建成具有实用性、先进性、效益型，体现真实职业环境，可实现仿真实训、项目运作、社会培训等多功能的校企合作共建省级国贸实训基地。新建3个校内仿真实训室、2个校园工作室；优化现有校外实训基地，新建5家校外实训基地，建成10家稳定的、能满足学生顶岗实习、学生就业、教师顶岗实践、项目开发等要求的优质校外实训基地。

4. 提升专业推进产业升级的社会服务能力

依托广东省对外贸易合作厅和广东国际经贸发展咨询协会，政校行企推进国贸专业

服务于广东现代服务业中商务服务业转型升级需要的能力，利用各方资源，构建多样化的社会服务，开发形式多样的校企合作项目，承接企业横向课题及业务外包项目。计划建立“外贸项目开发与研究中心”，每年新增5项社会服务项目、社会培训600人。

5．建设提升人才培养质量的质量管理与保障体系

依托第三方评价机构麦可思调研公司对国际经济与贸易专业进行调研，进一步完善本专业人才质量评价指标体系，优化质量保障机制。建立顶岗实习管理平台，对学生顶岗实习与就业情况进行自动统计，实现动态跟踪毕业生情况。根据质量管理和保障体系的建设，及时调整人才培养方案，优化人才培养模式，提升人才培养质量。

二、建设成效

国际经济与贸易专业确定了以就业为导向的“三结合、一贯通”人才培养模式，即根据外贸岗位要求的职业能力构建课程体系的“课岗结合”、通过组织与参与各级竞赛推进学生实训能力和学习能力的“赛训结合”、外贸仿真模拟操作和企业真实外贸项目实训相结合进行实操能力培养的“真仿结合”，培养贯通外贸业务流程的高端技能型外贸人才。

1．课岗结合，构建“以职业能力为本”的模块化课程体系

国际经济与贸易专业通过对广东省，尤其是珠江三角洲地区外贸企业人才需求状况进行广泛调研，对历届毕业生开展跟踪调查，并组织国际贸易领域一线专家进行深度研讨，确定本专业毕业生就业的七大典型岗位。通过分析典型工作岗位的任职要求及职业资格标准，分解各岗位所需要的职业能力、知识、素质，归纳提炼出三大核心职业能力，即商务英语应用能力、国际贸易专业技能、国际贸易综合素质。根据高职人才培养规律和专业人才培养目标，以各个典型岗位的工作过程为主线、典型工作任务为节点、各岗位职业能力为依据，分解、细化出与各节点操作密切相关的知识、技能、能力等方面的要求，据此开发专业课程，最终形成“以职业能力为本”的模块化课程体系（如图5－2所示）。在建设课程中，重点建设国际商务英语、国际贸易实务、商务谈判和国际市场营销4门课程。通过这4门核心课程的重点建设，带动课程群的建设，从而带动专业的建设与发展。

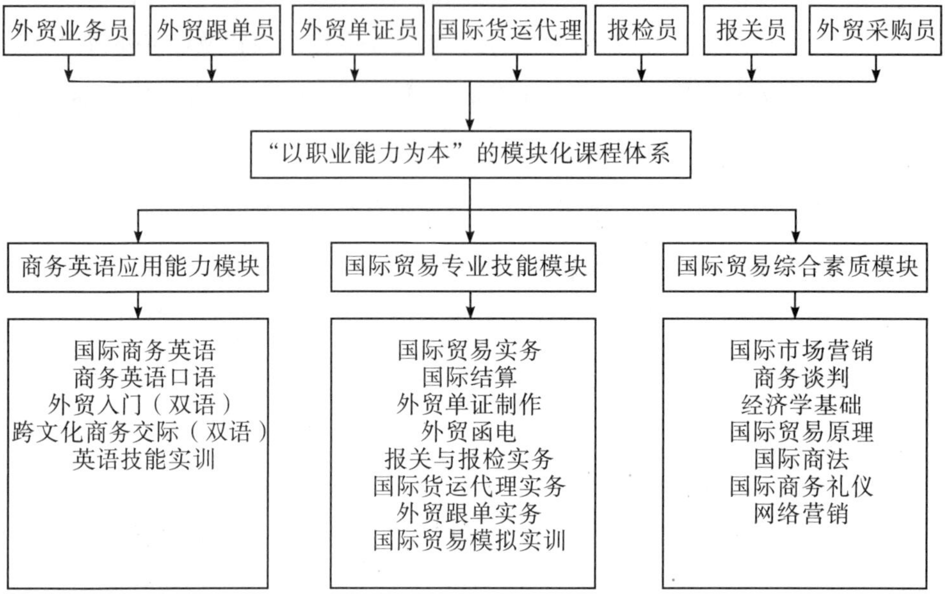

图 5－2　“以职业能力为本”的模块化课程体系

2. 赛训结合，开发与实施层次递进的竞赛式实训项目

根据高职人才培养规律和专业人才培养目标，国际经济与贸易专业在教学过程中，贯彻“赛训结合”的人才培养模式，将专业课程实践环节与各类职业技能竞赛相结合，一方面既可给学生提供一个应用专业技能、检测专业水平的平台；另一方面也可调动学生的学习积极性，提高学生实践动手能力、分析与解决问题的能力等，有利于团队合作能力、心理承受能力、勤奋与责任意识等综合素质的培养。

专业依据外贸行业企业典型岗位工作过程涉及的工作任务，参照行业职业资格标准和各层次技能竞赛实施方案等要求，集成各知识点及国贸专业技能要求，设计专业相关的技能考核点，开发、形成层次递进的竞赛式实训项目，并纳入人才培养方案中。一方面针对一些易于开展竞赛的课程，开发与其相对应的单项技能竞赛，使课程与实际应用相结合，以竞赛推动教学内容、教学模式、教学体系改革，使教学改革、技术应用与创新、职业技能竞赛之间形成良性互动，达到教学质量和竞赛成绩的双丰收；另一方面，在单项技能训练的基础上，重视学生综合能力的训练，开发相应的综合技能竞赛；同时，也注重将院级职业技能竞赛项目与国家级、省市级职业技能竞赛项目相衔接（见图 5－3）。

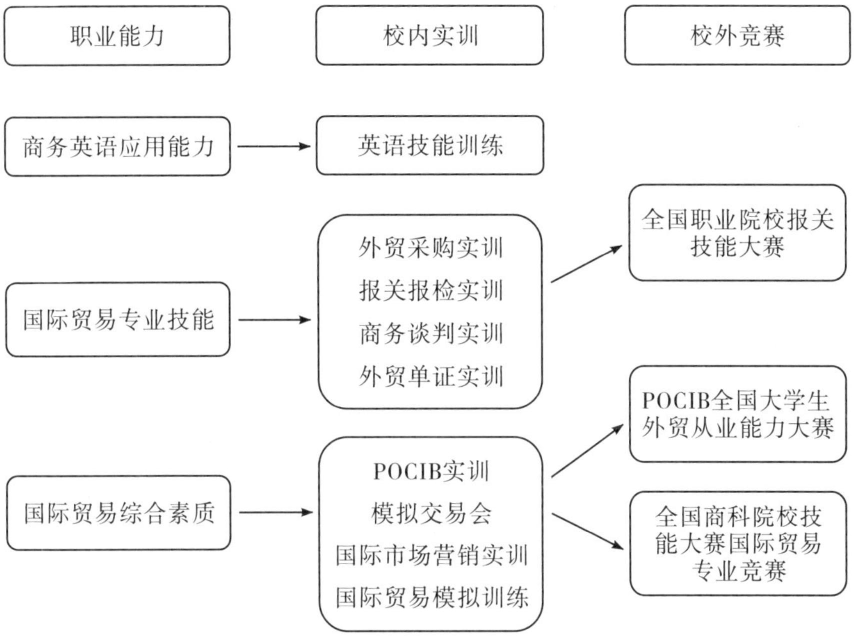

图5－3　校内实训与校外竞赛的结合

3. 真仿结合，通过外贸仿真模拟操作和企业真实外贸项目实训相结合进行实操能力培养

工学结合的人才培养模式，重点是要体现教学过程的实践性、开放性和职业性，因此，创新“真仿结合”模式，通过外贸仿真模拟操作和企业真实外贸项目实训相结合进行实操能力培养。一方面在校内建立国贸实训室、外贸综合业务大厅、外贸展厅等校内情景仿真实训室，采用模拟交易会、POCIB 国际贸易从业技能综合实训等外贸仿真模拟操作平台，帮助学生通过模拟实操了解和掌握进出口交易基本程序和主要操作技能；另一方面，根据国际经济与贸易专业的特点、高职人才培养规律以及学院所处的区域性优势，以企业真实项目为载体，通过外贸制单工作室、广州立狮普贸易有限公司等校内生产性实训基地及多家校外实训基地，由学生担任外贸助理、外贸专员、外贸经理等工作岗位进行项目运营。

通过以上真仿结合，打破课程学习时间和地点的约束，实现学习与岗位的零距离对接，形成从虚拟到现实、从模拟到实际工作能力提升的实习实训体系，完成学生技能完善和升华的过程（见图5－4）。

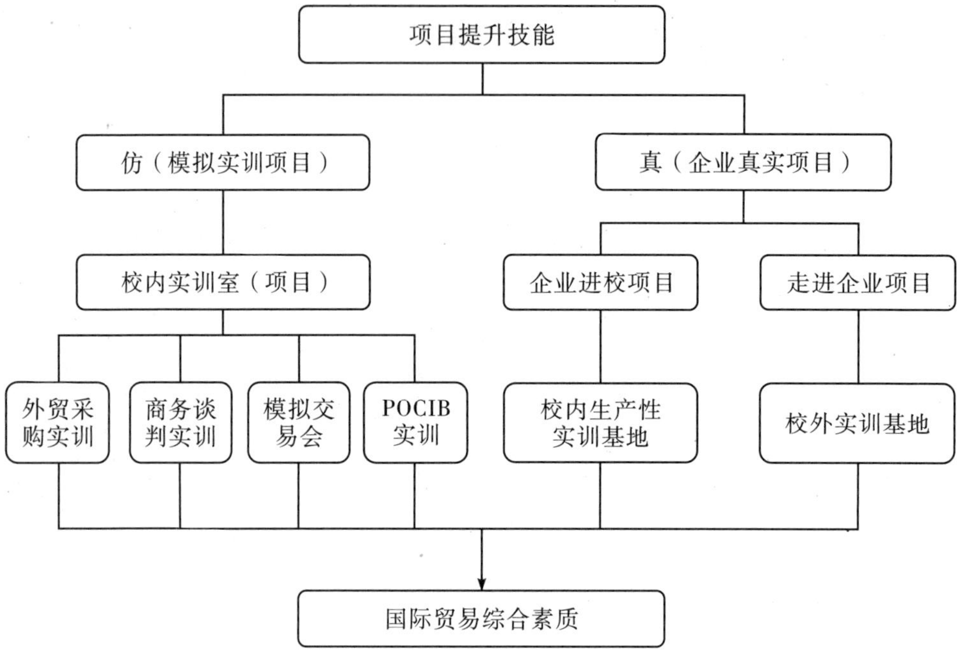

图5-4　真仿项目提升技能

4. 通过"三结合"，实现国际贸易业务全流程"一贯通"

"课岗结合、赛训结合、真仿结合"是国际经济与贸易专业人才培养的内容与过程的结合，其目的是要达到通过此过程培养的本专业学生掌握所学内容，最终实现国际贸易业务流程的一贯通。"三结合、一贯通"人才培养模式逻辑关系（见图5-5）如下：

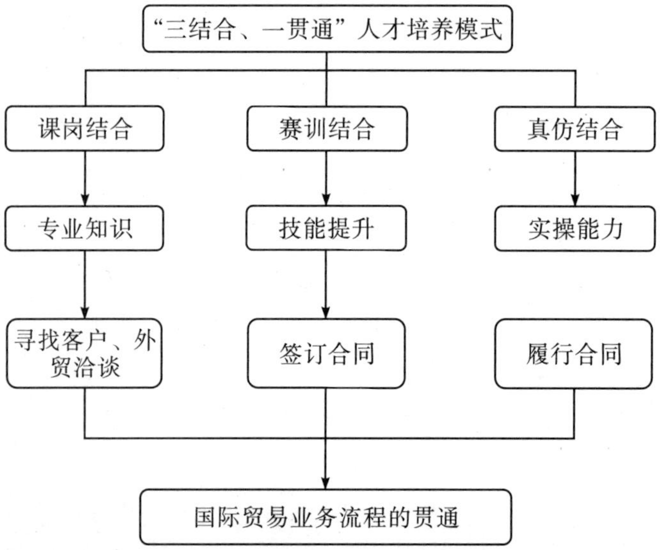

图5-5　"三结合、一贯通"人才培养模式

5. 专业建设效果受到社会各界肯定

专业招生、就业两旺。近三年本专业第一志愿录取率均超100%，新生报到率平均达85.5%。近三年本专业平均就业率为98.6%，专业平均对口就业率达87.4%。毕业生保证100%参加半年以上顶岗实习。

专业及课程建设成果丰硕。国际经济与贸易专业被评为市级示范性建设专业、广东省重点（培育）专业、广东省重点建设专业。目前该专业已建成1门省级精品资源共享课和8门院级精品资源共享课，19门专业课程均已建成教学资源库，专业核心课程均已成为院级精品资源共享课。承担省市级课题15项，发表教学研究论文19篇，出版工学结合教材9部，学生在国家、省、市级技能竞赛中获奖14项，开展校企合作开发项目30余项，开发与运营国际合作项目，培养国际化人才，等等。

第六节　财务管理重点专业建设

财务管理专业为省级重点建设专业。该专业将完善政校行企协同育人平台，构建完善的“项目引导、课训交替、岗位对接”人才培养模式；构建财务知识与项目实训相融合的课程体系；推行现代学徒制教学模式；以政校行企协同育人平台建设实训基地；以“校企互聘”共同培养“双师结构”教师团队；通过“财税服务和社会培训”方式增强专业社会服务能力，把财务管理专业建设成为广东省有特色的高端技术技能型财务管理专业人才培养基地。

一、建设目标

（1）通过建设，提升学生的综合专业技能，提高学生的就业水平和就业质量。

（2）通过示范性专业建设，改变过去的人才质量评价方式，通过第三方客观评价教师的教学活动、学生专业水平，为人才培养模式改革和教学改革提供客观的第一手资料。

（3）通过示范性专业建设，完善和改进人才培养模式。依托紧密合作的校外企业，将校外的行内专家请进来，探索出具有现代学徒制特点的校企紧密结合的人才培养模式。

（4）通过示范性专业建设，建立一支校企共建具有“双师素质”的教学团队。通过校企紧密合作，把企业的师傅请进来，同时把校内教师派到企业进行现场学习、指导，建立一支既有丰富理论知识同时又有较强动手能力的“双师素质”的教学师资队伍。

二、建设内容

1. 构建校企合作平台

成立“广东省海峡两岸财税交流促进会”，与16~20家企业签订校企合作协议。

2. 探索系统培养

签订1~2家中职院校，签订1家应用型本科院校，实现中职—高职—应用型本科的系统培养。

3. 深入推进人才培养模式改革

构建“项目引导、课训交替、岗位对接”的人才培养模式。进行专业调研，修订人才培养方案。

4. 强化实践育人

在现有校内实训条件基础上，通过改造和新建实训室、引进企业共建等方式，建设校内实践教学基地；加强与企业合作，推进合作内容的多元化，扩大合作企业的数量，深化校外实训基地内涵建设。

5. 建设教学团队

主要从校内专任教师和校外兼职教师两个方面进行建设。通过两年建设，本专业将建立优秀教学团队，培养专业带头人和骨干教师，形成年龄、学历、职称、教学质量、“双师素质”等结构合理、专兼结合的战斗力强的师资团队。

6. 实施第三方评价

创新专业教育评价体系，按照“行业企业主导、学生及家长参与、市场运作”的原则，实施并完善评价过程、就业状况和发展状况三阶段，第三方的人才培养质量评价体系；采取购买服务的方式，聘请第三方机构对专业毕业生毕业半年后的跟踪调查进行定量研究，形成对专业教育教学改革的合理化建议，为专业修订人才培养方案提供决策依据。

7. 增强服务能力

通过成立“财税工作室”引进企业真实项目，提高教师专业能力和“双师素质”；指导学生校外实训，提高技能水平。通过校企合作平台，专任教师深入企业进行专项财税工作，包括财税咨询、财税制度法规培训、报表审计、专项审计、税收审计等项目，并分步带领学生一同完成企业项目12项。

8. 打造专业特色

通过政校行企协同育人平台，实施“项目引导、课训交替、岗位对接”人才培养模式；开展财税服务和社会培训，提升社会服务能力。

9. 促进资源共享

优化课程体系与建设教学资源。优化课程体系与课程建设，制定 6～8 门专业核心课程标准，建设 4～6 门院级以上精品资源共享课程，正式出版 3～5 本工学结合教材，建设 6～8 个微课视频资源，建设专业资源库，其中，包括专业标准库、6～8 个专业核心课程项目资源库、1～2 个特色班项目资源库。

10. 加强经验推广

省内对口院校交流 2～3 次，省外对口院校交流 2～3 次。

三、建设成效

1. 构建了“项目引领、课训交替、岗位对接”为特色的工学结合人才培养模式

财务管理专业依托商贸学院的广东省高职教学改革综合试点项目“广州商贸协同育人平台”，与中审联会计师事务所广东分所、广东正源会计师事务所、广州明通税务师事务所、广州尚宜企业服务公司等 26 家企业签订校企协议，整合政校行企优势资源，组建了由 35 名兼职教师组成的兼职教师库，引进了企业真实项目，实行教师与师傅联合培养，进行了课程教学与实训项目交替实施，实现上课与上岗对接，实现财务管理专业的高端技术技能型人才的培养目标。

财务管理专业通过成立“财税工作室”，积极承担企业真实项目，为“项目引领”的教学模式创造条件。学生在教师和师傅的共同指导下，完成对企业真实项目的讨论分析、工作方案的制订、技术路线的设计以及项目具体实施。在企业真实项目工作方案和技术路线制订过程中，教师和师傅十分注重“课训交替”的课程教学和项目实训相融合的教学设计。根据企业真实项目的特点，进行课堂教学和项目实训的分割搭配，合理分配课堂教学和项目实训的学时数，以及课堂教学和项目实训的节点，通过“课训交替”的教学设计，为达到良好的课堂教学效果和技能训练目的奠定基础。在企业真实项目具体实施过程中，教师和师傅本着“岗位对接”的教学目标，对完成项目所需的岗位能力进行综合分析归纳，制定课堂教学和实训教学的主要知识点和关键技能训练要求。然后教师和师傅进行合理的工作分工，教师主要负责课堂教学，师傅主要负责实训教学，通过课堂教学和实训教学，学生基本掌握了理论知识和实践技能，特别是保证了主要知识

点和关键技能训练达到了教学要求。

通过一系列企业真实项目的教学实训，学生掌握的技能能够满足企业财务管理岗位对高端技术技能型人才的需求。“项目引领、课训交替、岗位对接”工学结合的人才培养模式，具体如图 5 - 6 所示。

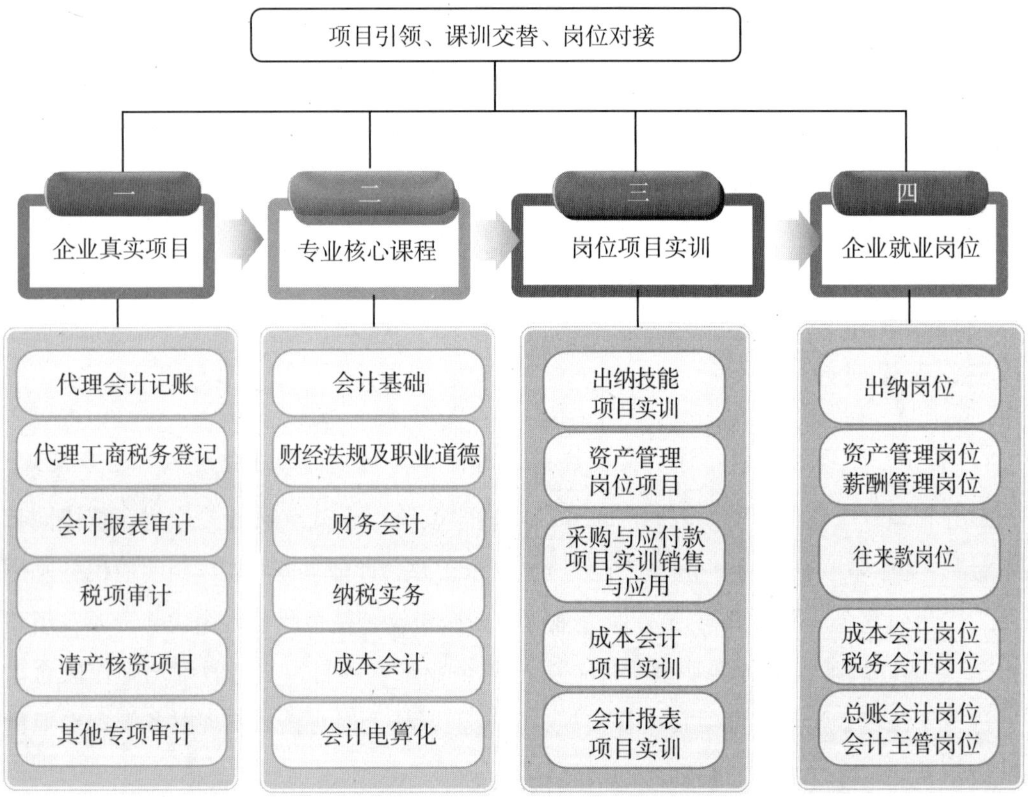

图 5 - 6 “项目引领、课训交替、岗位对接”的人才培养模式

2. 课程体系设置和教学实施

（1）课程体系设置。

在“项目引领、课训交替、岗位对接”为特色的工学结合人才培养模式下，财务管理专业实施实践教学创新的人才培养的条件成熟、理念先进、方案合理、保障有力，形成了一个“基于工作过程系统化的实践教学创新课程体系”。在 2014 级和 2015 级设置实践教学创新项目试点班，每班学生 39 人。“基于工作过程系统化的实践教学创新课程体系”从 2014 级开始实施，并对 2015 级、2016 级课程体系进行了优化。该课程开发过程如图 5 - 7 所示。

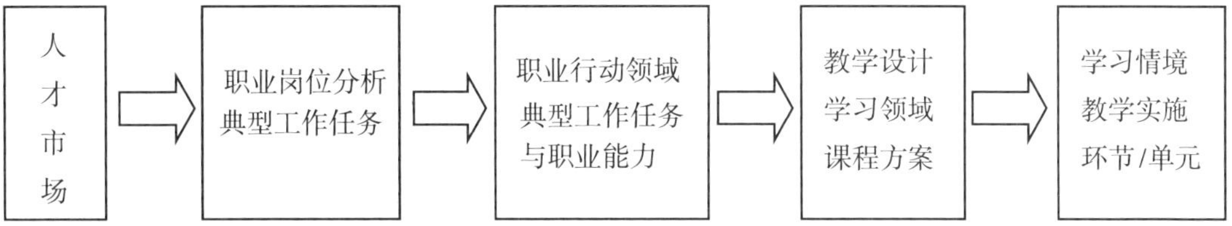

图5－7　基于工作过程系统化的实践教学创新课程体系

“基于工作过程系统化的实践教学创新课程体系”的实施中，聘请注册会计师邵根尚和高级会计师王健胜为实训指导老师，校企专家共同制定了财务管理专业创新项目教学工作方案，制订了“实践教学创新项目班”的课程计划，教师和企业师傅联合开发了“会计快上岗”课程。校企合作成立了财税工作室，通过项目班教学，将“纳税实务”“出纳岗位实训”等课程教学与实训项目交替实施。学生通过深圳华润物业公司的出纳岗位实习项目，实现了上课与上岗无缝对接。

在“基于工作过程系统化的实践教学创新课程体系”下，教师和企业师傅合力协作实施“课训交替”，教、学、做一体，“岗位对接”，做到将岗位工作任务、工作流程、工作技能迁移到课堂，作为教学内容，从而使教学课堂发挥最大效应，学生积极主动学习，有效地促进专业教学质量和人才培养质量的进一步提高。

（2）特色课程的教学实施。

在“项目引领、课训交替、岗位对接”为特色的工学结合人才培养模式下，“基于工作过程系统化的实践教学创新课程体系”得到了有效实施，并进行了实践教学改革，开设了一系列特色课程，深受学生喜爱。通过特色课程的学习，不仅提高了学生对专业的认知，激发了学生对专业学习的兴趣，也培养了学生的专业素养（见图5－8）。

图5－8　企业专家在进行特色课程教学课堂展示

3. 人才培养质量的提升

在“项目引领、课训交替、岗位对接”为特色的工学结合人才培养模式下，通过两年的教学实践，有效地提升了财务管理专业人才的培养质量。主要体现在：财务管理专业在建设期内组织学生参加国家级、省级、市级技能大赛，荣获 15 个奖项。财务管理专业学生会计从业资格证通过率达到 96%，初级职称通过率达 30%。根据第三方麦可思调查数据显示，财务管理专业毕业生就业率达 97.5%，专业对口率达 78.5%，均高于全国高职院校水平（见图 5－9）。

图 5－9　会计技能竞赛奖状展示

第七节　物流管理重点专业建设

依据国务院第一个全国性物流业专项规划《物流业调整和振兴规划》（国发〔2009〕8 号），广东省发布了《印发广东省物流业调整和振兴规划的通知》《广东省现代产业体系建设总体规划（2010—2015 年）》明确了物流产业在广东现代服务业中的重要地位和作用，确定了发展战略和目标。

据调查，物流企业每年均会招聘新员工，以应届物流专业毕业生为主，每个企业平均招聘两名员工。珠江三角洲地区的物流企业数量近 60 万家，预计每年招聘的物流管理专业的应届毕业生可达 5 万人，其中高职院校占 1 万人，完全可接收珠江三角洲地区每年毕业的物流专业学生。学院物流管理专业经过 10 年的发展和完善，目前本专业拥有在校生 638 人，被评为院级示范性专业、广州市示范性建设专业，学院被授予中国物流学会产学研合作基地、广州市级物流管理专业教学团队，2014 年成为省级重点建设专业。

物流管理专业通过专业内涵建设创建“产业＋企业＋专业”的校企共建专业模式。构建以项目任务和工作流程为引领、岗位需求和职业技能要求为依据，对接物流管理企业岗位群的双证融通情境教学工学结合人才培养模式。力争将专业建设成为培养服务于广州现代物流高素质技能人才为目标的省级示范性建设专业。按照现代物流业物流、商流、信息流、资金流四流一体化的特征构建专业群，推行工学结合人才培养模式，其中突出工学交替，实现综合职业素养和专业能力提升的学习模式；顶岗实习与就业接轨的实践模式；校企互动的服务项目模式等。

一、建设内容

1. 深化“多方联动，能力进阶”的人才培养模式

物流管理专业针对已经形成的“多方联动，能力进阶”的人才培养模式，形成以服务为宗旨，以就业为导向，以行业、企业为依托的校企合作、工学结合的长效机制。树立面向行业、服务产业、提升产业的职业教育专业建设理念，结合省市物流业建设，积极预测和适应产业发展需求，每年对物流行业的发展开展一次专项调研和分析论证，利用与挖掘学院自身资源，深化“多方联动，能力进阶”的人才培养模式，动态调整本专业人才培养目标。

2. 建立专业教学资源库、物流管理专业群共享平台

充分利用与企业良好合作的资源基础，由项目团队各教师共同努力，建设操作简单、使用方便、内容丰富的专业教学资源库。专业教学资源库应涵盖所有物流管理专业课程的教学资源，注重各课程之间的联系与共享，供学生自学使用，以期后面可以根据学生需要开展网络教学。

物流管理专业群（物流管理、电子商务、连锁经营管理、国际货运代理、采购与供应管理等专业）应市场经济需求，规模迅猛发展（见图5－10）。

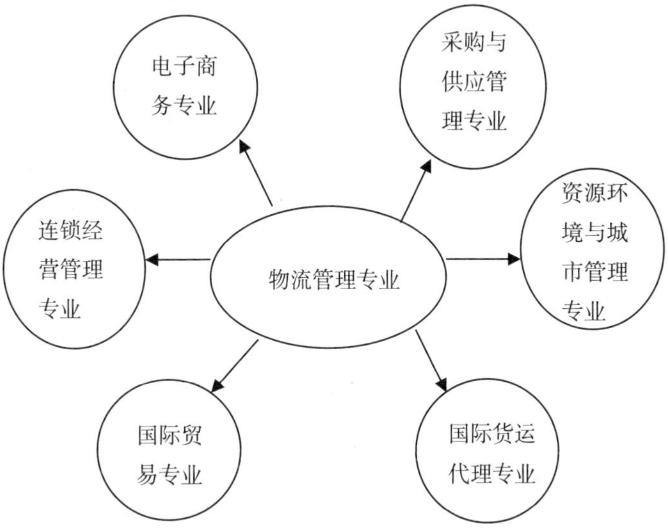

图5－10　物流管理专业群

3. 建设省级、国家级物流实训基地

根据省级实训基地建设的要求，加快建设物流实训基地的步伐，构建包括物流技术服务中心、教学实训中心及智慧物流实训中心在内的物流实训基地。充分发挥实训基地的功能，为产学研提供良好的环境，为学生的实践教学提供优越的设备，为社会技术服务贡献力量。

4. 构建物流专业系统化课程体系

针对本专业所对应的物流管理职业岗位需求，以项目任务和工作流程为引领，以岗位需求和职业技能要求为依据，按照职业教育的特点，构建以学生为中心，以工作任务驱动为导向，以职场典型的真实任务为主要教学内容，功能相对独立的模块化专业课程体系。形成职业核心能力的“双证融通”专业教学模块3个，形成特色鲜明的项目导向模块化课程体系。通过校企合作、产学结合，完善校企一体情境教学的实训体制，巩固项目导向模块化课程教学效果。

5. 构建高素质物流管理专业教学团队

教学团队建设以专业带头人培养为重点，中青年专业骨干教师培养为支撑，吸纳高水平的物流管理专家，优化“双师”职称结构，全面提升教学团队的知识与技能。本专业已有1名有较强技术推广、服务能力和会带领团队的“双师型”专业带头人，另需配备数名来自于企业一线的专家担任校内专任教师，推进专业建设。组建职教集团，并组织教师参加行业认证或国家示范性高职院校轮训，在校内建立起企业培训中心。经过努力，打造一支由教授和名师、高级技师领军的师德高、造诣深、实操强的专业教学团队。

6. 加强社会服务及技术支持

物流管理及专业群对口社会服务及技术支持，具体包括培训项目开发、社会技术服务以及对口支援等内容，学院物流群专业社会服务目标主要是依靠现有的资源，以企业的用人需求为导向，立足于教学的深度改革，为社会输送更多高素质实用型人才。同时，加强科研的投入力度，提高科研能力，推动科技创新、技术创新，进而推动区域经济的发展。

二、建设思路

1. 政府推动

根据国务院印发的《关于加快发展现代职业教育的决定》，广东省印发的《广东省物流业调整和振兴规划》，广州市将在财政上大力支持物流行业发展，这些政策均明确确定物流是我国优先快速发展的行业，确立了广东省在中国南方国际现代物流中心的战略地位。

2. 协会搭桥

物流管理专业与广东省物流行业协会联合开展社会培训服务。2013 年 12 月，在广东省采购与供应链行业协会、广东省生产力促进会的大力支持下，学院发起成立“广州物流职业教育集团”。目前集团理事单位达到 57 个，在珠江三角洲地区形成一定的影响力。2015 年 11 月，由广东省人力资源与社会保障厅主办，广东省采购与供应链行业协会承办的“广东省采购师职业技能竞赛”在学院举行资格赛，来自全省 30 多家中高职院校的 1 000 余名学生参加了初赛，150 余名学生与教师参加了资格赛。

3. 企业合作

学院物流管理专业与宝供物流有限公司、海程邦达国际货代有限公司、怀远物流有限公司、百世物流科技（中国）有限公司、京东物流、唯品会物流（肇庆）中心、苏宁物流、中国邮政广州分公司、广汽商贸物流等近 30 家知名企业形成密切合作关系。

4. 院校互动

物流管理专业注重与众多高职兄弟院校保持良好的关系，经常就专业建设、人才培养、师资建设、实践教学等问题进行沟通，并带领专业教师到深圳职业技术学院、广州房地产学校、广州铁路职业技术学院、华南理工大学等院校进行参观学习，以借鉴兄弟院校成功的经验。近年来，由广州市教育局主办，学院承办了“广佛肇高职院校现代物流职业技能邀请赛”，获得了良好成绩；学院与广东工业大学联合北京理工大学珠海学院、肇庆学院经济与贸易学院等 8 所院校机构，共同发起成立广东电子商务校际创新创业联盟。通过这些工作互动，加强了学院与高职院校之间的联系与合作。

三、建设措施

1. 校企合作、工学结合人才培养模式培育措施

人才培养模式改革和建设要切实体现社会、企业的职业需求，以校企合作为依托，以工学结合为切入点，以订单培养为突破口，以校内学习和实际工作的一致性为基本理念，带动专业建设，引导课程设置、教学内容和教学方法的改革。

（1）加强和落实与百世物流科技（中国）有限公司、中外运物流有限公司、唯品会物流、苏宁物流有限公司、广汽商贸物流有限公司等企业的合作，重点是引进职业标准、培训体系和标准，深入多企业联合岗位订单式培养模式。

（2）进一步推广项目教学、理论与实践一体化教学方式，使理论、实训教学与实际的工作进一步吻合。学生参与的教学项目达100%。

（3）做好毕业生最后一学期顶岗实习的工作，在学生实现顶岗带薪实习的基础上，进一步提高学生的实习和就业薪酬。

（4）积极推动运用现代教育技术改造传统的教学模式和教学方式，提高教学效益和质量，完成省级精品课程、市级教学团队、市级示范实训基地建设的相对应阶段建设目标。

2. 师资队伍培育措施

按照职业教育发展规律，建设、引进和培养师资队伍，努力打造一支与学院教育培训规模相当、学历结构和年龄结构合理、创新能力强的高水平“双师型”师资队伍。进一步培养专业带头人学术水平和行业内的影响力，选拔并重点扶持培养5名中青年优秀学术骨干，使其学术水平在省内达到较高水平，引进2名博士以提高科研能力，尽快形成物流管理专业教师的骨干群体。

3. 实训基地培育措施

在完成新建设的智慧生产物流实训室、车辆调度管理实训室、物流沙盘实训室的基础上，完善和合理利用物流管理专业实训基地，通过各种形式合作共建和开放共享，将校内实训中心建成面向广州、辐射珠江三角洲的物流管理专业公共实训基地，使其成为校企合作、工学结合的载体，发挥市级示范性实训基地的辐射作用。不仅用于培养物流管理专业群在校生的动手能力和实践能力，同时不断开发课程，满足珠江三角洲地区企业人员的职业培训，并为职业教育教师的培训提供全套的服务。

4. 社会服务能力培育措施

面向现代物流产业市场，拓宽技术服务领域，提高服务质量。在广泛开展物流管理技能培训和职业资格认证培训的基础上，构建新型的现代信息与咨询服务平台，以横向课题为载体，拓展了学院对珠江三角洲地区现代物流产业升级的服务功能。

5. 辐射能力培育措施

结合广州市示范性建设专业、市级教学团队、院级创新团队、中国物流产学研基地等建设任务，推动兄弟院校本专业的建设，在教学资源库建设、科研成果、面向社会的服务能力等方面成为广东省范围内的示范，至少辐射到5家（高职、中职）兄弟院校，为物流产业优化升级做贡献。

四、建设成效

1.“教学相融、科研推进、技术服务、项目运营”四位一体的电商物流特色实践

物流管理专业在前期与海程邦达国际物流有限公司的广交会专业实习、百世物流科技（中国）有限公司的亚运会专业实习、淘宝商城促销活动专业实习、高讯（香港）通信有限公司电话营销专业实习等项目的基础上，新增了唯品会物流（肇庆）中心、苏宁云商物流、京东物流、中外运物流、百世物流等知名电商物流企业作为校企共建并深度合作的关系，积极构建物流技术服务中心、虚拟仿真教学实训中心及生产实训中心三位一体的电商物流虚拟仿真实训基地，形成了系统性的电子商务物流生产性实训基地，并且产生了良好的经济效益。目前，校内生产性实训达到校内实训教学的82%以上，夯实校内生产性实践教学与校外顶岗实习的有机衔接与融通。

百世物流公司一直以来与学院保持良好的合作关系，每年接收近200人次的学生参与企业真实的运营项目，百世物流方便了学生实习实训，而学生的专业性也为企业带来了直接的经济效益，并加强了专业教师与企业人员的沟通。2014年、2015年，学院与百世物流合作开展天猫“双十一”电子商务服务项目，经过两次8天的企业员工与学生的辛苦奋战，保证了百世物流“双十一”期间没有出现“爆仓”的情况，一切流程顺利进行，完成了几百万件货物的拣货、集货、包装、出库等流程，学生在其中学习掌握了仓储和配送的知识和经验。另外，物流管理专业与京东物流、唯品会物流、广汽商贸等众多知名物流行业企业合作，共同为电商物流行业的发展做出贡献（见图5－11）。

图5－11　与众多知名电商物流企业的深度合作

2. 牵头成立广州物流职业教育集团

依托国家体制改革试点项目“地方政府促进高等职业教育发展综合改革试点”，学院牵头成立广州物流职业教育集团。目前已经有深圳职业技术学院、广州民航职业技术

学院等17家职业院校和中外运、城市之星等40家企业、行业协会，共计57个独立法人单位加入本集团。本职教集团旨在创新职教模式，促进校企合作，加强校际间合作，实现资源共享，增进学术交流，加速培养物流行业需要的高技能人才，推动物流产业发展（见图5－12）。

图5－12　广州物流职业教育集团成立大会

根据广州物流职业教育集团建设的总目标，发挥行业优势，整合行业资源，走内涵式发展、集约化办学的改革之路。把人才、智力、创新优势转化为行业企业的发展优势，真正实现集团内会员单位的共建、共育、共享、共荣。争取建成“运行机制有创新，资源共享有成效，合作育人有特色，合作项目有影响”的百强职业教育集团。广州物流职业教育集团以特色项目建设为抓手，使集团化办学的规范化、信息化和现代化水平更高，服务社会经济发展能力更强，师资更优，特色更鲜明，从而成为全国物流职业教育集团的示范和杰出代表，发挥引领、骨干作用，争取辐射到泛珠江三角洲乃至东南亚整体区域。现集团内合作单位（包含高职院校、中职学校、企业、行业协会、政府部门）已达到50余个；设立了广东省采购师职业技能鉴定所，为近300家企业的约500位企业管理人员提供物流相关专业知识培训；年平均开展各类培训达到1 000人次；2014年共推荐学生130多人进入百世物流、苏宁、新邦物流、安利、百世汇通等大型物流企业进行顶岗实习。职教集团以服务于中高职院校的物流管理专业、服务于广东省物流相关企业、服务于广东省物流行业及经济社会的发展为最终宗旨。

3. 与8所高等院校共同发起成立广东电子商务校际创新创业联盟

学院与广东工业大学联合北京理工大学珠海学院、肇庆学院经济与贸易学院等8所院校机构，共同发起成立广东电子商务校际创新创业联盟（见图5－13）。联盟以电商创业为主要目标导向，参与地区产业化发展，推动高校间创业合作和创业实践活动，同时启动校际联动电商、经管、信息化和计算机等专业教师的创新创业教育和校际联动活动。学生可以在这个由学校、政府、物流公司、拥有相关信息技术的企业等构建的全生态产业链平台上获得更全面的锻炼。这次行动是物流管理专业在“双创”战略的引导下，立足学院学科优势与特色，积极探索高职院校学生创新创业教育实践路径的有益尝试，也是积极通过政府支持、产学融合、校企共建、校际联盟等路径，合力推进专业在创新创业教育实践方面不断迈向深入的集中体现。

图 5－13 广东电子商务校际创新创业联盟成立大会

4. 基于社会技术服务的集中性轮岗实习实践

（1）专业教学团队积极开展社会技术服务。

学院承担并完成广东省“企业采购与供应链管理能力提升项目”工作，开展“采购与供应链管理能力提升”系列课程宣传活动，举办了系列的公开课培训。职教集团在广州、东莞、佛山等地先后组织了近 10 场免费培训课程，为近 300 家企业的约 500 位企业管理人员提供采购供应链专业知识培训，为广东民营企业后备军人才培训和队伍建设提供培训和帮助。培训形式包括聘请采购行业专家，采用课堂培训方式和组织采购行业专家、企业高层采购管理者，采用交流、研讨等多种形式。

另外，物流管理专业开放电商物流实训基地内的实训室及设施设备等面向合作的企业，同时，专业教学团队利用自身的理论优势，尽力为合作企业提供物流方面的智力支持。例如，2015 年底，教学团队的成员开发设计了适合于班组长车间排序能力训练的生产物流培训项目，并为广汽商贸物流有限公司的一线班组长进行为期一天的培训，受到了企业的高度称赞。

2016年6月，专业带头人长期兼任管理顾问的明通重型物流集团股份有限公司在新三板成功上市。前期与学院师生团队合作的横向课题——中国重型物流行业网推广项目经过改版升级后向社会发布（见图5－14）。

图5－14　专业带头人在明通集团上市挂牌庆典上进行电商项目发布

（2）专业教学团队在提供社会技术服务的同时带来企业合作项目。

物流管理专业在创市级示范性建设专业、市级教学团队和中国物流学会产学研示范基地建设进程中，大胆改革、勇于创新，学习借鉴先进经验，依托广州物流职业教育集团平台，与宝供物流、中外运、中海物流等百余家知名企业全方位、多层次深入合作，在实践中逐步完善了多方共赢、优势互补的资源共享和文化融合的交流沟通等机制，推动产学研结合的实践。

物流管理专业教师在教学改革的过程中，通过与企业的广泛接触，掌握了大量企业一线资讯，将技术前沿和新的案例带入课堂，增加了课堂教学的生动性和学生对广州现代物流的了解。有的教师带领学生完成或协助完成一些子课题，开阔了学生的视野，提高了学生的实际能力，促进了教学质量的提高。随着校企合作的深入，学生参与教师科研课题人数占学生总人数的比率从2006级的23%近两年稳步达到100%。

（3）在校企深度合作项目中创新集中性顶岗实习模式。

物流管理专业与企业紧密合作，深度融合，拥有一批优质校外实习基地。目前与宝供物流、美的集团、创维集团、卜蜂莲花配送中心等签订了校企合作协议，完成第103～113届广交会撤展布展项目，完成亚运会全省各比赛场馆的王老吉、昆仑山矿泉水配送项目等。其中亚运配送项目后，有26位同学被百世物流公司录用，进入该公司储备干部队伍。引入的生产性实训基地创维商务运营中心、申通快递科贸配送中心，运营效益良好。基于与这些企业的深入合作，物流管理专业学生的认知实习、课程实习、生产实习、顶岗实习全部真正走入企业，实现企业实践课堂与校内理论课堂相结合。

为了推广这种模式，物流管理专业与京东物流、苏宁物流、广汽商贸物流、百世物流科技、中外运等10余家物流知名企业就学生轮岗实习面临的教学安排、企业培训、行业需求波动性、教师进企业顶岗锻炼等问题进行了深入讨论，达成了专业、企业、学生三赢的解决方案，并在各合作企业全面启动该项工作（见图5－15）。另外，专业在此项工作基础上，依托广州物流职业教育集团，结合多企业联合岗位订单培养计划，逐步探索多企业间岗位轮换新做法，旨在创新职教模式，促进校企合作，加强校际间合作、资源共享，共同推进物流产业的优化升级。

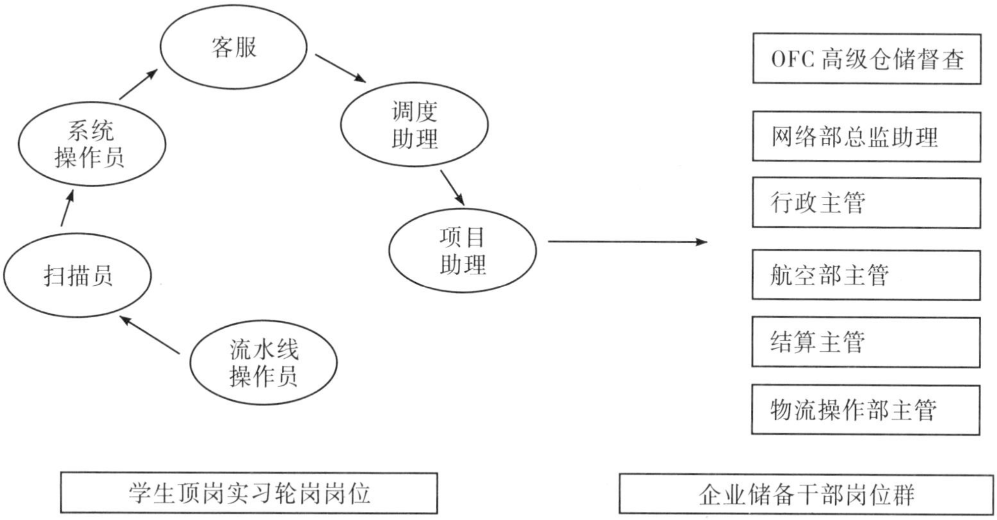

图5－15　学生轮岗实习与企业干部储备对接

第八节　动漫设计与制作重点专业建设

近年来，广东致力于培育原创性国产网游动漫产业，产业规模以年增长超过50%的速度发展，广州市强势推出一系列扶持动漫产业自主创新的政策。国内游戏市场正处于快速发展阶段，网游动漫产业正处于“市场增长迅速，人才极度匮乏”的局面。番禺动漫游戏产业已有近30年的发展，番禺动漫游戏企业对动漫游戏人才的需求旺盛。学院动漫设计与制作专业紧跟珠江三角洲动漫游戏产业发展步伐而开设，具有鲜明产业和地方经济特色，建设基础扎实，是广州市重点专业、广东省重点建设专业，通过该专业的建设，可辐射带动信息与软件专业群的建设。

该专业紧跟动漫游戏产业发展和人才需求变化，以培养具备动漫设计、游戏开发、媒体制作能力的技术技能型人才为目标，深化与创新“一载体、双平台、三融合”的人才培养模式。开发基于工作过程系统化的专业课程体系，建成优质核心课程。依托动漫人才培训基地，政校行企四方联动，建设一支专兼结合的优秀教学团队。建成集动漫人才实训、创意孵化、产品制作、社会服务、技能鉴定、创业等多功能于一体的动漫创意创业生产性实训基地。力争将动漫设计与制作专业建成广东省高职教育重点专业，不断提升专业服务产业和区域经济发展的能力。

一、建设内容

1. 构建校企合作平台

进一步与番禺区动漫游艺协会紧密合作，共建校企合作互动平台。优化校内实训基地，利用校企合作平台开展社会服务，以师生工作室团队为载体，建立创业基地，孵化学生自主创业的企业或工作室。

2. 深化人才培养模式改革

不断改革与深化“一载体、双平台、三融合”的人才培养模式。加大课程建设的力度，课程建设、教材建设取得卓越的成效。加强学生工作室的建设工作，完善学生工作室运行机制，构建学生工作室与企业对接的平台。

3. 强化实践育人

建立学生社会实践活动体系，积极探索实践育人的长效机制。建立教学实训、综合模拟实训、认知实习、社会调研、顶岗实习、毕业设计一条龙的学生专业实践体系，完善相关管理制度规定。

4. 加强教学团队建设

建设一支专兼结合的高素质的教学团队，搭建师资培训交流平台，提升教师的教学与科研水平。聘请行业企业兼职教师，制订切实可行的教育理论培训计划，提高兼职教师的教学素质，建立兼职教师人才库。

5. 促进资源共享

完成专业人才培养标准、所有专业课程标准的撰写工作，建设完成专业课程标准库。建立共享型动漫专业教学资源，使动漫专业及相关专业群受益。

6. 探索系统培养

探索中职、高职、应用型本科三者间的有效衔接，构建系统培养的中高职衔接的课程体系，制定中高职衔接的动漫设计与制作专业教学标准。

7. 开展社会服务

向区域和行业提供技术技能型动漫人才的培训与培养服务；为区域经济社会发展或行业产业提供具体直接的技术创新、咨询、推广和服务，并且担负起技术服务中心的职能；向周边社区传播和辐射先进文化。采取合理有效的激励机制，为教师开展社会服务工作提供动力保证；构建开放式培训体系，面向行业、企业和社区开展培训。

8. 加大国际合作办学力度

本专业依托广州作为国际化大都市拥有许多大型软件相关行业的跨国集团和企业的优势，以及毗邻香港、澳门等发达地区和新加坡等发达国家的地域优势，积极开展多种形式的交流与合作。

二、建设成效

该专业积极探索和创新专业人才培养模式，形成了“一载体、双平台、三融合”的人才培养模式，即以学生工作室为载体，校内动漫人才培训基地与校外番禺动漫产业园及广州知名动漫企业结合，将岗位能力与课程体系、项目导向与技能实践、艺术创意与技术创新三方面相融合。此外，该专业还积极探索“政校行企联动”合作办学、合作育人、合作就业、合作发展人才培养长效机制，与广州及珠江三角洲的动漫创意产业紧密契合，实现协同创新、共同育人，对省市同类专业起到示范作用。

1. 以学生工作室为载体，促进动漫创新创意创业人才培养

学生工作室的构建是以专业的研究方向为基础，以专业骨干教师为核心，并成立由具备一定的研究、设计、开发实力的师资组成的教学团队，利用教学资源开展教学活动。符合条件的学生根据自身的发展条件及需求，自愿选择进入专业工作室学习，工作室采用开放式教学模式，要求学生全程直接参与项目的开发。

学生工作室坚持以学生为中心，规模一般为6~9人，提倡自由组合、自主申报创建工作室，系部为每个工作室配备固定的场所和指导教师，并配备相应的仪器设备。

工作室以大二、大三学生作为主要的技术人员承接项目，在工作室运行期间，大一学生作为大二、大三学生的“徒弟”主要担任辅助工作，并完成工作室实习生到正式员工的转变，形成了工作室运作从大一至大三的良性循环，使学生在工作室岗位工作过程中积累工作经验，完成学生到准员工的转变。通过工作室的不断运作过程，从中挑选综合素质高的高年级学生担任工作室中层领导，作为指导教师的助手，负责二级项目的管理工作。

通过项目设计和学习，把教师、学生、企业三者有机地结合起来，对于提高教师的

专业实践技能，提高学生的实践操作能力、创新设计能力和创业能力都有着很大的帮助。以创新与创意带动创业，课题组对毕业后有意创业的学生工作室提供帮助，在校内建立工作室创业孵化基地。迄今为止，动漫专业的毕业生中，已有3个工作室共15人实现了自主创业，总体运行情况良好。初步实现了成果的转化和提升，学生工作室与多家企业建立了比较紧密的合作关系（见图5-16）。

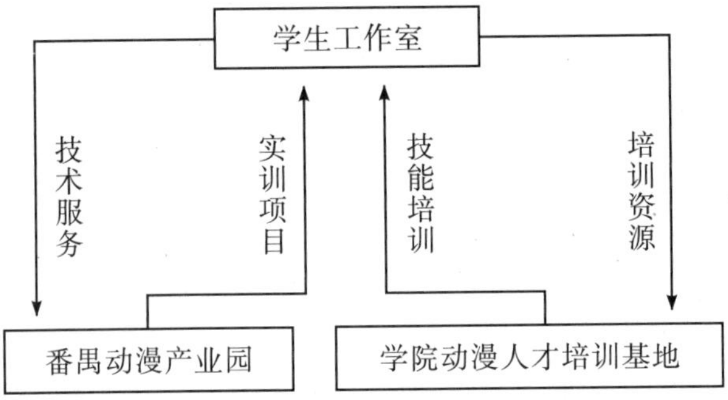

图5-16　学生工作室与番禺动漫产业园、学院动漫人才培训基地的双向互动

近四年来，学生工作室在指导教师的带领下为10多家企业完成设计项目100余项，直接用于生产应用的有30多项，效果显著的有10项。

2014年，小虎工作室“学龄前儿童早期品德教育APP软件设计与开发”项目获得2015年广东大学生科技创新培育专项资金（“攀登计划”专项资金）。2015年，SandBox工作室的“动漫衍生产品创意设计”项目荣获学院大学生创新创业大赛三等奖。

2. 政校行企联动，打造深度合作的校企合作互动平台

学院地处被誉为“中国动漫游戏之都”的广州市番禺区，北邻广州大学城，南靠天安、星力、华创三大动漫游戏产业园区。为了适应并服务产业经济的发展，学院成立动漫人才培训基地，是“广州市五大动漫人才培训中心”之一。学院与番禺动漫游艺协会签订了共建校企合作互动平台的协议，与三大园区的动漫游戏企业开展游戏软件设计、媒体制作、外形设计等多项校企深度合作。项目承接、设计、开发是工作室的主要工作任务，也是培养学生将所学知识服务地区产业发展的重要途径。

该专业依托番禺动漫产业园与学院动漫人才培训基地的优势，与行业企业共建了紧密型校企合作互动平台，积极开拓资源引进工作室项目。通过承接项目，学生工作室可以为番禺地区动漫、游戏公司提供技术服务。同时，可以将工作室承接的项目制作成培训案例，依托学院动漫人才培训基地，为广州市、珠江三角洲地区及全国开展职业技能培训，形成学生工作室与番禺动漫产业园、学院动漫人才培训基地的双向互动。建立校

内企业研发中心 1 个，把企业真实项目引入教学中，与企业共同设计、开发产品；确保经费投入，制定校外实训基地运行制度，建立校外信息互通制度。

让企业参与教学设计和实施，参与专业人才培养方案和课程制定。企业有经验的技师作为校外导师参与部分核心课程标准的编著工作，近三年与企业合作共同开发教材累计 12 本，自编教学讲义 9 本，其中 6 本教材已正式出版。

实现专任教师企业服务与顶岗实践相结合。在职教师利用教学空当期到园区动漫企业进行顶岗实践，利用自身的专业知识指导企业的生产设计，了解企业岗位运作模式，学习一线生产设计中的新知识新理念，提升自身专业技能、教学水平。

建立校企交流互动训练基地，推进订单式人才培养。通过学生工作室组团形式进入园区企业进行顶岗实习，与此同时，将部分企业员工置换出来，依托动漫人才培训基地为企业员工进行更高层次的培训。每年平均为园区企业培训员工 100 多人次。课题组有一支综合素质过硬、专业技能突出的教师队伍，立足自身师资队伍建设和人才引进相结合，发挥人才优势。与广州市凯昌电子有限公司签订共建“示范性动漫人才培养培训基地”的协议，合作举办订单式动漫人才培养培训班（凯昌班），充分发挥各自优势，深入构建校企合作平台，推进番禺地区动漫产业人才培养和产业发展。

3. “三融合”的人才培养机制

动漫制作技术专业具有明显的专业特殊性，对应动漫产业的行业需求，专业致力于打造“三融合”（即岗位能力与课程体系、项目导向与技能实践、艺术创意与技术创新三方面相融合）的人才培养机制。专业由艺术设计和计算机专业背景的教师组成队伍，实现课程的技术与艺术的结合。同时，实现课程领域模块代替课程分块的模式，每年所有综合实训课程的项目与企业真实项目对接，将企业项目与教学相匹配。通过教学过程与生产过程相融合，优化动漫制作技术专业课程体系，再充分利用现代信息技术，改变传统的教学方法，充分启发学生思维，培养学生创新能力，提高动漫人才的职业素养。通过职业技能教育和职业精神教育相融合，尤其是在“教学企业”以及实训企业的学徒过程中，重点培养学生敬业爱岗，诚信友善、勤勉尽责等职业精神，将学生职业技能和培养职业精神高度融合，强化职业精神的培养。通过艺术创意与技术创新的融合，实现动漫人才培养与产业发展相适应，培养既具艺术之技、又具创意与现代技术应用创新之能的复合型人才。在“三融合”的人才培养机制下动漫制作技术专业积极开展课程建设改革，获得市级专业相关教研教改立项 3 项，省级 8 项，教学改革论文 16 篇，其中核心期刊论文 2 篇，使专业人才培养获得较高的质量。

学生通过“三融合”的培养模式，使专业技能和创新思维得到同步发展。建设期内，学生参与各类型技能竞赛，获得省级以上项目53项，突出的有：第三届中国大学生绿色游戏动漫设计大赛游戏策划项目特等奖；2015年中国公共机构节能宣传作品一等奖；第三届大学生游戏设计大赛“金辰奖”二等奖；第四届Android应用设计中国大学生挑战赛总决赛三等奖。

第九节　汽车检测与维修技术重点专业建设

我国汽车产业发展迅猛，汽车工业增加值所占GDP的比重将提高到2.5%，成为国民经济的支柱产业。广东省是国内三大汽车生产基地之一，目前已有广州丰田、东风日产、广汽本田、一汽大众四大整车厂落户广州地区，成为我国汽车产业的集群之一。同时是我国汽车销售最集中、最活跃的区域，而汽车产业也已成为广州的支柱产业。目前，广东省汽车高技能人才持续紧缺，未来三年广东省对汽车后服务人才的需求量在15万人以上，对汽车维修高级工的需求在2万人以上。而广东地区开办汽车类专业的高职院校约36家，按照目前各院校招生人数统计，预计每年广东地区高职类院校汽车检测与维修技术专业毕业生数量为2 000人，人才需求缺口仍然非常大。汽车检测与维修技术专业正适应了汽车后市场对高级技术技能型专门人才的需求，是为了满足服务广州汽车产业的发展趋势而设置的专业，适应国家经济、社会发展的需要。

该专业以工学结合为切入点，进一步深化汽车检测与维修技术专业人才培养模式改革。构建与之相适应的课程体系，探索中高职衔接的课程结构和内容，开展“三二分段”教育，开发工学结合的优质核心课程、网络课程和教学资源库，建设一支专兼结合的专业教学团队，加大校内、外实训基地建设，进一步提高人才培养质量和社会服务能力，适应广东尤其是珠江三角洲地区汽车后市场对高级技术技能型专门人才的需求，建成特色鲜明、教学改革经验与成果丰富、教学团队优秀、体现现代职业教育理念的省级高职教育重点专业，使它在省同类专业中具有引领和示范作用，并带动机电工程专业群的建设。

一、建设内容

1. 构建校企合作平台

创新校企合作共建专业机制，搭建校企合作平台，校企共同制订专业人才培养方案，共同开展工学结合、顶岗实习人才培养模式改革，共同开发专业课程和教学资源，共同组织实施生产性实训和顶岗实习，共同开展教学质量评价。

通过与企业共建产学研基地，在专业建设、课程建设、教材建设、师资培训、科研立项、专利申报、技能竞赛等方面展开全方位合作。

2．探索系统培养

2015年试点对口自主招生“三二分段”中高职衔接招生工作，与对口中职院校共同制订专业教学标准和课程标准，系统设计、统筹规划中高职一体化课程开发和教学资源建设，探索技能型人才系统培养和评价的制度和形式。

3．深入推进人才培养模式改革和课程体系建设

具体建设内容包括：人才培养模式改革和建设；构建课程体系；建设优质核心课程；制订课程标准；编写配套教学材料。

除了制订课程标准，还应完成配套教学材料的编写，包括：教材、教师手册、引导文、工作页、实训指导书等，以配合课程和教学方法的改革。

4．强化实践育人

（1）校内实训条件建设。

根据专业建设发展计划，本专业在建设期的2年内，须进一步加大校内实训基地的建设投入。具体建设内容包括：对已有汽车实训室的充实与完善；建设具备工学结合特色的汽车维护与保养实训车间；新建一批专业实训室；规范实训基地的管理。

（2）校外实训基地建设。

拓展校外实训基地的功能和校企合作的内涵，建设紧密型、半紧密型、松散型三个层面的校外实践性教学基地。整合现有校外实训基地，增加单个校外实训基地接受学生的容量，在建设期内使本专业校外实训基地达到30个以上，其中长期稳定的校外实训基地达到10个。

5．教学团队建设

（1）专职教师队伍建设。

加大人才引进，增强办学实力；加强教师队伍技能水平的培养。

（2）兼职教师队伍建设。

建立50名企业技术、管理人员组成的兼职教师资源库，每年聘请3名行业专家参与人才培养方案的制定、专业建设、师资培养、学生科技活动等，从紧密型合作企业聘请兼职教师参与本专业课程的项目教学、指导实践、指导顶岗实习等，同时建立合理、规范的兼职教师运作机制，努力构建具有“双师结构”的教学团队。

（3）加强师德建设。

本专业将不断加强教师道德修养建设，培养教师的爱岗敬业精神，全面提高教师的教学水平和教学质量。

6. 实施第三方评价

为了保证人才培养质量，要建立用人单位、行业协会、学生及其家长、研究机构等利益相关方共同参与的第三方人才培养质量评价制度，开展毕业生人才培养质量跟踪调研。

7. 增强服务能力

依托汽车专业教学资源库的建设、校内汽车实训中心的建设、师资队伍的建设，面向汽车后市场，搭建产学研结合的技术推广服务平台，进一步增强社会培训和技术服务能力。

8. 打造特色专业

（1）形成有自身特点、符合广州及珠江三角洲地区产业发展的人才培养特色，培养传统能源汽车检测与维修高级技术技能型人才、新能源汽车（电动汽车）检测与维修高级技术技能型人才。

（2）政府引导，加强同区域内行业、企业（广州市机动车维修行业协会、广物集团等）及职业院校的交流与合作，形成职业教育的集团化、规模化、连锁化。

9. 促进资源共享

依托广州市机动车维修行业协会、一汽丰田汽车销售有限公司等行业企业，校企共建资源丰富、实用性及示范性强的汽车检测与维修技术教学资源平台和自主学习交流平台；完成由专业教学标准、专业核心课程标准、教学项目、课程教学大纲、多媒体课件、教学录像、实训指导书、习题试题、电子教案等组成的课程资源库；满足学生自主学习、职业资格考试和终身教育的需要，并依托校园网络平台，实现优质教学资源共享。

10. 加强经验推广

明确专业群的发展定位及发展方向，集中优势资源围绕专业群建设方向打造重点专业，利用汽车检测与维修技术省级重点专业建设经验，将电气自动化技术专业申报省或市级重点建设专业。

二、建设措施

1. 课题引领，标准先行

依托广州市教育教学改革项目“终身教育背景下汽车专业职业教育中高职及应用型

本科课程体系衔接研究与实践”，汽车检测与维修技术专业开始了对中高职衔接教学标准与课程标准的研制工作，构建了职业成长框架、职业能力标准、课程标准、课程实施标准这一专业标准开发链条，以中职—高职—本科目标岗位对接为核心，从目标、内容、保障三个层面实现中高职应用型本科对接；同时解决学生学习和岗位工作脱节问题，使高级技术技能人才有一个连续的、符合成长规律的培养过程。通过该项目锻炼了本专业大批骨干力量，以中高职衔接标准研制工作、汽车检测与维修技术人才培养实施成果为基础，撰写了专著《汽车专业职业教育中高职及应用型本科系统培养专业教学标准与课程体系建设》并正式出版。主要进行的工作如下：

（1）构建职业成长框架——建立专业与岗位对接。

依托广东省道路运输协会机动车维修检测分会、广州市机动车维修行业协会，先后对广东68家汽车维修企业进行调研，构建了操作、技术、管理三条员工职业生涯发展路径，从学徒到总经理7个职业发展层次的职业成长框架。又通过对4所本科院校、8所高职院校、4所中职学校和200多名毕业生进行调研，确定了毕业三年左右从事的主要岗位为专业培养目标，即成长框架第四层岗位群为本科培养目标，第三层岗位群为高职培养目标，第二层岗位群为中职培养目标。职业成长框架见表5－1。

表5－1　职业成长框架

发展层级	操作岗位	技术岗位	管理岗位	一般发展年限/年		
				中职	高职	本科
第六层	—	—	总经理	15年以上	12年以上	10年以上
第五层	高级技师	高级工程师	总监	13～15	9～12	6～10
第四层	技师	工程师	经理	9～12	6～8	3～5
第三层	高级技工	助理工程师	主管	6～8	3～5	1～2
第二层	技工	设计员	班组长	3～5	1～2	0.5～1
第一层	学徒	—	—	1～2	0.5～1	

（2）制定职业能力标准和课程标准——建立课程内容与职业标准对接。

通过召开企业专家研讨会（访谈会），按照职业发展历程，列出代表性的工作任务，完成“企业专家职业发展历程自我分析表”，并整合成典型工作任务；对典型工作任务分析，完成“典型工作任务描述表”，包括工作要求、工作方法、工具、材料、设备、劳动组织方式、代表性工作任务描述。完成“学习领域课程转化表”，包括工作分析、职业能力要求、教学分析、学习任务。这样实现了课程标准建立与职业能力标准对接，即与职业标准对接。

（3）建立课程实施标准——保障教学过程与工作过程对接。

课程标准相当于课程指导性大纲，而课程实施标准是课程操作层面的规范。专业教学团队将课程标准进一步细化到教学实施的每次授课中，通过规范每次授课能力目标、知识目标、教学项目、评价标准等，保障教学过程和工作过程对接。

实施标准中的教学项目，取自与企业岗位类似的工作项目，在教师指导下，学生按照相关员工工作过程完成项目任务，实现教学过程和工作过程对接。学生考核以过程性考核为主，在职业素养培养上，建立了负责耐劳、团队合作、人际沟通三个社会关键能力标准；自主学习、解决问题、信息获取三个方法关键能力标准；并且将之融入课程教学过程中进行评价，评价结果纳入学生成绩。学生也能通过评价标准进行自我评价、自主学习、自主提高。

2. 企业主导，工学交替

人才培养模式改革和建设要切实体现行业、企业的职业需求，以“三级递进、工学交替”人才培养模式为抓手，以校企合作为依托，以工学结合为切入点，以订单培养为突破口，以校内学习和实际工作的一致性为基本理念，带动专业建设，引导课程设置、教学内容和教学方法的改革。

（1）加强和落实与宝马、奔驰、博世等高端汽车品牌等企业的合作，重点是引进职业标准、培训体系和标准，探索现代学徒制试点。

（2）以校内汽车实训中心、校外长期稳定的实训基地为平台，搭建工学结合的人才培养模式。

（3）推进“教、学、做”为一体的情境教学方法，强化职业能力、创新能力和就业能力培养。

（4）进一步做好毕业生最后一学期顶岗实习的工作，使100%的学生可以实现顶岗带薪实习。

（5）进一步加强教学资源库的建设。在加强各项教学基本建设的同时，突出人才培养方案、课程体系、课程标准、课程考核、教学方法和手段等的标准化、规范化、通用化建设，以规范教学基本要求，保障教学质量，充分利用校园网络，构筑教学资源共享和师生交流的平台。

3. 注重内涵，凸显课程

依据本专业主要就业岗位（汽车机电维修、汽车服务顾问）的任职要求，参照汽车维修工国家职业资格标准，基于工作过程系统的职教理念，经过广泛的市场调研和专家论证，确定本专业就业岗位的67个典型工作任务；按照初、中、高三级技能的要求提炼出19门专业课程（学习任务），并纳入职业资格培训考核要求，形成了与人才培养模式相吻合的三级课程体系（见表5－2）。

表5－2　典型工作任务及三级课程体系

<table>
<tr><th>序号</th><th>典型工作任务</th><th>序号</th><th>学习任务（课程）</th><th>技能等级</th></tr>
<tr><td>1</td><td>提升对汽车的爱好和兴趣</td><td>1</td><td>汽车文化</td><td rowspan="4">专业基础能力</td></tr>
<tr><td>2</td><td>识读机械制图，掌握汽车结构基础知识</td><td>2</td><td>汽车机械基础</td></tr>
<tr><td>3</td><td>掌握汽车电工、电子基础知识</td><td>3</td><td>汽车电工电子基础</td></tr>
<tr><td>4</td><td>查阅英文汽车资料</td><td>4</td><td>汽车专业英语</td></tr>
<tr><td>5</td><td>驾驶车辆</td><td rowspan="5">5</td><td rowspan="5">汽车使用与维护</td><td rowspan="24">初级技能</td></tr>
<tr><td>6</td><td>操纵车辆控制系统</td></tr>
<tr><td>7</td><td>调整车辆设置</td></tr>
<tr><td>8</td><td>首次保养车辆</td></tr>
<tr><td>9</td><td>定期保养车辆</td></tr>
<tr><td>10</td><td>检修发动机机械故障</td><td rowspan="4">6</td><td rowspan="4">汽车发动机机械系统检修</td></tr>
<tr><td>11</td><td>检修发动机水温异常故障</td></tr>
<tr><td>12</td><td>检修发动机机油压力报警故障</td></tr>
<tr><td>13</td><td>发动机总装</td></tr>
<tr><td>14</td><td>检修离合器故障</td><td rowspan="10">7</td><td rowspan="10">汽车底盘机械系统检修</td></tr>
<tr><td>15</td><td>检修手动变速器换挡困难故障</td></tr>
<tr><td>16</td><td>检修手动变速器自动脱挡故障</td></tr>
<tr><td>17</td><td>检修传动轴故障</td></tr>
<tr><td>18</td><td>进行四轮定位作业</td></tr>
<tr><td>19</td><td>检修悬架工作不良故障</td></tr>
<tr><td>20</td><td>检修汽车跑偏故障</td></tr>
<tr><td>21</td><td>检修汽车转向沉重故障</td></tr>
<tr><td>22</td><td>检修汽车制动不良故障</td></tr>
<tr><td>23</td><td>检修汽车制动跑偏故障</td></tr>
<tr><td>24</td><td>检修电源系统故障</td><td rowspan="5">8</td><td rowspan="5">汽车电气设备检修</td></tr>
<tr><td>25</td><td>检修起动系统故障</td></tr>
<tr><td>26</td><td>检修仪表指示故障</td></tr>
<tr><td>27</td><td>检修照明信号系统故障</td></tr>
<tr><td>28</td><td>检修辅助电器故障</td></tr>
</table>

（续上表）

序号	典型工作任务	序号	学习任务（课程）	技能等级
29	检修发动机故障灯点亮故障	9	汽车发动机电控系统检修	中级技能
30	检修发动机无法起动故障			
31	检修发动机怠速不良故障			
32	检修发动机加速不良故障			
33	检修自动变速器换挡冲击故障	10	汽车底盘电控系统检修	
34	检修自动变速器油温过高故障			
35	检修自动变速器无挡故障			
36	检修自动变速器车起步无力故障			
37	检修自动变速器漏油故障			
38	检修 ABS/ASR 灯亮故障			
39	检修 BA 系统故障			
40	检修电控悬架系统故障			
41	检修电动转向系统故障			
42	检修 SRS 灯亮故障	11	汽车车身电控系统检修	
43	检修中控锁故障			
44	检修防盗系统故障			
45	检修音响通信不良			
46	检修巡航系统故障			
47	检修辅助停车系统故障			
48	空调使用与维护	12	汽车空调系统检修	
49	检修手动空调制冷不足故障			
50	检修自动空调不制冷故障			
51	检修 CAN 总线系统	13	汽车车载网络系统检修	
52	检修 LIN 总线系统			
53	检修 MOST 总线系统			
54	预检车辆	14	汽车综合故障诊断	高级技能
55	异响诊断与排除			
56	车辆综合故障诊断			
57	检修排放超标			

（续上表）

序号	典型工作任务	序号	学习任务（课程）	技能等级
58	进行竣工检验作业	15	汽车维修质量检验	高级技能
59	汽车安全环保性能检测			
60	汽车综合性能检测			
61	维修企业人力资源管理	16	汽车维修企业管理	
62	维修企业业务管理			
63	维修企业现场管理			
64	维修企业财务管理			
65	汽车营销的方法和业务能力	17	汽车营销	专业拓展能力
66	汽车查勘定损、保险理赔流程	18	汽车保险与理赔	
67	二手车检测与评估、二手车交易	19	二手车鉴定与评估	

4. 校企平台，合作共赢

积极与广东省道路运输协会机动车维修检测分会、广州市机动车维修行业协会、广州高校与企业合作促进会对接，分别成为广东省道路运输协会机动车维修检测分会会员单位、广州市机动车维修行业协会理事单位和人才培训工作委员会副主任单位、广州高校与企业合作促进会汽车专业分会牵头单位。通过与行业协会、企业的对接，深化校企合作，开展培训、行业调研、技能竞赛、企业横向课题等多方位合作，社会服务能力明显提升，社会效益和经济效益显著。

三、建设成效

1. 形成了“三级递进、工学交替”人才培养模式

“三级递进、工学交替”的人才培养模式，进一步凸显了“技能 + 创新”，人才培养质量显著提高，同时推动了机电工程专业群的建设和发展。该专业通过广泛的调研、分析、研讨，汽车检测与维修技术专业逐渐形成了“三级递进、工学交替”人才培养模式（见图 5 - 17），并制定了相应的人才培养方案。其主要的出发点是创新本专业的人才定位（汽车维修高级工）、教育规律（初→中→高级递进）、现代学徒制等理念。

（1）学生的职业技能和综合素质培养双线并行，贯穿整个人才培养过程。

（2）根据本专业人才培养目标（汽车维修高级工）和汽车维修国家职业资格等级标准，将本专业学生的核心技能分为初级技能、中级技能和高级技能“三级”，分别在 3 个

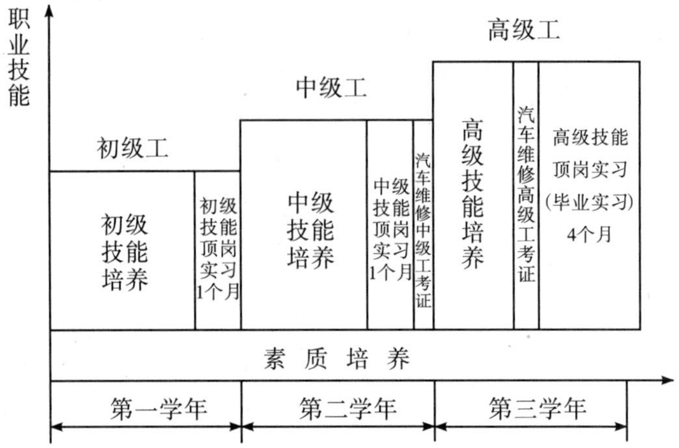

图 5－17　“三级递进、工学交替”人才培养模式

教学年度从低到高递进式地完成培养目标，第一学年技能培养目标为初级，第二学年技能培养目标为中级，第三学年技能培养目标为高级。

（3）“工学交替”是指学生在校学习的三年中，第一学年，在进行基本素质和基本能力培养的同时，完成汽车维修初级技能的培养，并下企业进行初级技能的顶岗实习，使学生达到汽车维修初级工的技能水平；第二学年，完成汽车维修中级技能的培养，进行汽车维修中级工顶岗实习，考取汽车维修“中级工”职业资格证书；第三学年，上学期完成汽车维修高级技能的培养，考取汽车维修“高级工”职业资格证书，下学期根据就业协议到企业完成汽车维修高级工顶岗实习（毕业实习）。

汽车检测与维修技术专业在原有的“三级递进、工学交替”人才培养模式及培养方案的基础上，在突出技能培养的同时，重视创新能力的培养，并在 2014 年完成了人才培养方案的修订。“创新”主要体现在两个方面：一是增加了创新、创业的课程，如“汽车创新设计”“汽车创业调查及认知实习”等；二是在模拟的工作任务中，优化、创新工作计划和实施，提升创新能力的培养培训。“技能”培养除了原有的三级技能体系的培养，还着重突出了汽车疑难故障诊断的高技能技术人才的培养。

学生在全国高职院校汽车专业技能大赛中，获得团体二等奖 1 项；广东省大学生机械创新设计大赛中，获得二等奖 1 项、三等奖 1 项；广东省高职院校汽车检测与维修技能比赛中，获得二等奖 2 项、三等奖 10 余项。

在麦可思《广州科技贸易职业学院社会需求与人才培养质量年度报告》中，汽车检测与维修技术专业在就业竞争力指数位列全院各专业之首，就业率达到 100%，月收入位列全院第二，就业现状满意度全院第一。

学生毕业生中有广东省高技能人才，也有带队参加全国中职院校技能比赛获得一等奖的优秀指导教师。

2. 依托政校行企平台服务社会能力显著提升

汽车检测与维修技术专业依托广东省道路运输协会机动车维修检测分会、广州市机动车维修行业协会、广州高校与企业合作促进会汽车专业分会等平台开展校企合作，社会服务能力显著提升。开展广州市机动车维修从业人员上岗证、继续教育培训500多人次，承接广州市“羊城汽修伴我行”等各项技能竞赛的裁判工作20余人次，承接交通运输部和中国汽车维修行业协会委托的“中国汽车售后服务满意度（CAACS）”调研工作获得好评，承接企业横向项目10余项，累计金额30余万元，既获得了显著的经济效益和社会效益，也提升了本专业的办学声誉。

第六章　高职教育协同创新人才培养模式改革探索

第一节　高等职业教育人才培养模式的内涵及特征

高等职业教育人才培养模式是以社会需求为导向，以培养学生基本素质和职业能力为目的，利用学校和企业不同的教育环境和教育资源，采取理论教学与实践教学相结合的方式，培养面向生产、建设、服务和管理第一线需要的应用型人才。

《现代汉语词典》对“模式”的解释是：“某种事物的标准形式或使人可以照着做的标准样式。”《国际教育百科全书》的相关叙述是：“对任何一个事物的探究都有一个过程，在鉴别出影响特定结果的变量，或者提出与特定问题有关的定义、解释和预示的假设之后，当变量或假设之间的内在联系得到系统的阐述时，就需要把变量或假设之间的内在联系合并成为一个假定的模式。”“模式可以被建立和被检验，并且如果需要的话，还可以根据探讨进行重建。它们与理论有关，可以从理论中衍生，但从概念上来说，它们又不同于理论。”①

“模式”归纳起来具有三个特性：①模式是供人们分类、参照或复制的一类事物中具有典型性的事物。它具有特征方面的典型性和功能方面的代表性，它提供了一种范例。②模式是为人们更深刻地认识事物，便于人们进行观察和研究而运用文字、符号、图像等表征手段对事物的重要因素、关系、状态、过程等所做的概括性的呈现方式。它具有概括性、描述性和阐释性，提供了一种理论模式图式，是对于同一事物的不同的概括性呈现方式。③模式是构造、生成和复制符合人们需要的具体事物的构造性框架，具有构造性或规范性，它提供了一系列原则性规定、法则，这些规定和法则既符合事物的客观规律又符合人们的价值准则。

高等职业教育人才培养模式是指学校和用人单位根据教育目标共同确定的培养目标、

① 中国社会科学院语言研究所. 现代汉语词典［M］. 北京：商务印书馆，1978.

教学内容、培养方式和保障机制的总和，并在实践中形成的定型化范式。它包括了四个方面的含义：①教育的目的性。教育的目的是社会对所要造就的社会个体的总体要求。教育目的对教学内容、教学方法和教学管理起着决定性作用。党和国家规定的教育方针是构建人才培养模式的根本依据。②主体的多元性。高等职业教育培养适应生产、建设、管理、服务第一线需要的应用型人才，具有职业性和地方性特征，因此确立高等职业教育培养目标及其规格应当强调主体的多元化，坚持学校、地方政府、用人单位共同商定的原则，同时也应该发挥学生的主体作用，鼓励学生积极参与。③内涵的层次性。高等职业教育人才培养模式主要围绕“培养什么人”和“怎样培养人”这两个基本问题展开。据此，高等职业教育人才培养模式应包括三个层级的内容。第一层级是目标体系，主要指培养目标及规格；第二层级是内容方式体系，主要指教学内容、教学方法、教学手段、培养途径等；第三层级是保障体系，主要指教师队伍、实践基地、教学管理和教学评价等。④模式的实践性。高等职业教育人才培养模式是理论研究和实践探索的结晶，尤其应当强调具有坚实的实践基础。经过实践证明的行之有效的代表性模式，才能具有借鉴作用，才能具有旺盛的生命力。

高等职业技术教育的人才培养模式，是随着生产力水平的不断提高而不断演变的。在手工业时期，是以“师徒相传”的模式，以“示范—模仿”的方法向徒弟传授知识和技能。随着科学技术的进步和经济规模的扩大，生产过程对劳动者提出的要求日趋复杂，学徒制逐步为学校职业教育所取代。在计划经济时期，这种学校形式的职业教育一直采用班级授课的形式，以行业学科为本位，以课为单元，以时间为衡量进程的基准。大面积、高效率地向学生传授系统的科学技术知识和职能技能，通常称为学科型人才培养模式。其优势是培养学术型人才，而其问题在于培养的职业技术型人才却是“粗坯型”，毕业生在质量、岗位职业能力等方面无法“零距离”地进入企业工作。20 世纪初，特别是 20 世纪 60 年代以来，世界各国都在开发新的职业教育人才培养模式，兴起了一种以达到某种职业的从业能力要求为培养目标，以能力为教学单元，以学生是否具备某种能力作为衡量教学进程基准的“能力本位”的人才培养模式。其特征表现为，以培养高素质、高技能、应用型人才为根本任务，以适应社会需要为目标，以培养技术应用能力为主线设计学生的知识、能力、素质结构和培养方案，毕业生应具有基础理论知识适度、技术应用能力和操作技能强、知识面较宽、综合素质较高的特点；以“应用”为主旨构建教学内容和课程体系，实践教学在教学中占较大比重，学校与用人单位相结合，师生与劳动相结合，理论与实践相结合。①

2000 年教育部在《关于加强高职高专教育人才培养工作的意见》文件中，将高等职业教育人才培养模式特征归纳为六个方面：①以培养适应生产、建设、管理、服务第一线需要的高等技术应用性人才为根本任务；②以社会需求为目标、技术应用能力的培养为主线设计教学体系和培养方案；③以“应用”为主旨和特征构建课程和教学内容体系；④基础理论教学以应用为目的，以“必需、够用”为度，专业课加强针对性和实用性；⑤实践教学的主要目的是培养学生的技术应用能力，在教学计划中有较大比例；⑥“双师型”师资队伍的建设是高职高专教育成功的关键，产学结合、校企合作是培养技术应用型人才的途径。

一、工学结合

高等职业教育人才培养模式，体现了教育与生产劳动相结合和培养全面发展的人这两个现代教育最根本的特征。近年来，教育与生产劳动相结合已发展成为世界性教育趋势，受到国际教育界、有关国际组织、各国政府和教育部门的普遍关注和高度重视。联合国教科文组织曾多次召开部长会议、学术会议、专家会议，讨论教育与生产劳动相结合的理论、方针、措施、效果、意义和问题，普遍认为教育与生产劳动相结合，不仅具有教育价值，而且具有经济价值、社会价值和文化价值。教育与生产劳动相结合是现代生产和现代化建设的必然要求。一般情况下，科学技术的快速发展，必然带动现代生产的快速发展，因此生产劳动者所需掌握的科学技术知识就应越广、越深、越系统，对人的智力发展要求也就越高，在生产劳动过程中掌握这些系统科学知识并形成高度发展的智力的可能性就越小，于是人们在成为生产劳动者之前所要经历的教育过程就会相对延长。同时，人们必须以各种方式交替参加教育与生产劳动这两个密切联系又相互独立的过程，以适应现代生产的需要。这种交替的最基本形式之一，就是以就业前毕业生半工半读等形式为主的工学结合。

二、市场性

高等职业教育工学结合人才培养模式，体现了校内学习和校外工作相结合的市场化运作特色。高等职业教育是随着社会经济发展应运而生的。20 世纪 70 年代后期以来，我国对外开放和经济迅速发展，社会需要高等职业教育培养出更多高素质、高技能、应用

---

① 陈解放. 工学结合教育模式可持续发展的理性期待 [J]. 中国高教研究，2006 (8)：22 - 24.

型的劳动者，21 世纪的经济形态是以知识经济为主要特征，知识经济与农业经济、工业经济最大的区别在于，经济的发展更多地依靠高素质、高技能、应用型的劳动力。知识经济使劳动出现了新的特点，纯体力工作更多地由智力工作所代替，个体劳动被集体工作所代替，专业岗位的不可替代性被工人工作的相互替代性所代替，经济发展要求劳动者有较高的文化素质和技术技能，具有较高的综合素质和较强的适应性。因此，高等职业教育市场是由生源市场和劳动力市场两部分组成，高等职业院校是连接两个市场的有效桥梁和重要中介，在两个市场的需求中起着双重供给的作用，既为学生提供受教育的机会，又为社会提供高素质、高技能、应用型人才。高等职业教育工学结合人才培育模式基本特征也是市场化运作，但这种市场化运作主要体现在校内学习与校外工作的特色上，将学校教育与社会需求紧密地结合在一起。学校通过工学结合人才培养模式，不仅打开校门面向社会，而且完全融入市场供需关系之中，接受市场的选择与检验。学生在工学结合的“工”的过程中，与用人单位双向选择，受劳动力市场的支配，市场的需求情况对学生的工作选择和职业发展有着直接的影响。有研究表明，国外的工学结合与中华人民共和国成立以来各种形式的教育与生产劳动相结合的根本区别就在于市场化运作的区别。国外工学结合人才培养模式，正是由于市场化运作，使学校教育真正贴近社会需求，使工学结合人才培养模式能在百年前产生并一直持续至今。

三、理实合一

2005 年，时任教育部部长周济在职业教育工学结合座谈会讲话中指出：“实行工学结合，半工半读，能够有效地提高学生的实际工作能力，使毕业生快速实现由学生向职工的角色转换。职业院校和企业等单位通过开展工学结合，半工半读，安排学生进行工学交替，就能够让学生在学习和工作的有效结合中更好地熟悉生产情况，掌握生产工艺技能，了解各个环节的质量要求，获得适应生产、服务环境和解决实际问题的能力，同时提高道德修养，形成综合素质，得到全面发展，为他们将来参加实际工作打下坚实的基础。”由此可见，高等职业教育人才培养的着力点是培养学生实际动手操作能力和解决一线实际问题的能力。培养实际动手操作能力和解决一线实际问题的能力的基本要求是真实工作环境下的“反复训练”，这种能力仅依靠在课堂上教师的讲授是难以获得的，即使在仿真模拟环境中也是有限的。通过工学结合、校企合作，充分利用学校、企业、社会培训部门和科学研究机构的教学资源，使社会有关部门广泛参与，将以课堂传授间接知识为主的教育环境与直接获取实际能力、经验为主的生产现场环境有机结合，使学生在与企业、社会的广泛交流中获取知识，让学生在实践中学习知识，在项目开发中提高能力，在真实的生产性实训环境中得到最有效的锻炼。

四、产教互补

高等职业院校是学生学习理论知识、提高基本技能的主要场所，拥有科学技术、教学资源、优秀人才和科学规范的教学服务体系，但是缺乏生产实践场所，缺乏与产品制造、现场服务同步发展的大型设施和设备。企业拥有丰富的硬资源和软资源，为了进一步提高竞争力，企业希望高等职业院校能够为其提供“零距离”上岗的学生作为企业员工补充，也希望高等职业院校参与其生产应用技术的开发研究，从而获得智力支持和科技支持。工学结合校企合作，从而使企业拥有的生产线和施工现场、工作现场成为高等职业院校的实验实训基地，学生在企业可以得到“真刀真枪”“反复多次”的训练。企业的技师和工程技术人员，在生产现场和服务现场指导学生学习和实训，也是高等职业院校“双师型”教师的重要来源。同时，高等职业院校教师可以通过到企业参与学生实习实训和参与企业应用技术开发，提高“双师素质”。

第二节　高等职业教育人才培养模式的国际比较

第二次世界大战后，为了适应社会经济和科学技术发展的需要，世界各发达国家开始重视职业教育，在加速发展的进程中，逐步形成了各具特色的高等职业技术教育人才培养模式，其中尤以德国的“双元制”模式、美国的“合作教育”模式、日本的“多元化”模式以及澳大利亚的“TAFE”模式最具代表性。

国外高等职业教育人才培养模式的主要类型有以下几种。

1. 德国的“双元制”模式及其特点

德国的“双元制”模式是指学生接受职业教育是采取在企业实践和在学校学习相结合的方法实现的，即“双元制”的一元是企业，另一元是学校。学生在企业接受技能训练，在学校接受理论培养。“双元制”是学校与企业分工协作，以企业为主，理论与实践紧密结合、以实践教学为主的一种成功的高等职业教育人才培养模式。德国的“双元制”模式享誉世界，也为享誉世界的德国制造提供了高素质、高技能、高水平的人才支撑。

德国“双元制”模式特点如下。

(1) 具有完善的法律法规体系。自20世纪50年代以来，德国联邦政府相继颁布了《职业教育法》《职业教育促进法》《实训教师资格条例》和《高等学校总纲法》，各州也相继制定了职业技术教育法律法规，健全了职业教育法律法规体系，完善了职业教育管理，促进了职业教育健康有序地发展。

（2）具有完整的职业教育体系。由于有了法律保障，每个青年必须受过职业教育才能就业，因此各种各样的职业教育应运而生。这些学校的培养目标从体力劳动工人、技术工人、服务人员到管理人员一应俱全。学制有全日制、部分时间制，还有夜校、函授等多种形式，修业时间1～4年不等，招生条件各异，适应了各种水平层次学生的需要。同时各类教育形式之间的随时分流是其显著特点，构建了“纵向上不同层次教育互相衔接，横向上不同类别相互沟通”的职业教育体系。

（3）“双元制”由政府进行宏观管理，采取学校、行政主管部门和企业生产单位三重负责制，企业生产单位在职业教育中发挥了重要作用。德国有一半以上的企业直接进行或参与职业培训，为企业培养了一支高素质、高技能的劳动大军。同时，政府积极干预，使学校与企业合作机制常态化、制度化，学校和企业相互支持，共同受益。企业按照给予学校的财力支持比例来分享职业教育成果，学校通过培养企业所需人才接受企业的资金援助。同时，政府设立“产业合作委员会”，对企业和学校双方进行控制和监督，对参与校企合作的企业给予一定的财政补偿，对不参与校企合作的企业则增加一定的税收，以此来促进企业与学校之间的相互合作。

（4）投资主体的多元化。按照德国《职业教育法》等相关法律规定，职业教育经费主要由联邦政府、各州政府及企业分别承担。一般构成是学校教职工的工资和养老金由州政府负担，学校校舍、设备、建筑维修费用由地方政府负担，企业的职业教育经费则完全由企业负担。

（5）严格的考试制度。德国的职业教育素以考试严格著称，学生毕业时必须通过“三证合一”考试，即考试证书、培训合格证、职业学校毕业证。这样既相对独立又相互补充的“三证合一”考试制度，最大限度地避免了求学者职业素质和综合化素质的单一。同时也可以多角度、多方位评估学生的知识水平和职业能力，从而避免对人才的误断和偏废。

（6）重视师资队伍建设。“门难进，要求严，待遇高”是德国职业技术教育师资队伍建设的主要特点。通过激烈竞争后选拔的职业教育师资大都具有良好的品质、广博的知识、精湛的技能和快捷的效率。

2. 美国的“合作教育”模式及其特点

美国的“合作教育”模式是一种在培训合格劳动者的目标下，开展学校与工商企业、服务部门等校外机构的合作，把学生的理论学习、实际操作或训练有机地结合起来。

即以学校为主与企业合作，或以企业为主与学校合作的“合作教育”模式。这种教育模式现已成为美国教育体系的重要组成部分，对提高国民素质、促进经济发展、保持国家竞争力发挥了重要作用。

美国的“合作教育”模式特点如下。

（1）办学以学校一方为主。学校根据所设专业的需要与有关企业取得联系，双方签订劳动合同，企业一方提供劳动岗位和一定的劳动报酬，并派管理人员辅导学生适应劳动岗位、进行案例操作，协助学校教师确定学生应掌握的技能，共同评定学生成绩、劳动态度、工作数量和质量等。校方选派教师到企业指导监督学生劳动，沟通学校与企业合作双方的要求。

（2）在教学时间安排上，社区学院的学生大体上一半时间在学校，一半时间在企业，理论教学时间与实践教学时间比例一般在1：1。理论学习与实践教学的方式的更换可根据需要灵活进行。

（3）学校与企业合作专业范围逐渐扩展，现已涵盖理科、教育、法律、卫生、家政等。

（4）“合作教育”模式对企业、学校、学生三方是互利互惠，共同发展。

3. 日本的“多元化”模式及其特点

日本的职业教育是以企业为主，学校为辅，呈现出“多元化”态势，形成了世界上独具特色的职业教育体系。这个体系不仅包括职前教育，也包括职业后教育；既包括教育系统中的学校职业教育，也包括教育系统外的职业训练；既包括各级政府举办的各种职业学校，也包括民间和企业举办的职业学校和职业训练基地。保证了各种职业教育的健康有序发展，为日本国民素质的提高和经济的高速发展做出了重要贡献。

日本的“多元化”模式特点如下。

（1）企业内部职业培训制度化。日本“多元化”的职业技术教育体系的一大特点就是学校职业教育为辅，企业内部职业技术培训为主。这是因为日本的技术立国宏观理念和历史文化传统的影响。一方面，日本企业的终身雇佣制、年功序列制以及大型企业为主的企业文化、企业结构、企业管理为这一模式的成功实施提供了坚实基础。另一方面，日本的企业普遍认为职业能力不可能在学校培养，只能在实际工作中形成，学校所能培养的只是“可培训的能力”。再就是日本企业历史上就具有招收学徒、传授技能的传统，这就形成了企业内部职业教育和职业培训的历史文化基础。日本外务省的一项调查表明，在被调查的1 542 家企业中，实施教育培训的占88.1%，其中有计划地实施训练的占30.1%；在424个雇佣1 000名以上职工的大型企业中，实施教育培训的占99.8%，有计划地进行教育培训的占85.2%。

（2）办学主体配置优化。办学主体包括国家、社会和个人等多方面，不同的办学主体在不同的办学层次和培养目标上各有侧重。关系到国家的重要产业、支柱产业发展的职业教育，主要由国家投资办学；面向第三产业的专业，办学条件要求、技术含量等较低的职业教育，则以私人办学为主，完全依靠市场调节。

（3）严格的职业资格证书制度。日本企业对员工考核、提升、录用时要考查的一项重要内容就是其取得职业资格证书的情况。当公司员工报考更高层次工作的资格考试或准备资格考试提出进修时，日本公司都能给予支持，并提供不同程度的时间、经费支持，为开展终身职业教育创造了良好的外部条件。

（4）强有力的法律保障。日本先后出台了《产业教育振兴法》《职业训练法》《高等专门学校设置标准》《专修学校设置标准》《短期大学设置标准》《私立学校法》《私立学校振兴财团法》《私立学校振兴资助法》《职业能力开发促进法》等相关职业教育法律法规。对不同类型的职业技术教育学校的设置原则、培养规格做出法律规定，同时也对不同的办学主体给予法律上的保障，确保了职业教育的自主性和自律性。

4. 澳大利亚的“TAFE”模式及其特点

澳大利亚的“TAFE”模式是根据产业的需要，由行业培训咨询机构（ITAB）制定和开发，经国家培训总局（ANTA）批准的能力标准，按照能力标准开发，课程经论证和注册，学校和培训机构对学生进行培训与教育，按照能力标准评估所规定的评估指南对学生培训教育结果进行评估，并给评估合格的学生颁发准备就业的国家资格证书。

澳大利亚的“TAFE”模式特点如下。

（1）与普通教育“上挂下连”。澳大利亚提供职业教育和培训的专门机构全称为技术与职业教育学院，简称TAFE。“上挂”是指学生在TAFE学院取得职业教育文凭后，可以直接进入大学二年级学习，学分可以转换。“下连”是指与中等义务教育的高中阶段接轨，学生可从高中二、三年级进入TAFE学院，同时进行义务教育文凭学习和职业教育就业资格学习。

（2）定期开展教育培训质量评估。澳大利亚国家培训局严格审批教育培训院校和机构，每年定期注册培训机构，各教学评估机构根据培训规范检查教育培训质量。同时教学评估机构将毕业生的追踪调查作为重点，一方面要求学生反馈培训情况，另一方面要求用人单位提供全面考核情况，这对促进培训院校教学、保证职业教育培训的质量起到了十分重要的作用。

（3）职业教育社会认可度高。澳大利亚成立国家培训总局（ANTA），作为职业教育与培训体系的中央协调机构，它使行业、企业与职业技术教育与培训的提供者保持了密切联系，保证了职业教育体系在宏观上能够反映行业的需求和发展方向，也为发展、管理、推广全国性的职业教育与培训体系奠定了基础。澳大利亚国民对职业技术教育表现出高度的认同性，职业技术教育改革得到了社会各界的广泛支持和参与。

（4）按照职业能力标准和职业资格证书框架开放课程并组织教学。澳大利亚职业技术教育的专业和课程设置以行业组织制定的职业能力标准和国家统一的证书制度为依据，具体内容和安排由企业、专业团体、技术学院和教育部门联合制定，并根据劳动力市场变化不断修订。TAFE 学院能否开设某一专业，须经过地方教育部门和行业组织的严格审核，其教学普遍坚持能力为本位的指导思想，强调学生的主观能动性，学生可以按照自己的情况进行学习，教学组织方式灵活多样，教学工作的重点是培养学生实际工作能力，考核评价的标准是“学生应该能做什么”而不是“应该知道什么”，同时对在其工作和生活中获得的相关专业技能予以承认。

第三节　高职院校人才培养模式改革的探索与实践

一、基于工作室平台创意类专业人才培养改革与实践

学院在总结体制机制创新的基础上，探索“三元主体 + 教学企业 + 工作室”的办学模式。主要思路是借鉴德国“双元制”、新加坡“教学企业”和法国包豪斯“工作室”，这是世界有代表性的三种先进办学模式的精髓，突出政府、学校和企业作为办学的三元主体，促进行业协会参与职业资格标准与资格考核；由政府、学校和企业等多方共同投资，模拟德国“双元制”中的真实企业，在试验基地内建模拟企业（即教学企业），用于培养学生实践动手能力；在学校或企业建立工作室，培养学生的创新能力。

这一办学模式的改革创新需要政府从体制、政策、机构设置和经费等方面给予大力支持，需要行业协会在制订教学标准、人才培养方案、课程标准等方面给予大力支持，需要企业以主体的身份真正参与到办学的全过程，企业与学校需要更加紧密结合，以人才培养为纽带形成“共同投入，共同建设，共享利益”的共同体。

学院选择动漫设计与制作、汽车检测与维修、电子商务、产品造型设计（灯饰设计与应用）等四个专业作为试点专业，开展“技能 + 创新”为理念的人才培养模式改革实践，从课程体系、教学模式、教学运行管理、教学场所建设模式、学生管理模式、教学质量评价体系等六个方面进行全面创新。

为了推进人才培养模式改革，学院建设了包括互动媒体工作室、创意设计专业成果展示厅、产品造型设计工作室、摄影摄像工作室、录音工作室和汽车营销工作室等6个工作室，为试点专业推进“技能+创新”人才培养模式改革创造了硬件条件。以各专业工作室为平台，构建了教师、企业技术人员和学生共同组成的团队，开展模拟项目、技能大赛项目和企业真实项目多个层面的教学活动，全面创新人才培养模式。通过工作室平台，以项目为载体，加强学生与企业的对接，从而培养学生的专业技能、创新意识和团队协作精神，增强学生综合素质与创新创业能力。

1. *动漫设计与制作专业*

本专业坚持以服务为宗旨，以就业为导向，走产学研相结合的发展道路，形成了“一载体、双平台、三融合”的工学结合人才培养模式，即以学生工作室为载体，番禺动漫产业园与学院动漫人才培训基地（广州市政府首批支持的五大动漫人才培训基地之一）为平台，将教学过程与生产过程相融合、职业技能教育和职业精神教育相融合、艺术创意与技术创新相融合，充分体现了“技能+创新”人才培养模式的改革创新，主要取得了以下成果。

（1）建构模块化、递进式、项目化课程体系。

以企业真实制作流程和岗位职业能力分析为基础，以职业能力培养为本位，以工作过程为导向，以校企共建为途径，培养学生的职业能力、职业道德及可持续发展能力为目标，突出专业课程的职业性、实践性和开放性。按照“职业岗位→岗位需求能力→确立教学项目”的项目导向式的运行机制，面向“动漫游戏产品生产、设计、后期处理”建构课程体系（见图6-1）。

（2）建立了集项目教学、游戏开发、技术服务为一体的校内实训基地。

动漫专业根据开设的课程创建了动漫游戏CG原画实训室、三维动漫游戏模拟实训室、游戏项目模拟实训室等21间校内实训室，30间学生工作室，校内实训基地建筑面积达到3 838.1平方米，生均占地面积为12.8平方米，形成项目齐全、功能配套、国内领先的可强化学生技能训练的校内实训环境（见图6-2）。

（3）课程建设卓有成效。

通过项目建设，该专业全部完成了专业标准和课程标准的制定工作，建设了8门校级精品资源共享课程，“音视频编辑处理”获得省级精品资源共享课程立项。与此同时，在课程建设方面下大力气，建立了课程资源开发中心，建设了网络课程9门。与行业企业专家共同开发教材累计12本，自编教学讲义9本，深受广大师生与社会的好评。在教学资源库建设方面，也取得了一定的突破，初步建立了“游戏程序设计”“游戏美术”

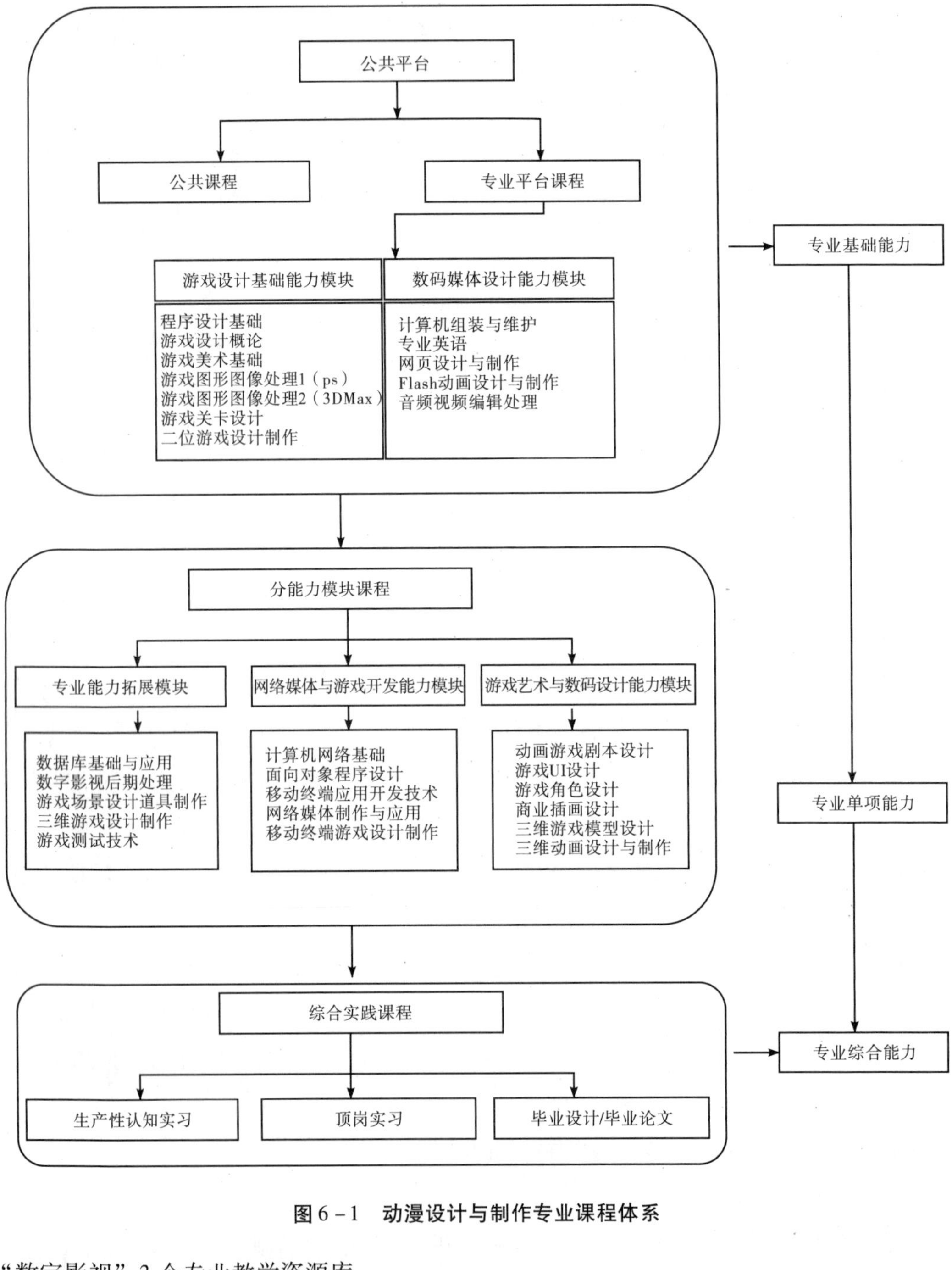

图6-1　动漫设计与制作专业课程体系

“数字影视”3个专业教学资源库。

（4）教科研成果丰硕。

教学团队成员主持9项省级以上教研教改课题（在研4项、结题5项），发表教学论文20余篇（核心4篇），获得广州市第九届教学成果奖二等奖，获得广东省第七届教学

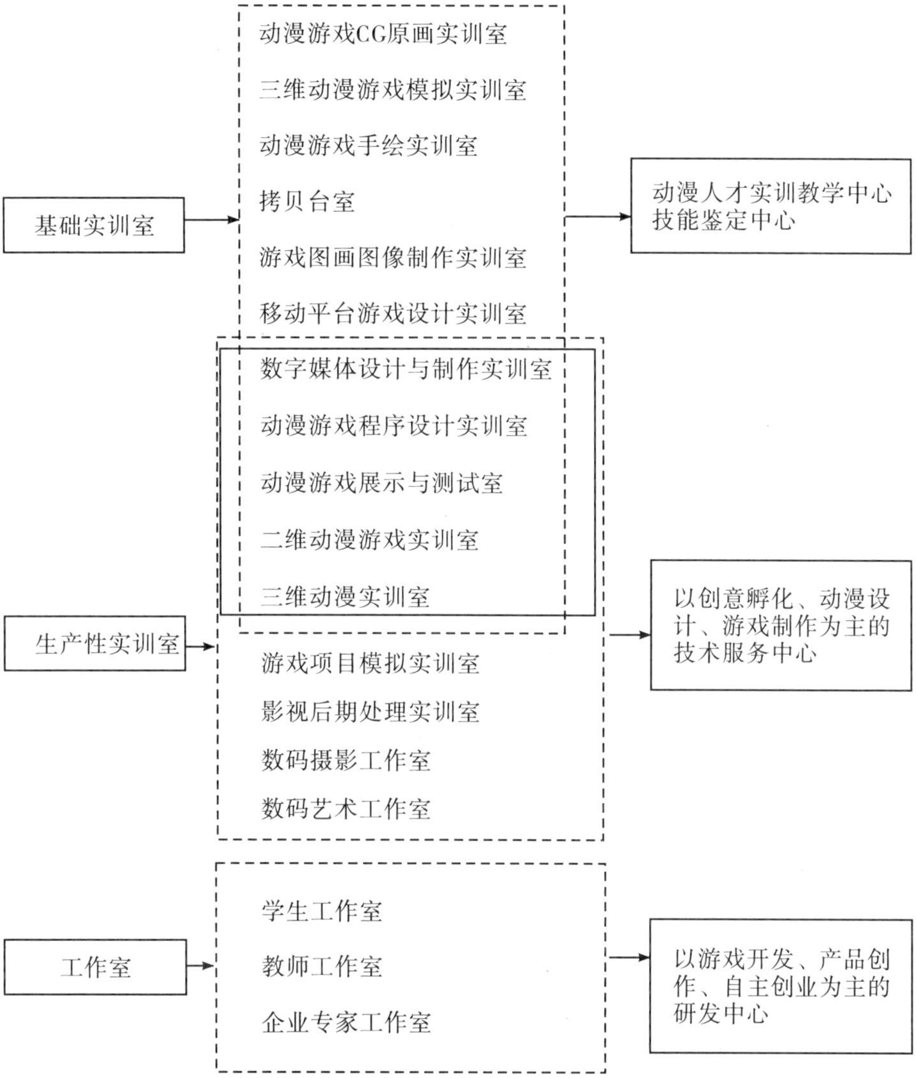

图6－2　动漫设计与制作专业实践教学基地情况一览

成果奖二等奖。完成横向项目10余项。该专业还依托学院广州市动漫人才培训基地（广州市政府资助），对校外动漫相关企业的在职人员进行专业知识培训，共计500多人次。

（5）技能大赛成绩显著。

学生在国家级比赛中获奖20项，省级比赛中获奖40余项，市级比赛中获奖60余项，其中较为突出的有：第三届中国大学生绿色游戏动漫设计大赛游戏策划项目特等奖；第三届大学生游戏设计大赛“金辰奖”二等奖；第四届Android应用设计中国大学生挑战赛总决赛三等奖；中国公共机构节能宣传作品一等奖；第二届全国大学生数字艺术创作大赛一等奖。

2. 汽车检测与维修技术专业

汽车检测与维修技术专业在原有“三级递进、工学交替”人才培养模式的基础上，经过充分的调研与论证，进一步形成了“技能＋创新”的人才培养模式。在“技能”方面，除了原有的三级技能的培养，还着重突出汽车疑难故障诊断的高技能技术人才的培养；在“创新”方面，通过课程体系、教学模式、教学运行管理、教学场所建设模式、学生管理模式、教师教学质量评价体系六个方面的创新，使学生技能提升、创新能力提升，取得了多项教学成果，具体成果如下。

（1）创新课程体系。

依据真实汽车经销店的功能布局，在汽车实训中心的基础上进行改建，使之建成涵盖汽车销售、维修接待、维修车间等部门的汽车教学（模拟）企业。通过职业岗位工作任务的分析，提炼典型工作任务，并以此为载体，规范地完成由简入难的工作任务，递进式地提升职业能力（专业能力、社会能力和方法能力）；并在模拟的工作任务中，优化、创新工作计划和实施，提升创新能力培养培训。建构模块化、递进式、项目化课程体系（见图6－3）。

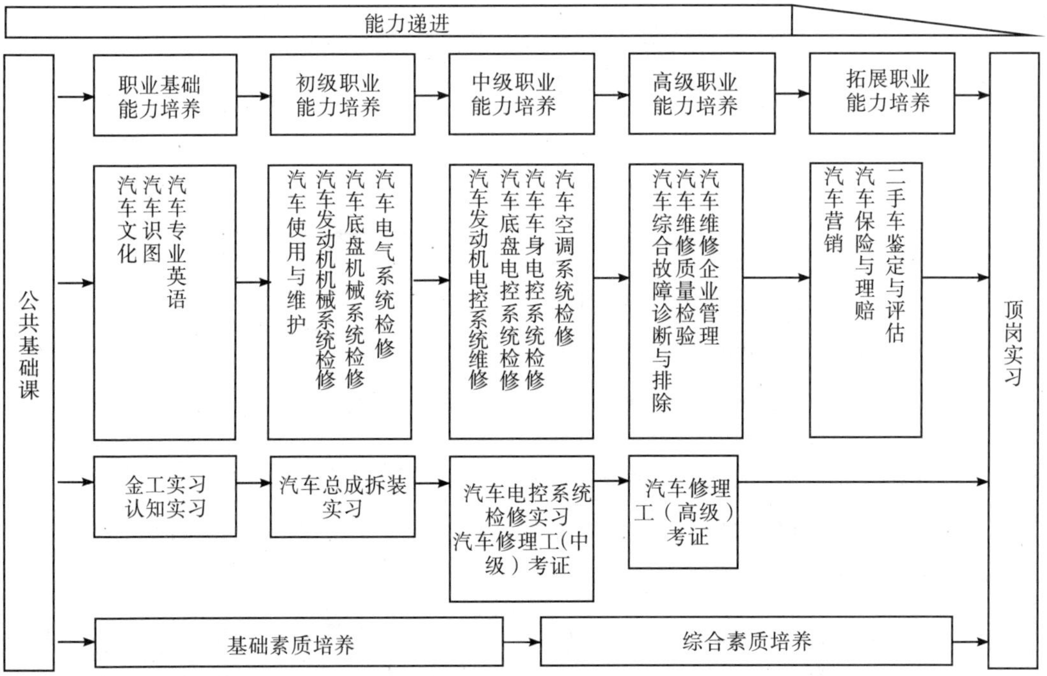

图6－3　汽车检测与维修专业课程体系结构图

（2）创新教学模式。

在基于工作过程课程体系的基础上，开展“教、学、做”一体化的情境教学方法，构建以学生为主体、学生自主学习的教学模式，强化职业能力、创新能力和就业能力培养。通过创建情境（来自企业的真实工作任务），使学生明确任务，然后采用“获取信息、制订计划、做出决策、实施计划、检查控制、评价反馈”六个环节组织教学，在真实的工作背景下（汽车教学企业）将所要学习的新技能、新知识隐含在学习任务中，以完成任务的过程作为教学活动的中心，教学活动、教材组织和教学条件等环节均围绕一系列的任务进行，使实践和理论高度融合。学生在教师的启发引导下，通过完成工作任务，发现问题、提出问题、解决问题，触类旁通，从而激发自主学习的动力，让学生成为学习的主体。

（3）建构校内教学企业。

按照“技能 + 创新”人才培养模式的思路，建成汽车商务类模拟教学企业，满足汽车商务类专业课程的教学功能，实现汽车类岗位业务和流程的学习和体验；突出现代职业教育理念及手段、典型工作流程和业务与行业岗位结合的职业技能培训模式（见图 6 –4）。

图 6 –4　汽车商务营销实训室（教学企业）

（4）教科研成果丰硕。

教学团队成员主持 10 项省市级以上教科研课题，公开出版教材 7 部，发表教学论文 3 篇，完成横向项目 4 项，校企合作成果 4 项，对外服务 10 项。教师、学生参加国家省市技能大赛获奖 16 项。

（5）专业建设成果突出。

博世汽车诊断实训中心获得教育部批准立项建设。汽车检测与维修技术专业被广东省教育厅立项为第二批省级重点建设专业，被广东省教育厅批准为职业院校中高职衔接“三二分段”试点专业。

3. 电子商务专业

电子商务专业建设以特色性、实践性、适应性、系统性和时代性为目标，国内电商和跨境电商“双线并推”，商务和技术并重，以工作室项目为载体，围绕以计算机技术为主的电子商务网站设计与美工，以商务为主的网络营销、客户服务管理和网上自主创业三个岗位能力需求，对专业知识、能力进行重新整合，引入行业职业资格标准，构建符合岗位标准的电子商务“三能合一”的教学模式。建立“项目引导、能力为本、逐年递进、突出创新”的多方共同育人模块化课程体系，形成“双线推进、三能合一”的电子商务特色人才培养模式。专业建设取得较好成果。

（1）创新课程体系。

根据区域电子商务发展的特点以及学生的个性发展需要，不断推动“双线推进、三能合一”人才培养模式改革，对专业的课程模块进行优化整合，或选择企业项目置换部分专业课程内容（见图6－5），使课程体系更贴近企业需求，课程内容更贴近岗位需要，设置“中小企业电子商务解决方案”“中小企业电子商务案例分析”“网上自主创业”等一批为中小企业电子商务服务的特色课程，使学生毕业后能更快地融入企业的工作中。

（2）建设校企合作工作室。

通过实施与北京立汉和文化发展有限公司、广州市满尚进出口贸易有限公司、广东创电科技有限公司等企业的“项目嵌入式”合作，充分利用和挖掘现有硬件设施的生产价值，承担企业的商务网站建设项目，负责网站页面设计和后台系统建设，增强工作室的生产性职能，将星诺工作室打造成为公司的“产品生产车间”；增添专业化摄影设备和多媒体处理工具，使CDE工作室承担企业网络广告制作和页面效果处理项目，将科贸微商城工作室打造成集微店营销、商务摄影于一体的“产品加工车间”。通过自建CDE中国创意商城C2C平台和CDE新创商城B2C跨境电子商务平台，并联合广州艾维基服饰有限公司等生产企业和供应商开展“工作实战式”合作，将企业产品的网络销售工作交给学生解决，让学生将所学的电子交易、网店运营、营销推广等多项专业技能融入创业实战，在实践学习中完成工作任务，在工作实战中检验学习成果。

（3）大学生创新项目收获丰硕。

工作室的专任教师大部分为“KAB创业教育”讲师，工作室以启发学生思维，调动

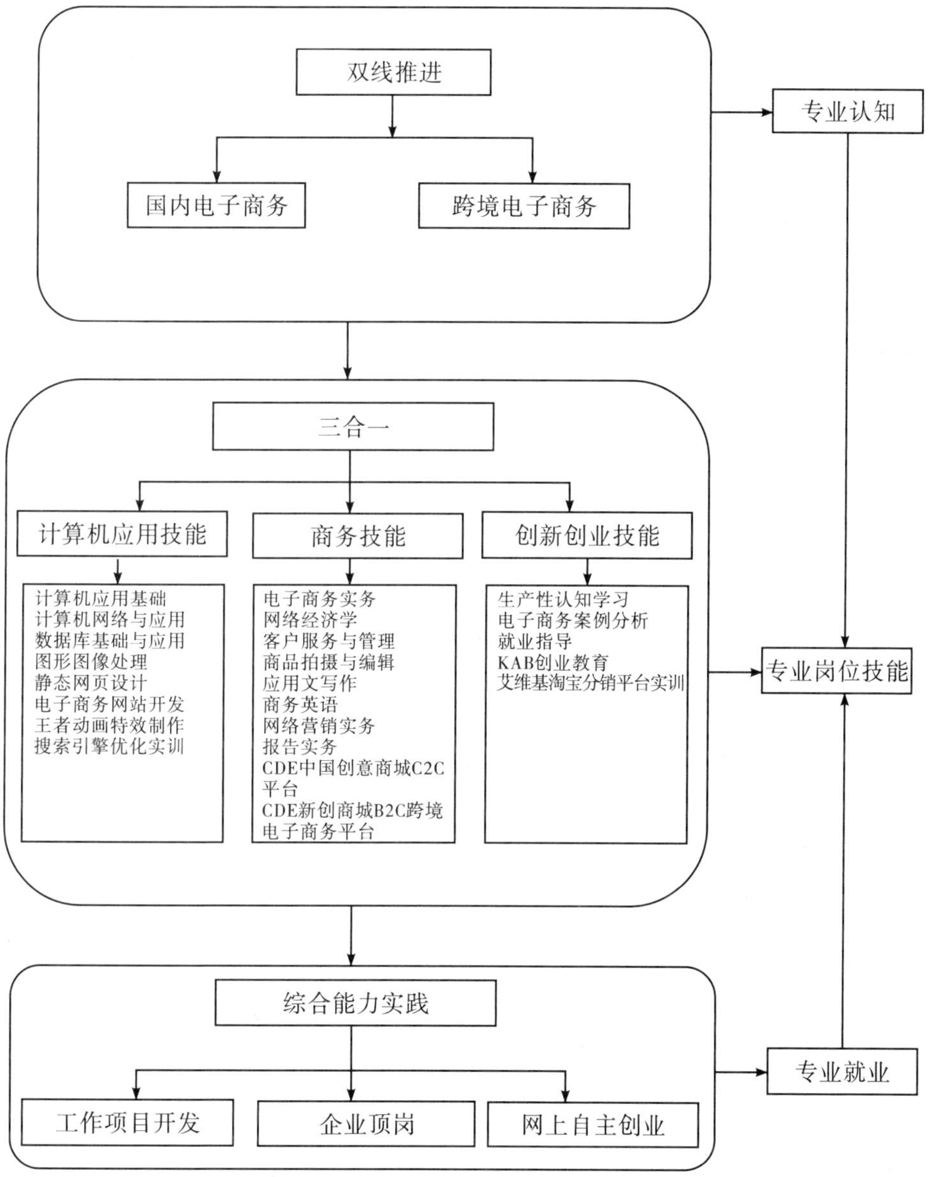

图 6－5　电子商务专业体系结构图

学生学习积极性和主动性为主要目的，鼓励学生独立思考，强调电子商务岗位技能的掌握，培养学生自主学习和创新创业的能力，为学生提供跨境电子商务平台的操作实训、跨境电子商务方向创业指导。先后获得广东省质量工程大学生创新创业训练项目立项 6 个，广州市大学生就业（创业）教育立项 2 个，院级立项 2 个。

（4）教科研成果显著。

电子商务教师获得的主要科研成果包括：承担教学改革研究课题 11 项；公开发表省

级以上教科研论文 7 篇，其中核心期刊 2 篇；承担横向课题 6 项（项目经费 40 余万元）；教师学生参加技能大赛获得省级二等奖以上 18 项。

4. 产品造型（灯饰设计与应用）

产品造型专业现主要下设灯饰设计与应用专业方向，自开始实践“技能 + 创新”理念下的人才培养模式改革以来，结合市场发展需要、用人单位需求以及设计发展趋势，不断深入调研、总结、论证，专任教师与企业导师联合制订具有鲜明特色的产品造型设计专业人才培养方案。结合项目教学，把技能培养放在首位，以提高学生的创新创业能力。具体创新实践取得如下成果。

（1）建构了模块化、递进式、项目化课程体系。

本专业以“校企合作、工学结合”“技能 + 创新”人才培养理念为宗旨，培养学生树立正确的思想道德观、职业道德和敬业精神，能吃苦耐劳、承担责任、承受压力、敢于拼搏、探索创新、团结协作、善于沟通、身心健康，掌握艺术设计的专业知识，能够熟练掌握现代设计语言和手段进行产品造型设计方面的设计与研究，能不断适应本行业发展的高端技能型专门人才的需求。根据产品造型设计专业对应的企业岗位，设置了模块化、递进式、项目化课程体系，具体课程设置见表 6 – 1。

表 6 – 1　产品造型（灯饰设计与应用）专业课程体系表

专业基础 知识与技能	设计素描的绘画和应用能力 设计色彩的绘画和应用能力 设计构成的基本法则与艺术造型能力 灯饰造型和灯饰制图的绘图与应用能力	设计素描 设计色彩 三大构成 产品摄影 创意设计思维训练 CAD 辅助设计与工程制图 人体工程学常识 产品形态语意学 产品设计效果图表现技法
创意、创新 设计能力	培养具有产品造型（灯饰）设计与应用能力 可以独立进行产品创意设计的能力	灯饰造型设计 照明原理 灯饰产品功能与结构设计 灯饰模型制作 灯具产品开发与营销 灯饰设计材料及工艺 专题设计

（续上表）

实操技术能力	能熟练运用设计软件进行设计效果表达 能较好地将理论运用到实践中 能较好地独立完成设计任务	Photoshop 软件 矢量软件（CorelDraw/AI） 电脑 CAD 制图 产品电脑三维设计 产品手绘表现技法

（2）初步构建系统化的专业实训基地。

产品造型设计专业拥有 1 292. 88 平方米的实训教学面积，拥有绘画基础工作室 1 个、数码设计工作室 2 个、摄影摄像数码工作室 1 个、多媒体教室 1 间、创意园实验实训中心 1 个（包括产品设计与模型实训室以及材料与构造实训室）。该专业获批市级课题支持专项经费 15 万元用于智造工场工作室建设，目前各项教学设施较为齐全。在未来三年，专业将申报产品三维快速成型实训室以适应现代市场的需求。

（3）教科研成果初见成效。

教学团队教师公开发表论文（作品）15 篇（幅）；公开出版教材 1 部；省市教研科研课题立项 4 项；教师学生参加技能大赛获奖 8 项。

二、探索现代学徒制人才培养模式

随着国内产业政策的调整，传统产业将会转型升级，而新兴的无污染、高科技的产业将会得到迅速发展，急需大批高技能型人才。虽然目前高职院校招生规模较大，而各地高职院校普遍采用的仍是班级授课的方式，这种教育方法可以在短时间内为国家培养大批的高职毕业生，有效缓解“技工荒”的现象，但是也出现知识与能力、知识内容与生产情境不融合，造成理论与实践脱节。因此，急需建立一种新型的人才培养模式，尽快消除这一教育方式的弊端。国外（例如英国和澳大利亚）在传统学徒制的基础上，分别提出了具有本国特色的“现代学徒制”和“新学徒制”，将其融入各自的高职教育培养体系之中。

因此，借鉴国外对技能型人才培养的成功经验，分析目前技能型人才培养过程中遇到的问题，结合学院实际，以汽车专业为试点，对传统学徒制在高职院校中的应用进行深入研究，通过校企合作，探索将传统学徒制融入对应教学课程体系当中，以构建具有新时代特色的“现代学徒制”，提高学院汽车专业技能人才培养的成效。

1. 建设目标

以校企合作为基础，以工学结合为途径，依据企业发展对人才的需求，引入行业技术标准和企业岗位资格标准，深化校企合作、产教融合。以学生（学徒）培养为核心，以专业设置、课程改革为纽带，以学校、行业、企业的深度参与和教师、师傅的深入指导为支撑，实现工学交替、半工半读。以制度体系建设为保证，通过校内的学习、企业的学徒，不断提升学生岗位职业能力。尝试实现学生（学徒）学业完成后由企业直接录用，形成招生即招工、上课即上岗、毕业即就业“三位一体”的职业教育人才培养新模式。探索适合学院特色的汽车专业现代学徒制，并编写相应的人才培养方案。引入行业技术标准和企业岗位资格标准，结合汽车专业学生综合能力的培养要求和全新编写的教学大纲、实训指导大纲、技能学习指导书、案例汇编、教材，与企业合作建立汽车专业的“校中厂”等，构建校企合作的现代学徒制育人模式。

2. 建设思路与内容

（1）现代学徒制的机制创新。

通过创新“政府主导、企业主体、学院主办”的办学体制机制，尝试构建“双主体”育人平台，明确学院企业的责任，落实学生和学徒双重身份，为现代学徒制实施提供制度保障，尝试形成利益相关方合作办学、合作育人、合作就业的长效机制。

①“双主体”办学机制。与广物汽贸等企业建立“双主体”办学机制。双方在合作办学过程中，共同规划、共同建设、共同管理、共享成果、共担风险。

②招生与招工机制的尝试。尝试采用先招工、后招生，招生与招工衔接，招生与招工同步等不同方式，确定“学生 + 学徒”双身份。尝试采取先招工、后招生的方式，即学院与企业签订合作培养协议，在企业现有具备参加高考资格的员工中（含与企业签订了用工合同的应届高中毕业生）通过自主招生的方式进行招生。

（2）“双主体”育人的人才培养模式。

校企双方共同成立专业建设指导委员会，根据各企业岗位工作特点，实施“工学交替、双主体育人”人才培养模式及“双证书”制度。如汽车检测与维修技术专业实施“2 + 3”工学循环模式，即学生学习第 3、4 学期，实行每周有 3 天时间在学校学习，2 天时间在企业当学徒。

（3）双线交织课程体系。

围绕企业核心岗位知识和能力要求，构建“学校课程 + 企业课程”双线交织的课程体系。汽车专业可以构建职前—职后全程双线交融课程体系。“双线交融”即以学校为主体，构建基于关键技能、汽车检修技术与国家职业资格的项目化课程、毕业论文子体系，形成专业基础技能学校课程链；以企业为主体，构建工作过程课程、顶岗实习的项目化课程子体系，形成专业职业能力企业课程链，通过职前企业工作与学校学习交替教学，实现“双线交融”。

（4）教学资源开发。

参照国家、行业职业资格标准，依据企业岗位典型工作任务及流程，选取和设计课程内容，学院课程注重任务的理论理解与应用，企业课程注重核心岗位工作任务的工艺与技术操作，并开发相关课程标准、课程学习项目、学习指南、电子课件、教材、实训指导、仿真实训操作、自主学习资源、习题及操作训练测试、课程网站等教学资源。

（5）教学团队建设。

开展以“双师素质”和“双师结构”并重的师资队伍建设，选拔聘请企业生产一线的高水平技术人员为兼职教师（企业师傅），与学院“双师素质”骨干教师组成现代学徒制师资团队。通过成立以学院名师为带头人的教师工作站，成立以企业技术专家、能手为带头人的技师工作室，广泛开展学院与企业人员互聘、双向挂职、横向课题联合研发等工作，努力打造现代学徒制教学团队。

（6）实践教学条件建设。

按照企业生产模式构建校内实训中心，创建学徒环境，充分利用企业生产资源，实现师傅带徒弟的教学，建设符合学院课程和企业课程教学要求的实践教学条件。把实训中心建在企业职业培训中心，由企业提供场地，由学院完成设备购置，按企业生产实境完成实训基地文化建设，引入企业车间布置和管理，营造学徒真实工作氛围，同时在企业车辆段设置三个技能训练场，完成学徒在不同岗位的技能训练。

（7）教学组织与运行管理。

学院和企业双向介入，制订教学组织运行管理文件，明确学院和企业教学组织与运行管理工作中的内容、标准和程序。如汽车检测与维修技术专业可通过职前企业工作与学校学习交替教学，实施职前教学组织，职后学院进修与企业培训交替培训。

（8）人才培养质量监控与评价。

落实学院和企业的主体责任，构建全学程、双向介入的人才培养质量监控和评价体系，按照学院学历教育和企业学徒的要求，建设包括人才培养目标评价、课程体系评价、课程评价等方面的人才培养过程质量监控与评价标准，包括课程考核评价、学生能力考核评价等方面的人才培养效果监控和评价标准。

如汽车检测与维修技术专业可根据维修岗位工作能力实际，确定维护、拆装、诊断等三个层面的实践技能考核内容，具体每个类别的实践技能考核均设置在某个具体的维修情境中展开，按照维修工作流程，组织实践技能考核。

3. 保障措施

（1）健全组织，完善制度。

为保证建设项目顺利开展，学院成立了创新强校工程建设项目领导小组，统筹规划和组织实施建设工作。明确责任分工，设立创新强校工程建设项目负责人，制定严格的责任追究制度，层层落实责任，确保各项建设工作落实到位。汽车专业成立师资队伍建设、课程建设、实训基地建设等若干具体的工作小组，详细制订各项工作的建设目标和建设方案，并负责项目的检查督促。

（2）抓好建设经费的使用与管理。

坚持以上级文件精神为指导，科学合理使用建设经费。强化经费管理，严格财经纪律，设立专门的账户，实行专款专用，确保专项资金使用的严肃性和合理性，使资金的使用发挥最大效益。

（3）建立完善教学质量监控与保障体系。

把社会评价机构、上级主管部门的评价与监控等外部教学质量监控，学院内部的教学督导与评估、各部门的检查与考核、学生评教与教师评学等内部教学质量监控，以及教学质量信息的收集与反馈、纠正与预防等，对问题的跟踪反馈与落实有机结合起来，实现对教学质量的全过程、全方位和全员性的管理，确保学院教学质量的不断提高。

三、高职院校中外合作人才培养模式探索与实践

随着经济全球化的迅速发展，尤其广东作为经济大省，无论是本地企业国际经营还是跨国企业本地经营，对技术技能型人才的需求日益增加，进而加快了高职教育国际化进程。为提升服务产业的能力，适应现代服务业、先进制造业发展的需要，培养具有国际化技术技能型人才已成为高职院校目前所面临的重要任务，学习国外先进教育理念、引进优质国际教育资源、加强国际理解教育、推动跨文化交流已成为学院教学改革的必经之路。学院通过与国际高等职业学校、国际教育机构及跨国企业合作，紧密契合广东尤其是广州区域经济发展的需要，结合学院重点特色专业建设，引进国际高质量的课程体系、先进的教学理念、国际职业标准、特色课程等国外优质职业教育资源，积极探索师生互派、学分互认的国际合作办学模式，促进学院开展国际教育合作与交流，培养具有国际视野、通晓国际规则、具有国际竞争力的国际化技术技能型人才。

1. 建设目标

探索师生互派、学分互认的国际合作办学模式；与跨国企业开展合作，为国际化人才培养建立校内外实践基地；探索建立以服务地方经济为导向的中外合作人才培养模式；建设国际化人才培养所需的优质教学资源。

2. 建设思路

（1）积极探索师生互派、学分互认的国际合作办学模式。为适应现代服务业、先进

制造业发展的需要，学院开展多层次、宽领域的国际教育交流与合作。

（2）构建国际化课程体系。以学院商贸会展为特色专业学院，构建国际化课程体系，以商贸会展专业群为依托，开展国际合作交流，率先引进国际先进教育理念与课程体系，带动与辐射动漫设计与制作、市场营销、电子商务、物流等相关专业，搭建商贸与服务国际化平台课程。

（3）合作开发国际化课程、教材。

（4）联合开发与引进国际职业资格证。实现课程标准与国际职业标准相统一，人才培养与国际职业标准相适应。

（5）建设开放式、国际化实训基地。与跨国企业、境外企业、国际教育机构、国际高等职业学校联合开展技术技能型人才培养，共同建设国际化校内外、境内外实训基地，为国际化技术技能人才培养提供实习机会与有效保障。

3. 建设内容及方式

（1）开展广泛调研与论证，精心选择与学院发展相适应的国际高等学校、国际教育机构、跨国企业等合作伙伴。

（2）借鉴现有中外合作办学的成功经验，探索符合学院特色的中外合作的人才培养模式。

（3）依据能力本位理论，考虑人才规格、资源等限制因素，建立课程体系，将能力素质直接对应于课程内容，保证培养的明确指向性。

（4）依托国际合作项目，联合进行国际化课程开发，比如会展、营销、物流等专业的开设，嵌入双语课程，促进双语教学，提高学生国际化语言能力、沟通能力以及文化素养。

（5）以就业为导向、以服务区域经济为目标，拓宽国际视野，创新育人观念，积极开展学院国际化人才培养工作。

第七章　高职教育协同创新师资队伍建设探索

第一节　“双师素质”师资队伍建设的内涵解读

一、“双师型”师资提出的背景分析

我国“双师型”教师要领的提出，是在20世纪80年代中期。当时实行改革开放政策以后，各地经济得到了快速发展，急需高等专业人才，特别是应用型高等技术人才。为缓解经济发达地区人才紧缺的矛盾，原国家教委批准成立了金陵职业大学、合肥职业大学、江汉大学、西安大学、成都大学、洛阳大学、浙江大学附属杭州高等工业专科学校、常州工艺技术学院等110余所职业大学，开启了对高等职业教育的探索与创新，后来又相继在原国家重点中专基础上，成立和发展了一批专科学校来发展高等职业教育。职业大学的迅速兴起，对高等教育的改革和职业教育的发展，具有极其深远的影响。但是由于当时指导高等职业教育发展的方针不明确，对高等职业教育发展认识不到位，所以高等职业教育教学模式主要模仿普通高等学校，普遍存在重视理论、轻视实践，重视知识传授、忽视能力培养的问题。高等职业教育的特色在长期模仿普通高等教育后逐渐淡化，理论与实践的严重脱节影响了培养目标的实现，教师理论教学和实践教学不能协调统一的事实，成了高等职业教育进一步发展的羁绊。因此，构建高等职业教育办学特色、加强教师队伍“双师型”建设刻不容缓。

首先积极探索“双师型”教师队伍建设的学校是天津职业技术师范学院。1982年和1986年，该学院进行了两次较大规模的社会调研，分赴全国11省7市60多所技校及主管部门，了解技工教育的特点、师资队伍的建设和用人单位的需求。调查情况显示，技工学校师资队伍结构表现为理论课教师普遍超编，实践指导教师严重不足，尤其是专业理论课教师不能指导实习实训，实习实训指导教师不能讲授专业理论的现象最为突出。社会调研情况使该学院认识到，职业技术师范学院培养的既不是普通中学教师，也不是

一般的工程型人才，而应该是既有较强的专业理论知识，又有较强的实践操作技能，既能从事专业理论教学，又能指导技能训练的新型“一体化”职业教育师资，从而确立了培养“一体化”职教师资的构想，即要求毕业生不仅要取得大学本科证书，同时要求毕业生还要取得劳动部门颁发的相应工种技术等级证书。“双证”对“双师”后来的符号和意义有着深远的影响。根据资料推断，最早提出“双师型”教师要领的是时任上海冶金专科学校仪电系主任王义澄先生。1990 年 12 月 5 日，《中国教育报》刊载了王义澄先生的文章《建设“双师型”专科教师队伍》，开创了我国职业教育“双师型”教师队伍建设研究的先河，并对后来进一步认识“双师型”教师的内涵以及制定相应标准产生了重要影响。正是在教育界、理论界对建设具有较高理论水平、较强实践动手能力的“双师型”师资队伍积极研究与实践的基础上，在教育行政部门文件中，出现了最早的“双师型”概念。1995 年原国家教委在《关于开展建设示范性职业大学工作的通知》中，第一次明确提出了“双师型”教师的概念。其中第一条“申请试点建设示范性职业大学的基本条件”中的第四点提出：“有一支专兼结合、结构合理、素质较高的师资队伍。专业课教师和实习指导教师具有一定的专业实践能力，其中有 1/3 以上的‘双师型’教师。”同时在第四条第七点中也提到：“师资队伍结构合理，水平较高。专业课教师和实习指导教师基本达到‘双师型’要求。”至此，“双师”培养从少数高等职业院校的自发行为发展为“双师型”教师这一概念词汇，并被写入我国的教育政策中，标志着“双师”问题上升到了政策的高度。

“双师型”教师概念的提出，体现了时代发展的特色和人的全面发展理念，是一种促进高等职业教育教师终身学习的全新理念。“双师型”教师概念的提出，适应了“以满足行业需求为目标，以能力为本位，以学生为中心”的高等职业教育理念，在实践中也表现出旺盛的生机活力和广阔的发展前景。“双师型”教师概念的提出，既是对所有高等职业教育教师提出的一种专业发展理论，更是单一型的理论教学教师和实践教学教师继续教育和成长的目标导向。因此，“双师型”教师是高等职业教育教师队伍建设的特点和重点，大力推进“双师型”教师队伍建设，已经成为全社会和高等职业教育界的共同呼声。

二、“双师型”职业教育师资建设的政策沿革

我国关于“双师型”教师队伍建设的政策从正式提出到逐步完善，经历了政策从笼统过渡到具体、对象以中职教师扩展到高职教师、目标从“双师型”向“双师素质”的演变和发展。因此，我们将在高等职业教育“双师型”教师队伍培养与建设的政策中分

析找寻“双师”概念的演变轨迹。1995年原国家教委《关于开展建设示范性职业大学工作的通知》的印发，标志着“双师型”教师概念正式提出，也表明了职业教育领域对“双师型”教师发展的研究上升到了政策高度。1997年原国家教委《关于高等职业学校设置问题的几点意见》中，规定了师资队伍标准，即“副高级专业技术职务以上的专任教师人数应当不低于本校专任教师总数的15%；每个专业至少配备副高级专业技术职务以上的专任教师2人，中级专业技术职务以上的本专业非教师职称系列的或‘双师型’专任教师2人；各门主要专业技能课程至少配备相关专业中级技术职务以上的专任教师2人”，将“双师型”教师配备作为高等职业院校设置的必备条件。2003年，教育部《2003—2007年教育振兴行动计划》中提出“以建设‘双师型’职教师资队伍为目标，以师资培养培训体系建设为支撑，以推进职业学校人事制度改革为动力，通过制度创新和广泛开展以骨干教师为重点的教师全员培训，充实数量，优化结构，提高素质，完善制度，加强交流，进一步促进职业教育师资队伍结构的优化和整体素质的提高，适应职业教育改革和发展的需要”，从而明确提出“双师型”教师队伍建设的基本思路。2004年，教育部《高职高专院校人才培养工作水平评估方案（试行）》中规定，专业基础课和专业课中双师素质教师比例达70%以上为优秀学校的A级标准”，将“双师型”演变为“双师素质”，并对“双师素质”做了注解：“双师素质教师是指具有讲师（或以上）教师职称，又具备下列条件之一的专任教师：（1）有本专业实际工作的中级（或以上）技术职称（含行业特许的资格证书、及其有专业资格或专业技能考评员资格者）；（2）近五年中有两年以上（可累计计算）在企业第一线本专业实际工作经历，或参加教育部组织的教师专业技能培训获得合格证书，能全面指导学生专业实践实训活动；（3）近五年主持（或主要参与）两项应用技术研究，成果已被企业使用，效益良好；（4）近五年主持（或主要参与）两项校内实践教学设施建设或提升技术水平的设计安装工作，使用效果好，在省内同类院校中居先进水平。”2006年，教育部《关于全面提高高等职业教育教学质量的若干意见》中进一步明确指出：注重教师队伍的“双师”结构，改革人事分配和管理制度，加强专兼结合的专业教学团队建设。高等职业院校教师队伍建设要适应人才培养模式改革的需要，按照开放性和职业性的内在要求，根据国家人事分配制度改革的总体部署，改革人事分配和管理制度。要增加专业教师中具有企业工作经历的教师比例，安排专业教师到企业顶岗实践，积累实际工作经历，提高实践教学能力。同时要大量聘请行业企业的专业人才和能工巧匠到学校担任兼职教师，逐步加大兼职教师的比例，逐步形成实践技能课程主要由具有相应高技能水平的兼职教师讲授的机制。重视教师的职业道德、工作学习经历和科技开发服务能力，引导教师为企业和社区服务。逐步建立“双师型”教师资格认证体系，研究制订高等职业院校教师的任职标准和准入制度。重视中青年教师的培养和教师的继续教育，提高教师的综合素质与教学能力。

国家关于“双师型”教师队伍建设政策的逐步完善，反映了我国高等职业教育教师队伍建设的演变历程和总体趋势。第一，“双师型”教师的具体表述形式有所变动。除“双师型”外，还有“双师资格”和“双师素质”的表达形式。第二，“双师型”的特定含义从隐性到显性。1999 年之前，国家相关文件基本上只使用“双师型”教师的概念符号，从未涉及其特定含义。1999 年之后，《中共中央国务院关于深化教育改革全面推进素质教育的决定》对“双师型”教师概念内涵给予界定：兼有教师资格和其他专业技术职务的“双师型”教师队伍，开始涉及“双师型”教师概念的特定含义。第三，“双师型”概念符号的特定含义的描述趋向具体化、多元化、可操作化。1999 年之前“双师型”主要强调“双师”培养的重要性，但未界定“双师”资格标准；1999 年之后“双师资格”是指从事工程和职业教育的教师，取得相应的职业证书或技术等级证书的教师，典型解读是“教师” + “工程师”是“双师”；再之后提出的“双师素质”的可操作性是显而易见的，而且“双师”认定标准也从“唯证书”演变为“符合条件的实践经历可代替证书”的内容多元化。从“双师型”到“双师素质”的提法演变和发展过程，充分说明了对培养“双师型”教师的认识得到了进一步发展。

三、“双师型”职业教育师资队伍的概念界定

1.“双师型”教师是复杂多元的复合概念

“双师型”高职教师是一个广泛的术语，对具有不同理论导向和不同工作的人有不同的含义。在高等职业教育领域，“双师型”高职教师的内涵和外延极为丰富，既有群体结构的“双师型”教师，又有个体层面的“双师型”教师。立足于专业化高职教师教育的构建，应该善于从广义上去理解，而不能仅从狭义上去把握。

2.“双师型”教师是视角多元的广义概念

在社会转型时期，随着高等职业教育快速发展，“双师型”高职教师要领已经而且也应该被赋予新的内涵。对其特殊性的认识和把握是一个历史的、动态的发展过程。它将伴随着我国高等职业教育的和谐发展和创新变革而不断快速更新。应该说，“双师型”高职教师已经成为现代高等职业教育事业的一种意义符号。

3.“双师型”教师是层次目标的整合概念

高等职业教育的“双师型”教师，其专业发展应当是一个不断递进、循序渐进的过程，从单一型、叠加型到融合型教师，从初级到中级再到高级，不断实现专业水准的提

升与发展。“双师型”高职教师的职业理想目标由两个层次整合达到，第一层次达到教师职业能力目标的“双能力”，第二层次达到教师职业素质目标的“双素质”，成为真正专业化的“双师型”高职教师，从而形成群体理想的“双师型”高等职业教育师资队伍。

4.“双师型”教师是职教特色的本土概念

高等职业教育作为高等教育发展中的一个类型，肩负着培养面向生产、建设、服务和管理第一线需要的高素质、高技能、创新型人才的历史使命，因此高职教师不但要具有较高的教学水平和丰富的教学经验，还要具有丰富的实际工作经历和经验，并且要有较强的运用技术理论从事技术开发、技术转移、技术咨询、技术创新以及解决实际技术问题的能力，才能满足高等职业教育教学的实际需要。为此，我国职教界创造性地提出了“双师型”教师、“双证书”教师、“双职称”教师、“双师素质”教师等本质接近但表述不一的要领，而且正朝着正确的、科学的方向发展。“双师型”教师既是“时代发展与教师教育文化的产物，也是我国职业教育理论建设和话语创造的宝贵财富”。

四、“双师型”职业教育师资队伍的基本素质

1.“双师型”教师知识结构应具备广博性和交叉性

高等职业教育是一种模块式的横向课程体系，根据职业岗位对知识、能力、素质的要求设置课程体系，优化教学内容，在知识上强调学科体系的综合性，在能力上强调应用知识的能力。因此，“双师型”职业教育师资知识结构应具备广博性和交叉性。

(1)“双师型”教师应具备教育学、心理学知识，在教育教学实践工作中能够运用教育学的知识和原理，形成自身的教育理论体系，使自己的教学活动符合教育规律。其同时还要掌握一定的心理学知识和原理，因为知识学习是复杂的心理过程，教学中应充分利用心理规律、心理原理调动学生学习的积极性，让学生在掌握知识的同时，也形成良好的心理素质。

(2) 学科知识是“双师型”教师要具备的最基本的知识内容。“双师型”教师不仅要理解学科知识内容本身，还应该深刻理解学科知识的发展过程以及知识系统之间的关系。从适应社会发展需要的角度看，在教学中还要不断更新自己的知识，不断学习新的内容和接触新的领域，了解该学科的前沿发展动态和最新的科研成果，使自己适应高等职业教育与教学改革的需要。

(3)“双师型”教师既要能从事教育教学活动，又要能从事行业职业实践活动，并且还要将行业职业知识、能力和素质融合于教育教学过程中。因此，“双师型”教师必

须具备扎实的本行业的基本理论、基础知识和实践能力，了解社会、用人单位对本专业、本工种人才技能水平的要求，注重学生行业知识的传授和实践技能、综合职业能力的增强；具备把行业、职业知识及实践能力融合于教育教学过程的能力，即根据市场调查、行业分析、职业岗位分析调整和改进培养目标、教学内容、教学方法、教学手段，注重学生行业、职业知识的传授和实践技能、综合能力的培养。

（4）社会发展和科技进步造就了交叉性职业和综合性职业，这就要求“双师型”教师在知识面上应构建跨专业的知识结构，并将各专业的知识、技能融会贯通，渗透到教学活动中，同时又应及时了解科学技术发展的新趋势及新型学科、新型岗位的发展趋势和就业信息，以增强教学工作和就业指导工作的预见性、先进性和前瞻性。

2.“双师型”教师能力结构应具备实践性和应用性

随着高等职业教育的迅速发展，社会赋予了“双师型”教师更多的责任和权利，提出了更高的要求和期望。因此，“双师型”高职教师的能力结构应具备实践性和应用性。

（1）教学能力方面。应具有扎实的专业理论基础，能胜任本专业两门以上课程的教学，并熟悉相关课程的内容；能主编所授课程的教学大纲，参编相关课程的教学大纲，胜任与专业相关的实验、实习、实训、课程设计、毕业设计的组织与指导工作。

（2）专业实践能力方面。应具有一定的工艺能力、设计能力和技术开发与技术服务能力，并拥有技术开发成果或设计成果；具有中级工以上的生产操作能力，获得职业资格证书或相应技术等级证；具有胜任专业工作的能力，并有一定的专业实践经验，具有工艺实验及创新能力。

（3）创新能力方面。在科学技术日新月异、知识经济已现端倪、国际竞争日趋激烈的时代，“双师型”教师要不断接受新知识、新观念，分析新现象、新情况，解决新问题、新挑战，不断更新自身的知识体系和能力结构，以适应外界环境变化和主体发展的要求，而且要具有良好的创新精神、创新意识，能够组织指导学生开展创造性的活动和培养学生的创业精神。

（4）终身学习能力方面。高职教师的职业生涯是一个连续的专业发展过程，也是终身教育的过程，即集职前教育、入职培训和职后继续教育于一体的教育过程。教师个体只有具备较强的自我发展意识，把终身教育、终身学习当成一种自觉行为，才能适应社会的发展和科技进步要求，取得专业上的自我突破。

3.“双师型”教师素质结构应具备综合性和职业性

“双师型”教师应同时具备学校教师和企业员工的基本素质，要把学校教师和企业员工两个方面的知识、能力、技能和素质有机融合起来，吸收内化，并能有效再现，传授给学生，形成“双师素质”教师所特有的综合职业素质。仅单方面拥有学校教师的知识、能力、素质或企业员工的知识、能力、素质，并不能成为真正的“双师”。二者的融合才是关键。融合的表现是，“双师型”教师在教学过程中，将行业职业知识、基本素质和实践技能内化，并与自身的知识、能力、素质结合，转化为一种新的知识、能力和素质。这种新的知识、能力、素质将使“双师型”教师既能将专业知识正确、有效地传授给学生，又能将专业实践技能身体力行地传授给学生，同时还能潜移默化地培养学生良好的行业职业道德。教师的综合素质还表现在对学生进行职业指导和创业教育方面，这是高等职业教育的一项重要内容。高等职业教育具有极强的职业性，从功能上看，高等职业教育不仅担任学历教育任务，同时也担任着职业培训任务，因而职业性更为明确，这就决定了高职教师应具备职业指导和创业教育的能力，相应地决定了高职教师应具备社会交往能力和技术推广能力。

第二节　“双师素质”师资队伍建设的状况

我国高等职业教育师资队伍的现状与高等职业教育事业发展的需要严重不相适应，必须认真透视高等职业教育“双师素质”教师队伍建设的主要问题，理性反思高等职业教育“双师素质”教师队伍建设的主要原因，切实加强高等职业教育“双师素质”教师队伍建设。在此主要探讨高职教师来源渠道缺乏规范的准入程序、强势的吸引机制、规范的准入标准。“双师素质”高职教师培养培训缺乏规划的长期性与规范性、机构的灵活性与多样性、内容的自主性与个性化、评价的激励性与发展性。“双师素质”高职教师管理机制缺乏科学规范的资格认证制度、职称评审制度、人事聘用制度。

一、“双师型”高职教师来源渠道的现状

1. 缺乏规范的准入程序

我国高等职业院校教师来源主要有五个方面：普通高等院校毕业生、师范院校毕业生、职教师范院校毕业生、科研机构技术人员、工矿企业技术人员。由于缺乏科学规范的准入程序，来自各个渠道的师源只能是“八仙过海，各显神通”。往往是高等职业院校急需的人才无法引进，不需要的教师却通过非常规渠道挤入高职教师队伍。特别是高等职业院校急需的高素质、专家型的能工巧匠，由于人事管理制度等方面的原因阻碍其被高职院校吸纳。同时，由于缺乏政策依据，兼职教师的聘用也困难重重。正因为高等职业院校教师来源渠道缺乏规范的准入程序，严重阻碍了高等职业教育“双师型”教师

队伍的建设。

2. 缺乏强势的吸引机制

2002 年，教育部办公厅《关于加强高等职业（高专）院校师资队伍建设的意见》提出："各高职（高专）院校一方面要通过支持教师参与产学研结合、专业实践能力培训等措施，提高现有教师队伍的'双师'素质；另一方面要重视从企事业单位引进既有工作实践经验、又有较扎实理论基础的高级技术人员和管理人员充实教师队伍。学校在职务晋升和提高工资待遇方面，对具有'双师'素质的教师应予以倾斜。"但是，高等职业院校普遍存在师资数量严重不足的问题，"双师素质"教师队伍数量无法适应高等职业教育的蓬勃发展。2004 年，教育部《高职高专院校人才培养工作水平评估方案（试行）》中对"双师素质"内涵做了进一步界定，对"双师素质"教师比例做了进一步明确要求，优秀等级比例必须达 70% 以上。但高等职业教育普遍存在"双师素质"教师比例严重偏低问题。"双师素质"教师比例低不仅影响高等职业教育职能的实施和体现，而且严重影响高等职业院校培养高素质、高技能、创新型人才目标的实现。

3. 缺乏规范的准入标准

（1）从企业聘任兼职教师缺乏规范的准入标准。

2008 年，教育部在《高等职业院校人才培养工作评估方案》中，将高等职业院校师资队伍分为四个部分：校内专任教师、校内兼课人员、校外兼职教师和校外兼课教师。其对校外兼职教师的注释为"专指聘请来校兼课的一线管理、技术人员和能工巧匠"，对校外兼课教师的注释为"指聘请来校兼课的教师"，将校外教师分为兼职教师和兼课教师两种类型。由此可以看出，国家将聘任兼职教师作为补充学校师资、建设"双师素质"教师队伍、加强实践教学环节、增强学生动手能力的重要途径。但同时也应看到，部分高等职业院校将聘用校外兼职教师和校外兼课教师仅仅作为专职教师不足的一种补充，而且聘用的绝大部分兼课教师，主要是来自于普通中学、普通高校的从事基础理论课教学的教师，而不是来自企业、工厂、科研一线的承担实践教学任务的教师。这样的聘任教师来源，实质上与引进普通高校毕业生的结果是一致的，这有悖于高等职业教育聘任兼职教师的初衷。

（2）从高校引进的毕业生缺乏规范的准入制度。

对普通高校毕业生来说，高等职业教育是一个全新的教育类别，他们尚缺乏从事高等职业教育的实践经验，对高等职业教育的性质特征、规律和发展趋势普遍存在认识误区。其不能将高等职业教育的精髓融入教育教学中去，形成符合高等职业教育规律的课程与教学体系，造成现有高等职业教育不能体现自身特色，并成为高等职业课程改革的第一，缺乏多元化的职教师资培养机构，缺乏高校师资培养的多样化策略。在利用、发挥综合大学的师资和技术优势，提高高职师资培养整体水平和质量，在发挥利用大中型企业参与高职师资培养培训的责任和作用，形成大学与工矿企业共同培养高职师资的有效机制，畅通高等职业院校专业教师到企业提高技能水平等方面都有待改善。

第二，高职师资培养培训机构建设有待加强。近年来，新建的高等职业教育师资培养培训基地的师资水平和质量个体之间、学校与学校之间存在巨大差异，很多是从普通教育领域转为高职师资的培养人员，对于高等职业教育的认识理解、实践技能方面大都存在这样或那样的问题，对高等职业教育师资培养、培训工作造成很多不利，严重影响了高等职业教育“双师型”教师队伍建设的质量和水平。

3. 培训内容缺乏自主性与个性化

高等职业教育师资培训应突破高等学校教育时空的传统界限，既能使教师在其一生中都有接受培训的机会，也能使教师的一生某一阶段根据自身的实际需要选择或选择适当的培训，允许教师能自由地从一个阶段转到另一个阶段，也能自由地从学校转到企业，能够自由地进入各个不同的阶段，而又能在不同的点上离开。同时，高等职业教育师资培训应与教师的实际教学工作紧密联系，应能帮助教师解决教学中的困难，提升教学水平，促进专业发展。但从目前我国高等职业教育师资培训的情况看，教师对培训时间、培训内容缺乏自主选择权，教师培训基本上是作为任务、考核条件，特别是应付教育行政主管部门的评估指标体系的，教师基于行政命令成分参加教育培训。至于每位教师各自需要培训什么内容、应该培训什么内容却较少关注，导致教师本人也逐渐淡漠了对自身专业发展的自觉性。由于培训内容与教师实际工作脱节，影响了教师参与培训的积极性，教师培训普遍存在重形式、轻实效的倾向。培训没有真正起到服务教育、服务教师的作用。

4. 培训评价缺乏激励性与发展性

有效评价不仅仅是对被评价事物给出一个结论，还能通过评价促进被评价事物更好地发展。我国高等职业教育教师参与培训积极性不高、培训效果不理想的主要原因之一，是缺少有效的培训评价体系。长期以来，对高等职业教育教师的培训评价主要从管理与考核角度出发，有的人甚至把培训当作考勤，当作应付上级评估，当作谋得经济利益的方式，当作执行行政命令，而不考虑培训内容是否有利于教师的专业发展，培训结果是否有利于改进教学，从而造成教师对培训的消极态度甚至抵触情绪。而且，由于评价观念、内容、方法落后，评价结论无法说明教师培训的实际效果及被评价教师的素质实况，其效度、信度较差。为此，必须提出激励性、发展性的培训评价标准，即从以管理为导向转为促进教师专业发展，评价应注重教师专业成长的过程。

第三节 “双师素质”师资队伍建设的对策

高等职业教育“双师素质”教师队伍建设是一项复杂的系统工程，必须从宏观层面构建高职教师准入与发展的政策保障体系，从中观层面构建高职教师培养培训的运行保障体系，从微观层面构建高职教师培养培训的教学课程体系，建设高标准、高水平、高质量的高等职业教育“双师素质”教师队伍，保证高等职业教育高素质、高技能、创新型人才培养目标的实现。这里主要探讨高等职业教育构建“双师素质”教师资格的认证机制、构建“双师素质”教师职称的评审机制、构建“双师素质”教师的继续教育机制。

一、构建“双师素质”教师资格的认证机制

教师资格制度是一项法定的国家职业资格制度，是伴随社会分工变化产生的职业资格制度。教师资格制度自 1782 年在美国佛蒙特州实施以后，在西方主要国家也陆续兴起。尽管各国教育目标不同，教育制度不同，在教师资格制度形式和内容方法上也有所不同，但目标是一致的，就是用立法的形式规定教师任职资格，以确立教师职业法定地位，在与不合格教师的竞争中保护教师资格持有者的权利，以保证教育质量和教育事业发展。高标准的高职教师资格认证制度，是提高高等职业院校教师队伍质量的基础保证。

第一，应建立“学历证、技能证、师范证”三证齐全的高职教师资格认证制度。从可操作的角度来看，专业理论知识以本科及以上学历证书为标志，实践操作技能以专业技术中级以上职称或高级工技能证书为要求，教育教学能力以师范院校毕业或通过社会考试取得教师资格证书来体现，凭借“学历证、技能证、师范证”准入平台，从源头上控制与保证高等职业教育师资的质量。

第二，建立“一全、二师、三能、四证”的高等职业教育“双师素质”教师的标准体系。“一全”是指高职教师具有全面的职业素质，如科学人文素质、教师道德素质、专业理论素质、基本技能素质和健康身心素质，达到国家规定的合格教师标准。根据高等职业教育的办学特色和现代社会对人才规格的要求，还应包括信息处理能力、人际交往能力和相关专业的操作技能在内的基本素质，是“双师素质”教师职业素质的主要特色之一，也是高职教师着力要加强的基本内容与重要方向。“二师”是指高职教师既能够从事理论课教学，又能从事职业技能训练教学指导；既是高等职业教育教学活动的

“经师”，又是引导学生成长、成才的“人师”。“三能”是指高职教师具有比较全面的能力素质，具有进行专业理论或文化知识讲授的教育教学能力，进行专业技能训练和实践教学的能力，进行科学研究和课程开发建设的能力。“四证”是指毕业证、技能证或技术职称、教师资格证和继续教育证。“一全、二师、三能、四证”四个方面相互联系、相互制约，共同构成了高等职业教育“双师素质”教师完整的职业素质整体。

二、构建“双师素质”教师职务的评审机制

1986 年，原国家教委制定了《高等学校教师职务试行条例》，是我国实行改革开放后，在高等学校全面建立并实行教师职务评聘制度的开始。经过 30 年的实践与探索，高等学校教师职务评审已步入规范化、经常化、法制化轨道。2005 年，国务院《关于大力发展职业教育的决定》指出：“职业院校中实践性较强的专业教师，可按照相应专业技术职务试行条例的规定，申请评定第二个专业技术资格，也可根据有关规定申请取得相应的职业资格证书。”2007 年，江苏省人民政府在《关于进一步加强师资队伍建设的意见》中明确指出：“根据职业院校的特点，坚持学历、职业技能和职业资格并重的原则，进一步完善职业院校教师职务资格评聘办法。”2008 年，江苏省在省高校教师高评委会下单独组建高职高专学科评议组，对高职高专教师职务实行单独评审，在评审中重点考察教师的教育教学业绩、专业实践能力和科学研究成果，进一步推进了高等学校教师职务评审的分类指导、规范管理和体现特色的改革。但是，目前高等职业院校教师职务评审仍主要沿用普通高等学校教师职务评审标准，显然不利于高等职业教育的改革与发展，不利于高等职业教育“双师素质”教师队伍的形成与提高。

（1）应根据高等职业教育重实践、重技能、重应用的特点，单独制定高等职业院校教师职务评审条例，实行高等职业院校教师职务单独评审。在评审中既要强调理论知识的系统性、学术性和前沿性，考察教师教育教学业绩，更要突出高等职业教育的职业性、技术性和应用性特征，考察教师的专业实践能力，从而最大限度调动高职教师的主动性、积极性和创造性，更好地为人才培养和教学科研服务，更好地体现高等职业教育的特色。

（2）应根据高等职业教育“双师素质”教师队伍建设需要，分类型、分层次、分科目、分专业制定“双师素质”教师队伍标准，按照开放性和职业性的内在要求，鼓励教师申报评审第二个及以上专业技术职务，或通过相应考试取得职业资格证书，从而加快高等职业教育“双师素质”教师队伍的培养与提高。

（3）应根据高等职业教育师资队伍建设与改革的需要，尽快制定高职教师职务评审、资格认定和职务聘任等协调配套体系，构建积极有效的评价机制、激励机制和保障机制，

做到高职教师能进能出、职务能上能下、待遇能高能低，形成有利于优秀人才脱颖而出、有利于优秀人才发挥作用的评审机制和聘用机制，在教师中形成奋发向上、不断学习、自我创新的内在动力和内在需求，积极鼓励和支持教师为振兴高等职业教育事业而成才、成名、成家。

三、构建“双师素质”教师的继续教育机制

当前我国高职教师的职前培养、入职培训和职后教育基本上是处于人为的割裂状态，这种互相割裂的高等职业教育师资培训体系严重制约了教师的专业成长和师资培养的质量。因此，打破高职教师职前培养、入职培训和在职教育相互之间的割裂局面，构建职前、入职、职后一体化的师资继续教育体系，是我国目前高职教师教育改革的一项重要任务。

1．科学构建高职教师继续教育目标

高职教师继续教育的终极目标是一体化的“双师素质”。高职教师继续教育的具体目标要体现全面化和个性化，即既要以渊博的知识启迪学生的聪明智慧，又要以精湛的技能培养学生的职业能力，还要以高尚的人格塑造学生的道德情操。

（1）高职教师应当是知识渊博的教育者。

高职教师既要具有高级专业人才应具有的渊博的科学文化知识和系统的专业理论，还要具有完备的教育科学理论与方法。因为高职教师所拥有的本专业领域的知识体系与完善的教育理论素养及较强的教学能力，是赖以组织教育教学活动、卓有成效地影响和教育学生的基础；讲授知识、开发心智，是最富于创造性的实践活动。

高等职业院校日益深化的教育教学改革，对高职教师提出了越来越高的要求。教育实践及教学改革需要教育理论的指导，更需要总结成功经验和探索新的途径，以推动教育科学的发展。高职教师只有具备雄厚的理论底蕴，扎实的专业知识和较强的研究能力，才能够培养出既具有高等层次的科学文化知识，又具有较强的专业理论和专业技能的高素质、高技能、创新型人才。

（2）高职教师应当是学生学习的指导者。

2001年，联合国教科文组织修订的《关于技术与职业教育的建议》文件中指出：“应把指导视为整个教育体系的一个连续不断的过程，其目的应该是帮助所有的人进行自觉的和积极的教育和职业选择。”在现代科学技术快速发展、信息传播渠道广泛的时代，教师将不再享有知识占有者和知识传授者的独特优势，而是将更多地成为学生的一位学习顾问，一位帮助学生发现矛盾、交换意见的学习伙伴。现代职业教育的理念已经使教

师从传统的“教师中心”“课堂中心”的“圣殿”里走了出来，成为学生在更加宽广的空间里选择职业、掌握理论、形成技能和学会生存的有力指导者，在学生成长的过程中卓有成效地进行引导和指导。

（3）高职教师应当是学生人格的“塑造者”。

教师要将“尊师”与“爱生”结合起来。教育是培养人的活动，教师与学生虽然所处的地位不同，然而却是履行着同一项特定的义务。教和学，只有在教育者与被教育者心灵互相沟通的情况下，才能产生巨大的教育效应，取得良好的教育效果。爱护学生不仅仅是教师事业心的体现，而且是育人之纽带，打开心灵之锁的钥匙。教师爱护学生应该表现在对学生生活、学习和政治上的全面关怀上：在生活上要关心体贴学生，用自己真诚的爱去温暖学生的心；在学习上要热情帮助学生，用自己真挚的期待促使学生进步。这种崇高的师爱，正潜移默化地渗透着长辈和父母的爱与希望，体现着我们党和国家对青年一代的关怀和期待。正如苏联教育家苏霍姆林斯基说过的：“教育者最可贵的品质就是人性。”高职教师要将“教书”与“育人”结合起来。

高等学校各学科教材是根据我们党的教育方针，以马克思主义为指导编写的，它本身就具有内在的科学体系、逻辑体系和思想体系。不论是社会科学知识的教学，还是自然科学知识的教学，在引导学生认识客观世界和改造客观世界的同时，也培养学生对客观世界的观点和看法，对学生世界观的形成和思想品德的发展有着广泛而深刻的影响。因而单纯的知识传授是没有的，教学永远具有教育性，这是一个客观规律。教师应当自觉运用这个规律，为学生形成辩证唯物主义的世界观和共产主义的人生观奠定科学基础。如果教师在传授文化知识时不去研究、不去解决学生的思想问题，这实际上也是给学生一种思想影响，就是脱离现实、脱离政治。教师这种做法本身既是对思想积极向上的学生的一种冷漠，也是对受错误思想影响的学生的一种放纵。高职教师要将“社会需要”与“个性发展”结合起来。

我国高等职业教育事业呼唤建设既强调“社会需要”又重视“个性发展”的导师型的高校教师队伍。所谓导师型，是把开发学生的天性、尊重学生的个性、培养学生的创造力作为教育宗旨，鼓励学生自立、自强、自信、自爱，启发学生在思考中成熟，点燃学生的创造热情。在这种既宽松又强调纪律，既民主又强调集中统一的教育氛围中，必将摔打出一代真正的硬汉，一代无愧于我们时代的青年。

2. 科学构建高职教师继续教育模式

高职教师继续教育模式主要有高校培养培训模式、企业培养培训模式和校本培养培训模式，这三种模式相辅相成、优势互补，共同构建了高职教师继续教育网络。

（1）高校培养培训模式是指以高等学校为基地，利用高等学校的教育环境和教育资源，实施高等职业院校教师继续教育工程。

参与高校培养培训模式的主要有三种类型的高等学校。其一是职业技师学院，它的优势是具有职业院校学术性、师范性、职业性、技术性的办学特色，是我国高职教师培养培训的主体力量。它的主要培养培训对象应是高等职业院校骨干教师、长线专业教师，重点培养培训具有高职教育鲜明特色、满足高职一线需要，既有扎实的理论知识、又有较强实践技能的“双师素质”教师。其二是普通师范大学，它的优势是有较好的教师教育传统与经验，有较强的教育学科力量，重视教师教育教学素养的培养，能对教师进行正规系统的教师教育训练，因而对高职教师的继续教育有着独特的价值。它的主要培养对象应是高等职业院校教育管理人员和文化课教师。其三是综合性研究大学，它的优势是专业设置基本能够覆盖高等职业院校所设的专业，在学科建设、专业建设方面处于领先地位，代表了事物发展的方向。它应以专业教师学历教育和专业负责人培养提高为主，使他们了解学科发展前沿、专业发展趋势，培养他们专业开发、专业规划和专业建设的领导能力和实施能力。

（2）企业培养培训模式是指以行业、企业为基地，利用行业、企业的教育环境和教育资源，实施高等职业院校教师的继续教育工程。

企业培养培训模式的优势是高等职业教育与社会经济发展联系最为密切，主要表现在高等职业院校的专业建设应随产业结构和企业产品结构的变化而变化。随着科学技术进步速度的加快，产业结构调整的步伐加快，企业产品的生命周期越来越短，迫使高等职业教育的专业调整和变化的速度加快；而高等职业院校传统的一元化的校本师资队伍，往往使学校的教师队伍建设难以适应这一变化，出现教师结构滞后于专业结构建设的现象；在教师流动性差的情况下，还会出现一些过时的专业、过剩的教师，而新兴专业却教师短缺，特别是“双师素质”教师严重不足极大地制约了高等职业院校适应市场变化的能力和应用型人才培养的质量。因此，高等职业院校应建立教师参与企业实践制度，定期组织从事专业课、实践课教学的教师和从事产品研发与技术改造的科研人员，深入企业或科研院所实践锻炼，跟踪了解企业一线最新技术，参与技术攻关和合作研发，亲身体验企业的生产过程和运行过程，使高职教师能够多渠道、多层次、全方位地进行生产实践活动，在生产实践中锻炼提高。

（3）校本培养培训模式是指源于学校发展的需要，因学校发起和规划的，旨在满足学校每个教育工作者需要的校内培训活动。

我国教育部师范教育司编著的《教师专业化的理论与实践》认为：“校本培训是指

在教育行政部门和有关业务部门的规划和指导下，以教师任职学校为基本单位，以提高教师教育教学能力为主要目标，把培训与教育教学、科研活动紧密结合起来的一种继续教育形式”。校本培养培训模式的优势主要表现在三个方面：①校本培养培训强调基于学校，一切都围绕高职教师任教学校的教育教学实践和教师个人专业发展开展继续教育，改变过去高校教师继续教育自上而下、脱离学校教育教学实际需要和教师个人专业发展需求的弊端，真正做到自上而下与自下而上紧密结合，高职教师继续教育与高职教师专业发展及教育教学实际紧密结合。②校本培养培训具有以校为本、以人为本的优势，尊重学校、教师继续教育的选择权，使高职教师的继续教育具有较强的针对性、明确的目的性、积极的主动性，而这些正是决定高职教师继续教育成败的关键因素。③校本培养培训实现了全员培训的优势，改变了过去在高职教师继续教育中，由于观念、管理、经费等因素，考虑专业课教师、实践课教师较多，而考虑文化课教师、基础课教师较少的问题，让不同学科背景的文化课教师、基础课教师、专业课教师及实践课教师享有同等培养培训机会；同时让他们利用培训机会相互学习，取长补短，增进交流，拓宽专业发展视野，促进学科融合，增强跨学科教学能力。校本培养培训的主体应该是多元化的。在英国，教师的校本培养培训主体不仅有教师任教学校，同时地方教育部门、高等学校、教师培训机构及相关专业人员也参与教师校本培训的共同计划和共同实施，而培训主体除了教师任教学校和地方教育部门等主要执行主体不变外，其他教师培训主体可以根据实际需要进行组合和调整。校本培养培训模式虽然强调了以教师任教学校为主体，以学校教师实际教育教学需要为出发点，但不能忽视高等学校、行业、企业、教师培训机构及专业培训人员的参与指导作用。校本培养培训的内容应该是以教师的专业成长和专业发展需要为出发点，有目的、有方向地引导教师的专业发展，激发教师确立正确的专业发展愿景，从而实现教师个体的专业发展和学校整体的发展和谐统一。

第四节　“双师素质”师资队伍建设的探索与实践

目前学院师资队伍的数量、结构基本合理，能够满足教科研工作需要，但仍存在一些问题，如高水平的专业带头人还不足；教师实践教学能力有待进一步提高，尤其近几年新引进的青年教师，缺乏授课经验和专业实践技能；师资队伍激励机制有待进一步完善。学院将通过“双师素质”教师队伍建设，满足技术技能型人才的培养需要；通过专业带头人队伍建设，引进专业带头人，培养提升专业带头人的水平；通过青年教师成长系统建设，迅速提升青年教师教学、专业技能；通过教学团队建设和科研创新团队建设，形成一批有较高专业水平、较强创新能力的团队；通过开展教师职教能力与创新能力提升工程，全面提升教师高职教育课程教学的能力与创新水平；通过高层次技能型兼职教师队伍建设，增聘30名高层次技能型兼职教师。这些项目建设顺利推进，将较大地提升学院的教学水平和创新能力，从而增强办学竞争力。

近年来学院根据专业建设和人才培养需要，引进与培养并举，深入推进教师队伍建设。通过专业教师进企业顶岗实践、与企业联合研发项目等途径，“双师素质”教师的数量与质量均得到了明显提高，为“双师素质”教师队伍建设打下了基础；通过骨干教师校本培训、对青年教师进行职业教育教学能力培训和“传帮带”等措施，提升专任教师的职教理念高度和职教理论水平，为教师成长系统建设提供了条件；通过考研晋职、专业带头人业务培训等途径，教师的学历层次、职称结构得到大幅提升，师资结构得到不断优化，又给优秀教学队伍和优秀科研创新团队建设带来帮助和支持。学院委托宁波职业技术学院到校实施了“教师职教能力与创新能力培训测评”，反响良好，正在有序开展。总而言之，经过几年的努力，学院师资队伍建设成效明显，师资队伍建设的条件得到改善，教师的能力水平显著提高，能够胜任各项教科研任务。

同时对学院在制度建设方面不断深化，先后制定和完善了《师资队伍建设与管理办法》《教职工进修培训管理办法》《骨干教师遴选与管理办法》《专业带头人遴选与管理办法》《“双师素质”教师资格认定及管理办法》等一系列管理制度以及《广州科技贸易职业学院“十三五”师资队伍建设规划》《广州科技贸易职业学院“强师工程”实施方案》等建设方案，为学院高水平教师队伍建设提供了坚实的制度保障。

一、高层次技能型兼职教师队伍建设

目前学院兼职教师已有一定规模，但队伍不够稳定，人员素质参差不齐，可承担的专业学时不多，对教学质量造成一定影响。为了加强兼职师资队伍建设，发挥兼职教师队伍作用，学院搭建了校企合作的良好平台，充分利用企业人才资源，聘请合作企业的技术、管理骨干和能工巧匠来校任教，同时定期组织进行高职教育理论和教学能力培训，建立一支高素质和相对稳定的高层次技能型兼职教师队伍；达到每个专业聘请有1名高水平人才作为兼职专业带头人，聘请企业生产、管理第一线或具有行业企业工作经历的技术骨干、能工巧匠担任兼职教师，比例占全院教师的50%；形成实践技能课程和顶岗实习主要由具有高技能水平兼职教师讲授和能工巧匠指导的机制，兼职教师承担的专业课学时比例逐步提高，建成符合高职院校发展要求的“双师结构”教师队伍。

1. 建设思路

加强校企合作，聘用合作企业的技术、管理骨干和能工巧匠来校任教，扩大兼职教师队伍的规模，提高兼职教师承担专业学时比例。组织对兼职教师进行高职教育理念、教育心理学及教学方法、教学手段的培训，不断提高他们的教学能力，切实提升兼职教师队伍素质。加大对兼职专业带头人的遴选、培养和使用力度，聘用兼职专业带头人参与专业建设、参与实验实训基地建设和指导青年教师等工作。

2. 建设内容及方式

（1）重视对兼职教师的引进。

通过各种形式、各种渠道，积极聘请具有行业或企事业单位背景、具有生产一线丰富实践经验的专家、技术能手、工程师、管理人员、技术人员等担任有关专业的兼职教师，承担专业课或实践技能课程教学工作，兼职教师承担专业课时的比例不断增加。

（2）加强对兼职教师的培训。

为兼职教师开展高职教育理念、教育心理学及教学方法、教学手段的培训，不断提高他们的教学能力。组织召开专兼职教师座谈会、经验交流会、教学研讨会等活动，加强专兼职教师之间的交流与沟通，使他们互相取长补短，提高业务水平，以形成整体师资合力。

（3）规范兼职教师的聘任与管理。

修订完善学院《兼职教师管理办法》，进一步规范兼职教师聘任资格并逐步建立行业企业兼职教师教学档案，探索“校企双向互聘”机制，即企业向学院派出兼职教师，学院向企业派出访问工程师，实现校企融合、协同共建的方式，稳定兼职教师来源。

（4）聘用与培养兼职专业带头人。

根据不同专业需求设立特聘岗位，制定优惠政策，选拔和聘用兼职专业带头人参与专业建设，指导学生顶岗实习，讲授部分专业核心课程，作为项目负责人带领院内教师开展横向项目研究、参与实验实训基地建设、指导青年教师等具体工作，推进专业建设、实训基地建设和师资队伍建设。加大对兼职专业带头人的培养力度，安排兼职专业带头人在国（境）内外参加高职教育理念培训和教学技能提升培训，以提升兼职专业带头人的高职教育执教能力。

二、“双师素质”教师队伍建设

学院的人才培养定位为面向生产、管理一线的应用型人才，需要大量的“双师素质”教师。目前学院的教师大多偏重理论教学，对实践技能重视不够，进而影响了应用型人才的培养质量。在学院教师顶岗实践和“双师素质”教师管理制度的推动下，加上校企合作平台的良好支持，引导专业课教师积极向“双师素质”教师转变，“双师素质”

教师的比例和质量得到较大的提高。采取各项建设措施，切实加强专业课教师的实践能力，使之成为名副其实的“双师素质”教师，并逐步提高“双师素质”教师的比例。通过努力，学院“双师素质”教师占专业课教师比例提升至90%，专业课教师每3年到企业顶岗时间不少于半年。

1. 建设思路

进一步要求专业课教师积极参加企业生产实践、应用技术研究项目、工程施工项目、开发应用项目、调查与对策研究项目，参加专业技能培训并考取高级技术（技能）等级证书，提高自身实践能力。与企业联合培养专业课教师，针对教师实际情况，实行分类培养，对未具备“双师素质”的教师，要求五年内到企业顶岗实践两年以上。未来三年内派遣不少于150名专业课教师到企业顶岗锻炼。重点从生产一线引进学历层次高、实践经验丰富的专业技术人才，确保新进专业课教师原则上具有3年以上企业工作经历。

2. 建设方式及内容

（1）规范教师顶岗实践制度，提高教师实践能力。

修订《教师顶岗实践管理办法》，进一步明确专业课教师到实训基地和企业锻炼的目标、考核办法及待遇等，使院内专任教师深入行业企业第一线实践形成制度化、规范化，为教师下企业实践锻炼提供制度保障。把每3年到企业顶岗时间不少于半年的专业课教师比例作为部门工作目标任务的一项重要指标，并纳入对各二级学院（部）绩效考核的内容。

（2）完善“双师素质”教师认证制度，提升教师社会服务能力。

制定完善“双师素质”教师认证制度，加大专业教师“双师素质”的认定和管理力度。通过修订《“双师素质”教师资格认定及管理办法》，强化“双师素质”教师建设的制度保障。建立院内“双师素质”专业教师评价激励机制，一是提高“双师素质”专业教师奖励性绩效工资水平；二是将“双师素质”作为专业教师职务晋升、评优的必备指标；三是对专业教师参与社会实践、社会服务、挂职锻炼的时间和经费给予制度性保证。

（3）深化校企合作，建立“双师素质”教师培养长效机制。

借助教师成长系统，建立“双师素质”专业教师继续教育的培训制度和“教师职业生涯规划”制度，把“双师素质”提升纳入每一位教师的个人职业生涯规划，根据教师年龄、学历、经历等具体情况，制订继续教育培训计划，定期予以考核。鼓励教师组队进驻项目团队孵化器，承接企业项目。

（4）提高准入门槛，健全专任教师准入机制。

建立专任教师准入机制，落实学院《人才引进管理办法》，为学院的人才引进提供制度保障。在人才引进过程中，根据学院专业发展和师资队伍建设的需要，通过向社会公开招聘、引进等方式，吸纳一批具有硕士及以上学位或中级及以上职称的企业优秀人才，不断改善和优化专任教师队伍结构。

三、专业带头人队伍建设

针对目前学院高水平的专业带头人数量不足，特别是缺乏实践经验丰富的行业企业兼职带头人，制约了专业教学团队建设等问题，学院研究决定，通过引进高水平专业人才、加强校内专业带头人的培养、聘请校外行业企业优秀人才做兼职专业带头人等方式，全面提升专业带头人队伍的综合实力，保证每个专业均有校内专职、校外兼职双专业带头人，从而确保专业教学团队可持续发展。

1. 建设思路

分批安排院内所有专业带头人赴国（境）外培训、研修，承担厅（局）级以上教研和科研项目，主持专业建设及核心课程开发，增强其专业总体规划及资源整合能力。经过三年的建设，专业带头人国际化培训比例达到100%。采取重点专业重点引进、紧缺人才破格使用的原则，优先确保物流管理、动漫设计与制作、国际贸易、会展策划与管理、机电等紧缺专业带头人的引进。设立兼职专业带头人特聘岗位。计划聘用30名兼职专业带头人参与专业建设、实训基地建设和师资队伍建设等工作。与院内专业带头人配合，实施校企互动的“双专业带头人”制。

2. 建设方式及内容

（1）加大制度保障力度，重视专业带头人的选拔与培养。

修订和完善学院《专业带头人遴选与管理办法》，通过制度建设，强化对现有专业带头人和具备专业带头人培养条件的教师进行培养。所属部门每年提供给专业带头人进行专业调研的机会，使他们有针对性地学习、借鉴示范院校人才培养模式改革、校企合作、师资队伍建设等方面的办学理念和成功经验。学院拓宽专业带头人视野，提高其在行业企业的影响力，使其专业水平与国内外先进水平接轨，在专业建设和专业改革中充分发挥引领、组织作用。

（2）创新引进机制，加大专业带头人引进力度。

进一步修订完善学院《引进人才管理办法》。根据目前学院师资队伍状况及专业建设、课程建设对人才的需要，规范和完善人才引进工作机制。拓宽高层次人才引进的渠道，加大人才引进力度，实施引进人才的优惠政策，引进职业教育需要的高水平人才。对计划新增专业，要适当提前储备人才。

（3）借力企业优秀人才，聘用与培养兼职专业带头人。

通过制定学院《聘用兼职专业带头人暂行办法》，规范行业企业兼职专业带头人的聘用，聘请的兼职专业带头人须是在行业企业有一定影响力的专家。同时加大对兼职专业带头人的培养力度，安排兼职专业带头人参加教学技能提升培训，不断提高他们的教学业务水平。

（4）完善考核管理，提高专业带头人能力。

建立有效的激励、考核与过程管理机制，将专业带头人培养纳入学院岗位聘任、考核体系，专业带头人的工作业绩与年终考核直接挂钩。专业带头人实施滚动淘汰制，每年进行一次期中工作检查，不符合要求者亮黄牌警告，每两年进行一次期满考核，对不符合要求者进行淘汰，保证专业带头人的高质量、高水平。

四、青年教师成长系统建设

新引进的青年教师大多由于缺乏实践工作经验和教学技能，制约了教学质量水平的提升。但这些人员大多有较高的学历背景，可塑性强，发展潜力大，在学院现有制度和资金保障前提下，加大青年教师培养的力度，提升其能力水平是完全必要的。鉴于此，学院确定开展青年教师成长系统建设，通过对青年教师进行职业生涯发展指引，以及有计划的“传帮带”和专业能力培训，逐步将青年教师培育成学院发展的中坚力量。按计划培养出100名左右社会服务能力强、实践教学效果好、在本专业有较大发展潜力的青年骨干教师，其中有约20名青年教师成为广东省优秀青年教师培养对象、广东省“千百十工程”校级培养对象、广东省青年骨干教师国内访问学者以及广东省高层次人才等教育精英，构建专业发展核心。

1．建设思路

每年组织新教师进行岗前培训，开展教育教学理念、教学方法、教学规范、校园文化等方面的教育。开展岗位练兵，组织青年教师进行教学竞赛，参加企业实践锻炼和省、市技能大赛等活动，激励青年教师“比、学、赶、帮”，提升整体教学水平。配备青年教师专业导师，实行“以老带新”，指导帮助青年教师提高实践教学能力。每年选送优秀中青年教师到国内外高水平大学进修深造，提升中青年教师专业水平。定期对青年教师进行职业教育教学能力培训和测评，加深青年教师对先进职教理念的理解，并不断提高青年教师的执教能力。

2．建设方式及内容

（1）依托学院教师发展中心，为教师职业生涯发展做指引。

组织新教师和青年教师参加各级各类岗前培训和高职理念培训，举办业务讲座，指引青年教师参加继续教育培训，申报教师资格认定、专业技术资格评审和职业技能鉴定，使他们了解怎样评选学院青年骨干教师、省优秀青年教师、“千百十工程”校级培养对象等。指导青年教师根据自身情况，制订切实可行的职业生涯发展规划，具体某个时点要达到什么目标（如××年取得高校教师资格、××年取得讲师职称等），明确自身的发展方向，激发青年教师在职业生涯中不断前进。

（2）集成资源，构建教师成长系统。

利用现有的信息综合服务系统作为网络技术平台，构建教师成长系统。该系统集资源共享、教师职业能力提升指引和考核评价分析于一体，实现优秀教案、教学素材、教科研成果、合作企业信息、培训进修信息、相关政策法规等信息资料共享。设置教师职业能力提升指引专栏，介绍相关业务知识，并开通线上论坛，为广大教师答疑解惑。各项考核评价在线操作，后台控制考核进程，并对各种考核结果进行深度的分析和及时反馈，为纠正教师成长过程中出现的偏差提供参考。

（3）做好“传帮带”，组建专业学习交流团队。

以教研室为单位组建专业学习交流团队，配备专业导师“传帮带”青年教师，对青年教师在职称晋升、学历提升、专业建设、教学工作、科研项目、社会服务、学习培训等方面给予支持帮助。根据高等职业教育的特点，对青年教师进行职业教育教学能力培训和测评，向年轻教师灌输先进的职业教育理念，将“满堂灌”的传统教学模式转变为“以职业活动为导向”的灵活生动教学模式。选送青年教师参加教学技能竞赛和进修培训，吸纳青年教师参与教科研项目建设，让其得到更多的锻炼。根据青年教师的发展进程，推选其参加各项高层次人才遴选，使团队结构不断优化，形成合理的人才梯队。

五、教学团队建设

学院为了在校企深度合作、共同育人、服务社会的活动中提高创新力和竞争力，需要对现有的教学资源进行有效整合。学院通过以专业建设、课程建设、项目建设等为主线，以责任分工为依据，对现有专业师资进行科学优化，补充团队必需的人才，打造与企业联系紧密、规模稳定、特色鲜明、综合能力强的专兼结合的优秀教学团队，从而提升整体的教学和科研能力，推动学院办学水平更上一个新台阶。学院通过教学团队建设，增强教学团队意识，建立和创新团队合作机制，优化教师整体结构，改革教学内容和方法，推进教学工作的传、帮、带和老中青相结合，提高教学和科研水平。

1. 建设思路

建设以教授、副教授为主体的团队，团队以专业群为建设平台，具有良好的合作精神和明确的发展目标。建设的教学团队成员不少于8人，专、兼职教师以及老、中、青教师均要科学搭配，职称和知识结构合理，并聘请企业专业技术人才和管理人才。遴选出师德高尚、治学严谨的团队带头人。团队带头人应为在岗在编的一线教师，可从学院内培养，也可从学院外引进，需具有较高的教学科研水平、较强的组织管理能力。做好教学团队中青年教师的“传帮带”工作，通过项目建设，培养出一批青年骨干人才，为学院的持续发展搭建人才梯队。从生产一线聘请学历层次高、实践经验丰富的专业技术人才和管理人才作为教学团队成员，为教学团队掌握行业发展的最新动态提供有效帮助。推动团队成员积极参与教学建设和改革，参加各项专业培训和行业交流，勇于承担产、教、研任务，努力提升自身的教学能力和专业水平。

2. 建设内容及方式

引进高学历、高职称人才，进一步提高师资队伍的学历层次和能力水平。有计划安排中青年教师在职攻读博士学位和参加各类专业培训，努力提高他们的专业水平。加强对青年教师的培养。为青年教师配备专业导师，实行“以老带新”，指导帮助青年教师提高实践教学能力。开展岗位练兵，组织青年教师进行教学竞赛，参加企业实践锻炼和省、市技能大赛等活动，激励青年教师“比、学、赶、帮”，提升整体教学水平。重点加强兼职教师队伍建设，聘请行业企业的专业人才和能工巧匠到学院担任兼职教师，逐步形成实践技能课主要由具有高技能水平的兼职教师讲授的机制。组织兼职教师参加教育培训、课程建设、教研活动，创新兼职教师聘任和管理机制，提高兼职教师的教学能力。通过参加国际性或全国性学术会议、教学研讨会等方式扩大年轻教师眼界，使他们及时获得教学改革经验与最新研究成果，提高科研工作能力和教学质量。鼓励专业教师积极申报科研、教研课题，经常开展科研、教学研究。通过承担课题，促使专业教师不断提高专业水平和教学能力。

六、教师执教能力与创新能力提升工程建设

为使学院全体教师树立先进的高职教育教学理念，熟练掌握高职教育课程教学设计的方法与技术，全面提升教师高职教育课程教学的能力与创新水平，为学院开展课程建设、专业课程体系重构及人才培养模式创新，提高人才培养质量打下坚实的基础，学院组织开展了教师执教能力与创新能力培训测评工作，全面推进教学改革，提高课堂教学效率和教学质量，促进学院可持续发展。通过培训，力争学院通过教师执教能力与创新能力培训测评比例达到95%以上。

建设方式与内容包括邀请校外专家对教师开展项目制作、专业实践能力与创新能力

制约因素。同时，在现有培养模式下，普通高校学生从学校毕业后，直接进入高等职业院校任教，因为没有或者很少经过专业实践的锻炼，实践能力和实践经验严重不足，在教学实践中，通常都采用知识传授的方式组织教学，不能理论联系实际，且由于这些教师之前都没有在企业或工厂实践的经验，使些得其本身缺乏实践操作的经验，这些将直接影响学生职业能力的形成。

二、“双师型”高职教师的培养问题

1. 培养规划缺乏长期性与规范性

1972 年，联合国教科文组织发表国际教育委员会的报告《学会生存——教育世界的今天和明天》，深刻地分析了新的科学技术革命对人类活动的影响，认为人类正在走向学习化社会，每个人必须终身不断地学习，才能适应科学技术的发展和社会的变革，终身教育与终身学习是学习化社会的基石。终身教育、终身学习观念也引发了中国教育的一系列变革，并逐步成为中国制定教育改革和发展政策的主导思想和指导原则。未来高等职业院校将是提供职业技能教育、不断更新知识的重要机构，在实施终身教育和推进社会发展中发挥重要作用。因此，随着知识经济时代的来临，终身教育理念逐步确立，将高等职业教育职前与职后教育有机结合起来，创造一个终身教育的完整连续统一体已成为世界趋势。目前，我国教育行政部门已经提出了高等职业教育“双师型”师资队伍建设的目标，尽管不同时期的文件中提出的目标和表达不尽相同，但已经成为高等职业院校“双师型”师资队伍建设的方向和根据，也成为对高等职业院校建设和发展的重要评估指标之一。我国高等职业院校普遍缺乏不断促进教师职业成长的长远的、可持续发展的培养培训规划，在完成易操作的学历达标后，教师职后教育和培训就成了可有可无、时有时无、无计划、无规范的“锦上添花”之作，严重影响和制约了高等职业教育“双师型”师资队伍建设的质量水平。

2. 培训机构缺乏灵活性与多样性

2003 年，教育部在天津、上海、北京、河南、浙江五地建设高职高专师资培训基地，由天津大学、天津职业技术师范学院、天津中德培训中心、同济大学、上海工业大学、上海商业职业技术学院、北京工业职业技术学院、河南职业技术师范学院、宁波职业技术学院等高校共同组成，有计划地进行各类旨在提高教师高等职业教育理论水平、实践能力和专业技能的短期培训，有计划地进行现代教育技术培训，有计划地通过第二学士学位教育和研究生教育培养高等职业院校师资队伍。但是，高等职业院校“双师型”师资队伍培训机构仍然存在缺乏灵活性、多样性等诸多问题。

的进修学习培训；分批组织教师学习现代高职教育课程教学的基本理念和创新理念，着力提升教学能力与教学质量；教师能以职业活动为导向，以素质为基础，突出能力目标，以学生为主体，以项目为载体，以实训为手段，设计出知识、理论、实践一体化的课程，保证学生具有良好的实践能力和职业素养，走向社会后具有可持续发展能力；通过教师教学模式和教学方法的改革与创新，能够针对高职学生的特点，提升学生学习兴趣，强化培养学生的实战能力和职业素养，掌握解决实际问题的综合能力；采取积极有效的措施，确保未来三年内参加教学能力和创新能力培训测评的专任教师达到95%以上；对兼职兼课教师可根据本人情况，申请参加教学能力和创新能力的培训测评。

学院建立工作督办制度，实行部门负责人项目推进会议机制，协调各方面力量，统筹规划，协同联动，解决问题。由组织人事处、质量监控办、教务处作为本项目的负责部门，对项目进行阶段分解，并将项目的建设工作纳入月工作计划。建立师资队伍建设目标责任制，责任落实到部门、个人，纳入部门考核和责任人考核，保证每一个具体的任务都有人负责，有任务要求，有监督考核。

第八章　高职教育协同创新实训基地建设探索

随着广州产业结构调整升级，按照“三二一”产业整合发展方针，传统向现代、高效、生态转变，凸现经济、社会、生态功能，实施结构战略性调整。要实现这一目标，关键是构筑广州高技能人才培养高地，为广州科技强市提供人才支撑，这对于高职教育而言是前所未有的机遇。建设校内外实训基地，一方面可促进高职院校与行业、企业紧密联合，形成人才资源优化和集聚机制，加快科技成果转化，促进可持续发展，为广州经济社会发展提供支持；另一方面可推进优质职业教育资源聚集和服务社会的功能拓展，充分发挥教育投资的最大效益，努力扩大公共服务职能，同时为社会提供更多的成人教育和在职培训机会，承担更多的社会服务项目，形成职业教育新的发展点，为广州及周边地区相关产业技术技能培训提供更多的优质服务。

学院校内外实训基地承担着培养技术技能型专业人才，提高学生实践能力和应用能力的重要任务。学院校内外实训基地建设以服务广州及周边地区经济发展为主旨，以实践教学为中心，以教学改革为核心，贯彻“政策扶持、政府主导、行业企业参与”的指导思想，营造现代企业环境和文化氛围，把学生实训、教师技术开发和产品融为一体。针对学院现有的专业及专业方向，特别是信息与软件、商务服务、机电工程、管理和艺术设计五大专业群，将贯彻“盘活和整合存量，针对性发展增量”的原则，在现有基础上改造升级，对重复设置的予以整合，对专业急需的进行补充，重点打造一批实训基地和协同创新中心、协同育人平台，以建成“产业契合度高、校企合作紧密、社会服务能力强”的融实训教学、技能培训与鉴定、项目开发、产品研发和大学生创业相结合的综合性校内外实训基地。

建设内容主要有对现有校内实训基地进行整合和统筹管理；与企业合作共建 10 个具备承接企业项目能力的校内外实训基地；规范实训基地管理，保障实训基地高效运行；根据学院实训室管理有关制度，不断修订健全管理办法，加强对工作人员的培训和管理；根据各专业教学计划，承担实训教学任务；完善实训指导书、教材等教学文件，实施理论与实践一体化教学；有条件的实训基地利用实训基地的资源建设相关技术研究所，努力提升创新能力和科研水平。

第一节　动漫设计与制作实训基地建设

我国正处于由世界人才大国向世界人才强国转变的重要时期。符合广州市时尚创意产业、动漫产业发展需要的人才培养是高职院校的首要任务，而动漫设计与制作实训基地的建立对人才培养有着深远的意义。以“合作办学、合作育人、合作就业、合作发展”为原则，通过“订单化”“定制式”人才培养，开发职业定向性鲜明的专业课程体系，全力构建区域性动漫技术服务平台，为产业集群的发展提供人才保障。依托动漫设计与制作实训基地及联盟高校成员的创意设计及艺术类专业优势，加速创意成果、知识产权在联盟内部的推广应用，提高创意资源的使用效率，形成资源聚集效应和核心竞争力。

学院信息工程学院动漫设计与制作实训基地被广东省教育厅确立为“省级高等职业教育实训基地立项建设项目”。

实训基地以学院动漫人才培训基地为依托，先后与湖南宏梦·三辰卡通教育集团、漫友文育机构、广东新广人才教育中心进行合作，开展了动漫专业人才培训、师资培训及企业定制专项人才培养等系列培训工作。

与此同时，积极参与各项动漫竞赛活动以提高师生的创作能力，与 OACC 第 4 届金龙奖同期举办“漫动作·大师专场·国际动漫环境与产业经济”专题高研班，与广州市科学技术协会联合承办 OACC 第 5 届金龙奖系列活动之一的“穗港澳科技·产业（动漫）发展论坛”，联合湖南宏梦·三辰卡通集团共同举办了第三届全国民族动漫人才培养高峰论坛。

为实现培养具有国际文化素养、符合区域经济发展的国际动漫企业所需的高端创意技能型人才的目标，继续深化与推行“以师生工作室为载体，以校企互动训练为平台，实现项目导向与技能实践、艺术创意与技术创新相融合”人才培养模式的改革，将动漫设计与制作实训基地建设成面向在校学生、教师、企业员工、社会人员的“动漫人才实训、师资培训、创意孵化、产品制作”等多功能、开放性的动漫人才培养基地，力争 2～3 年内建设成为广东省乃至华南地区的动漫人才培养培训示范基地，把动漫设计与制作专业建设成引领全省、全国同类专业建设发展的重点专业，以此来壮大师资队伍，优化课程体系，促进教学资源库建设，增强社会服务能力，提高社会评价。

一、建设内容

1. 人才培养模式改革与创新

改革与深化“一载体、双平台、三融合”，即以学生工作室为载体，番禺动漫产业园与学院动漫人才培训基地（广州市政府首批支持的五大动漫人才培训基地之一）为平台，将岗位能力与课程体系、项目导向与技能实践、艺术创意与技术创新相融合的人才培养模式，引领相关协同育人平台和省、市同类专业。

2. 课程体系建设与改革

构建以工作过程为基础，以创意创新为目标的课程体系，依据动漫游戏行业职业岗位要求选择课程内容，开发优质核心课程，建设5门优质核心课程，建设16门网络课程，8门院级精品资源共享课，2门市级精品资源共享课，1门省级精品资源共享课，编写10～12本校企共同开发的工学结合教材。

3. 教学团队建设

打造一支专业水平高、职教能力强、具有创新创意能力的“双师素质”专任教师队伍；建成一支职业素养好、技能水平高、指导能力强的“能教学、善实践”的高水平企业兼职教师队伍。

4. 协同育人平台建设

本着资源共享、系统整合、整体推进的原则，以动漫设计与制作、计算机网络、电子商务、计算机应用等四个相关联的专业，构建形成协同育人平台。各专业合力提供社会服务，在共享共建的原则下进行教学资源共享平台建设与模拟公司的运作，实现动漫设计与制作专业与其他专业发展的共赢。

5. 社会服务能力建设

向区域和行业提供技术技能型动漫人才的培训与培养；为区域经济社会发展或行业产业提供具体直接的技术创新、咨询、推广和服务，并且担负起技术服务中心的职能。

基地建成后，要积极开展校企合作，加强应用课题研究，争取每年申报1～2项省、市级科研项目，2～3项院级应用课题研究项目，促进学院科研和技术服务活动的开展。争取为番禺乃至珠江三角洲地区中高职院校的教师、国内动漫游戏企业员工、在华外资企业员工等开展各项培训和技能鉴定，平均每年培训达到1 000人次以上。

二、建设要求

1. 通过“政校行企”合作将动漫设计与制作实训基地建设成校企合作平台

学院地处番禺区，动漫、游戏产业是番禺的支柱产业，番禺动漫游戏经济的发展给学院动漫设计与制作专业的建设提供了有利的发展机会。学院已与番禺动漫游艺协会签订共建校企合作平台的协议，充分发挥协会在行业中的协调作用，把分布在天安、星力、华创三大园区的动漫、游戏企业紧密地联系在一起，开展游戏软件设计、动画制作、外形设计、产品营销、电子商务等项目的合作。

2. 新建和完善院内实训室

在现有游戏美工实训中心、游戏程序设计实训中心和数字媒体应用开发实训中心三大模块的基础上，建成8间校内实验实训室。

3. 建设校外实训基地

除了完善、加强校内实验实训室建设之外，继续与番禺星力动漫游戏产业园、华创动漫产业园和天安节能科技园三大园区内的动漫游戏企业加强合作，争取建设8～10个稳定的校外实训基地。

4. 进一步加强师生工作室的建设

以工作室为基本单位，开展各种企业项目设计与开发活动、学生科技创新活动、技能竞赛活动等。学生在工作室开展的活动中不仅学习知识、掌握技能，同时学会团队协作、磨炼毅力，使自身的综合素质得到全面的提高。部分工作室的学生，毕业后共同组建了创业公司。通过师生工作室的创建，动漫设计与制作专业取得一定的教学效果与社会效益，学生在技能实践、技能竞赛方面取得了很大的突破。继续加大师生工作室建设的力度，有助于动漫创新型人才的培养。

5. 以动漫设计与制作专业为特色专业，辐射与引领专业群及相关专业的发展

着力建设动漫设计与制作专业的同时，充分发挥本专业对专业群及学院整体发展的引领辐射作用，共享教学资源、校企合作平台。学院把动漫设计与制作、艺术设计、网络应用技术、电子商务、电子信息工程技术归为一大类。由于动漫、游戏产业链长，需求的职业岗位众多，番禺三大动漫园区从研发、生产到销售形成了完整的产业链，形成了对艺术设计、电子技术、软件技术、网络技术、电子商务、国际贸易、会展等相关专业人才的极大需求，以动漫专业的发展带动专业群的建设。

6. 开展社会服务与社会培训

以动漫设计与制作实训基地为平台，立足番禺，面向珠江三角洲地区开展社会服务与社会培训。充分发挥动漫设计与制作的自身专业优势，以服务为宗旨，对在职人员开展游戏美术、游戏程序设计、数字媒体制作等专业知识培训，年平均培训323人次。

三、政策措施

1. 成立动漫设计与制作实训基地建设领导小组

（1）成立实训基地建设领导小组。由学院教学副院长担任组长，其他有关职能部门主要负责人为成员，其主要职责是：研究制订基地建设总体规划和基地建设管理办法等文件，审核基地发展规划和建设计划；指导、监督和推进基地建设与改革，检查基地的建设效果和培养质量；筹措基地建设经费并监督其使用情况和使用效果；组织基地建设项目和方案的筛选、审定；商讨解决基地建设中存在的问题；协调教务处、组织人事处、计划与财务处、后勤设备处等有关部门的工作为基地建设服务；组织专家定期对基地进行校内检查与评估；接受上级主管部门的指导与验收。

（2）成立动漫设计与制作实训基地管理办公室。其主要职责是：负责基地建设的日常管理工作；负责项目方案的具体实施；负责实训基地管理制度的制定。

2. 积极筹措资金，保障项目建设顺利进行

申请学院给予配套资金，用于实训基地的建设，保障项目建设顺利进行。

3. 完善实训基地建设制度

健全和完善实训教学管理的各项规章制度，建立岗位责任制。按照《广州科技贸易职业学院实训基地管理条例》，制订和修订实验实训设备管理、安全规程、考核验收、资料管理等规章制度。

4. 健全运行机制和保障机制

（1）运行机制：建立以学院为主，兄弟院校联盟、番禺动漫游艺行业协会人员组成的实训基地管理委员会，负责指导、监督实训基地的运作及对重大问题进行决策的机制。研究并制定实训基地的发展规划，探索实训基地建设与组合的新模式和新机制，不断开拓新的建设渠道。实验实训中心负责实训基地的管理、组织与协调，健全管理机制，合理安排运作，最大化进行资源共享，对番禺及珠江三角洲地区发挥辐射示范作用。

（2）保障机制：为确保动漫设计与制作实训基地建设目标的实现，学院建立资金保障制度、监督检查制度、共建和激励制度等相关规章制度。

第二节　软件与动漫服务外包协同育人基地建设

软件与动漫服务外包产业是国家及省、市的战略性产业，受到国家及地方政府的政策支持。该产业发展十分迅速，知识与技术更新快，对人才需求变化快，要培养与软件与动漫服务外包产业发展相适应的人才，必须校企协同，实现合作育人、合作就业。软件与动漫服务外包协同育人基地的建设，辐射带动信息专业群建设，为信息技术及相关专业构建良好的校企、校校合作平台。软件与动漫服务外包协同育人基地的建设，可提高人才培养质量，提高服务产业的能力。学院动漫人才培养基地被授予"广州市动漫人才培养基地"称号，为广州市服务外包人才培训基地，目前，基地主要是联合企业开展社会培训，而在产品设计、项目开发、学生创业等方面还存在一些不足。为更好地做好育人工作与社会服务，学院成立软件与动漫服务外包协同育人基地，以提升专业服务产业能力为宗旨，以提高软件与动漫服务外包人才培养质量为目标，通过校企协同、校校协同、校内协同，依托学院教学优势、企业技术优势，在政府的主导、行业的指导下，深化教育教学改革，创新人才培养模式，实现校企合作育人、产教深度融合。

学院依托市级动漫人才培训基地与市级服务外包培训机构，发挥学院的动漫设计与制作专业及信息技术专业群的优势，通过校企协同、校校协同、校内协同，借助政府的政策支持与行业指导，打破政府、行业、企业、学校各主体间的体制壁垒，深化教育教学改革，把软件与动漫服务外包协同育人基地建设成集"教学、研发、培训、创业"四位一体的协同育人平台，提高服务产业能力，辐射带动专业及专业群建设。

一、建设目标

（1）广泛与广州市、番禺区的软件与动漫企业密切联系，力争与实力雄厚的软件、动漫企业进行合作，合作企业数量达30家以上。

（2）开展校校合作，构建校校联盟，合作院校达10所以上。

（3）联合企业开展服务外包培训，争取年培训达200人次。

（4）构建校企互动信息平台，为企业提供学生信息，为学生提供就业资讯。

（5）为企业开展技术服务，联合企业进行项目开发，实现年项目开发达20万元以上。

（6）探索人才培养模式，制订软件与动漫人才服务外包人才培养方案，构建课程体系。

二、建设内容

（1）加强校企合作、校校合作。联合广东省及广州市软件与动漫企业、相关院校共同组建校企合作联盟，实现校企联盟、校校联盟，参与单位数在40家以上。

（2）构建校企合作信息系统，合理设计与开发适合服务外包协同育人基地的信息平台，用于校企、校校、学生互动的平台。

（3）加强师资队伍建设。组建一支由学院教师、企业专家组成的专兼结构合理的素质优良的师资队伍。

（4）进一步深化人才培养模式。探索校企协同、校校协同的软件与动漫服务外包人才培养模式。

（5）开展社会培训。联合企业开展软件与动漫服务外包产业紧缺人才的培训工作，为社会和企业培训技术技能型人才。

（6）开展技术服务。利用教师技术优势开展社会服务，把企业项目引入学院，引入课堂，将技术服务、产品开发、学生实训进行融合，实现寓学于工、产教融合。

（7）打造创业平台。培养学生的创业意识、创业知识，为优秀学生提供创业的机会与保障。

三、建设要求

（1）依托广州市及番禺区软件与动漫游戏产业的发展，通过动漫游艺协会与动漫园区共建校企合作平台。积极与广州市番禺区政府联动，深入开展与番禺动漫游艺协会的合作，在政府的主导下共建校企合作协同育人平台，充分发挥协会在行业中的协调作用，把分布在天安、星力、华创三大园区的动漫、游戏企业紧密地联系在一起，开展游戏软件设计、动画制作、外形设计、产品营销、电子商务等项目的合作。

（2）依托协同育人平台开展协同创新项目。重点扶持3个有重大社会或经济价值的协同创新项目，重点培育3大学生创新创业项目，联合申报省、市教研项目。

（3）加强协同育人平台团队建设。通过多种渠道培养专业带头人、中青年骨干教师，完善兼职教师选拔、培训、聘用等管理制度，建立20名以上的兼职教师库。

（4）依托软件与动漫服务外包协同育人基地，开展社会服务与社会培训。以服务为宗旨，对番禺三大动漫园区的相关行业、企业在职人员开展游戏美术、游戏程序设计、数字媒体制作等专业知识培训，争取年培训达200人次，极大地提高专业的社会服务能力。

（5）把企业项目融入教学，通过引进企业项目实战训练，培养学生的创新创意能力与创业能力。

（6）通过信息平台，实现企业、学生间的实时互动，企业实时发布人才需求信息，学生及时了解企业对人才的要求，及时调整与跟进学习新知识与新技术。

第三节　商贸会展协同育人平台建设

商贸会展作为广州市正在集中力量发展的十大核心产业之一，一方面其所需要的人才从数量上来说需求远远大于供给，从质量上来说有待进一步提升；另一方面，随着经济发展方式转变，对商贸会展类人才的培养需要通过全方位的机制体制改革。《国家中长期教育改革和发展规划纲要》指出：职业教育要面向社会，紧贴地方发展和需要的实际。《珠江三角洲地区改革发展规划纲要》明确提出了优先发展现代服务业的规定。教育部强调，今后将充分发挥市场的作用，用市场的力量来办学，打造灵活的办学体制。

商务服务专业群经过十几年的建设发展已经有了一定基础，在校企合作方面，各专业都建立了校企合作平台，会展专业还成立了广东省会展“分教指委”，初步实现了“工学结合”的高职育人模式。但是学院仍然面临自身无法解决的两大问题：一是师资队伍的职业能力难以与时俱进；二是学生的职业实践能力培养还需要加强。分析原因，主要是企业在合作中获益不大，参与育人的积极性不高，一些合作企业处于“契约形式”的合作状态。

受协同创新精神的启发，学院借助“政校行企”合作平台，整合资源，联合政府有关部门、广州会展行业协会等主体，组建政校行企多方主体构成的“商贸会展协同育人中心”（简称“中心”）。

中心的系统要素：理事会制体制机制、人才、工作场地、仪器设备、启动资金、信息沟通知识共享平台等，基本可以通过整合以及少量投入获得。

中心开展的基本业务活动有两项：①以原专业工作室为基础，校企合作组建多个项目工作室，承接企业真实项目；②校企合作组建培训中心，为企业、社会培训人员。

中心开展的这 2 项基本业务活动将产生四项基本功能：①吸纳企业兼职教师，培训、锻炼师资的职业能力与企业同步；②将承接的真实项目嵌入课程，培养学生的实践能力，实现协同育人；③主要以知识投入的方式，解决企业自身难以解决的实际困难；④为企业培训员工。这四项基本功能既能解决学院遇到的两个问题，也能解决企业遇到的实际困难，通过政校行企合作，使各方受益。同时，由于学院把“专业群教指委”设在中心之下，并通过纳入中心成员、指导企业员工培训的办法将两者融合，要求所有教师参与中心的业务活动，放大中心的育人作用，使得中心的育人功能渗透到育人的全要素、全过程、全成员，打造全新育人平台。中心的主要任务是为企业提供咨询、策划、设计、研发、调研、培训等中高端的服务工作，主要以项目的形式进行。

一、建设目标

通过建设商贸会展协同育人中心平台，创新职业教育的模式，探索以资本、知识、技术、管理等要素参与办学并享有相应权利，吸引“政校行企”各方力量参与职业教育；平台以学院二级学院广州商贸会展特色学院为载体，通过以特色学院建设这个载体，聚焦于探索政校行企协同创新机制研究，打破壁垒，促进校内资源整合，使校校、校企、政校等多方协同育人，提高人才培养质量以及提升社会服务能力。

二、组建方式和分工设置

1. 学院主导中心的组建

根据研究设计育人平台的方案，学院采取理事会体制下的主任负责制基本制度，主导组建了中心。学院主动联系政府、相关院校、行业协会、企业等各方主体，组建了理事会，推举了理事长。学院起草了理事会章程并在理事会通过。中心主任由理事长提名，理事会聘任，由商贸学院院长担任。主任下设的秘书是商贸学院的教学秘书兼职。项目部和培训部的日常管理者是商贸学院的副院长。这些都使中心有了强有力的组织领导保障。而主导不等于独办，恰恰相反，在项目部、培训部团队中既有企业人员又有高校人员，以便横向进行互相沟通和学习锻炼。

2. 中心的生产要素投入方式

项目实施的工作场地主要由学院提供，从各专业工作室、授课教室、校内外实训室、委员企业提供的工作场地中根据需要选择，工作场地随项目划定，项目结束工作场地回归资源共享状态；中心的人才主要由学院教师和企业管理、技术、业务人员组成，每个委员单位都有提供人才的义务；中心的仪器设备主要由学院和企业提供，每个理事单位也都按承诺提供一定的仪器设备；启动资金主要是学院投入和以院级以上立项的形式获得，运行资金主要通过项目和培训收入补给；其他工作条件由各理事单位提供。

3. 中心功能图

中心功能如图 8－1 所示。

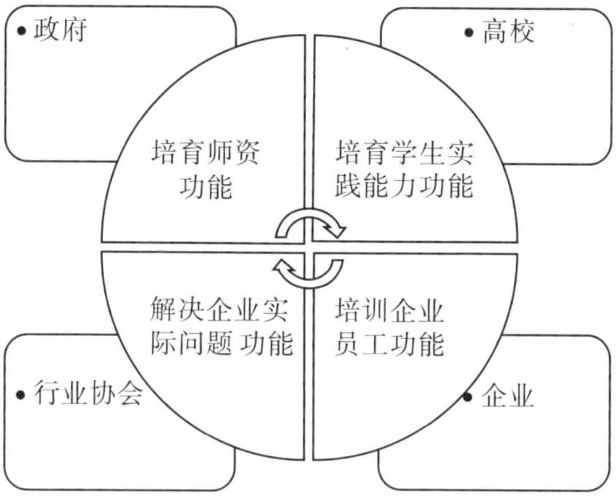

图 8－1　商贸会展协同育人中心功能图

4. 中心的主要分工

（1）政府：是育人环境的主导者，主要起支持、协调作用，提供政策、资金、项目等支持教改、育人环境；教改、纵（横）向项目指导；协调各方主体；进行育人业务指导；主导育人工作评估；提供教改、科研、培训等项目。

（2）学院：是育人业务的主导者、推动者，体制机制的主要设计者；学院的工作室、实验室、实训室、教室对中心成员单位开放，软硬件资源共享，提供中心主要的工作场地、仪器设备、人才；提供大部分启动资金；建设成员沟通知识共享平台；负责联络、协调各方主体开展日常协同创新、育人、服务企业社会工作。所有教师都会参与中心的业务活动。

（3）行业：依靠科协，吸纳相关行业协会指导中心开展育人工作，提供岗位要求，指导中心研究并制订行业标准、规范等工作；提供企业资源、科技服务资源、专家资源等；参与协同创新中心的建设和研究成果的转化工作。

（4）企业：每个参与的企业都是委员，企业承诺的工作室、实验室、检验室、研究室对中心成员单位开放；提供至少 1 名专业人才参与项目部或培训部的创新育人工作；在项目部立项解决企业具体问题；协助中心开展项目、培训服务，参与育人工作。

三、协同育人平台的人事制度改革

协同育人的高职人才培养模式，要求既有高职院校的教师，又有政府、行业、企业、学习者家长、优秀毕业生、当地社区和社会公众等人员。政府在高职政策保障、统筹规划、资源配置、经费投入、绩效评价等方面，扮演着不可替代的重要角色，是协同育人的高职人才培养者之一。行业积极参与、推动建立校企合作方面的法律、法规，制订行业激励措施，统筹优化行业内职业教育和培训资源，鼓励企业和高职院校开展校企合作，是协同育人的高职人才培养者之一。企业是高职校企合作的直接合作者和全面参与者，与高职院校一起共同建章立制，共同培养高技能人才，共同建设“双师型”教学团队，共同组织科技攻关，共同开发工学结合“双证”课程，共同进行教育教学评价，共同拓宽就业渠道，是协同育人的高职人才培养者之一。另外，学生家长、优秀毕业生、当地社区和社会公众都是协同育人的高职人才培养模式改革的间接利益相关者，高职院校学习者的学习质量间接地影响着这些利益相关者的利益，比如高职院校学习者的人生观、价值观和职业道德是否符合学习者家长、当地社区和社会公众的倡导等，因此，他们也都可以是协同育人的培养者。

协同育人平台吸纳培养者采取培养和聘任相结合的方法，建立稳定的“双师型”教师队伍，同时聘请政府、行行、企行的技能能手、管理能手，用以提高学生的实践能力与水平，提高实践教学的水平，提高实践教学质量。平台只有有效地建立实践教学队伍培养与聘任机制，才能提高实践育人的整体水平。

协同育人平台岗位设置与人员补充将按平台建设的任务分阶段完成。平台运行采取项目负责制，协同育人中心研究岗位设置要根据实际项目需要进行。中心岗位设置方案由各中心及专业指导委员会论证、中心批准，确保岗位设置合理、岗位研究方向明确、创新任务与应聘人员符合要求。

1. 聘用

总则：协同育人平台（以下简称“平台”）将坚持“不求所有、但求所用”“人员流动不调动”的原则，积极探索建立“人才辈出、人尽其才”的协同育人人事管理制度。建立符合法律法规规范的聘用制度，保障聘用双方的合法权益，维护和谐稳定的聘用关系，围绕平台中长期建设发展规划需要，对平台所需的团队成员进行聘用。

聘用基本原则：平台按照科学设岗、公开聘用、平等竞争、择优聘用的原则，根据平台的目标、要求，面向社会公开招聘，并由育人中心组织专家进行综合评价后进行聘用。

聘用形式：

①下设机构负责人招聘：各部门、专业指导委员会负责人由平台中心直接聘任。每届聘期 2 年。

②协同育人平台骨干招聘：由各部门及专业指导委员会组成招聘委员会，按照中心岗位统筹设置，以项目工作为导向，由中心提出整体招聘方案与建设进度安排，分批次

公布招聘公告，面向社会公开招聘。骨干岗位优先聘任所在平台依托单位的在职人员。招聘委员会依据应聘人员提交的材料，遴选出合格的人选，提交育人中心，由中心决定是否聘任。育人中心通过后，由秘书处正式聘任人选。每位候选人只能被聘到一个岗位，每届聘期 2 年。

③协同育人平台助理招聘：各部门根据项目需求，提出招聘助理的岗位需求，由秘书处审核后，面向全社会公开招聘。助理岗位由各部门组织专家进行招聘，报中心备案。助理岗位采取灵活的聘期及薪酬。

④其他辅助岗位招聘：协同育人中心下设的部门及委员会，根据项目需求，需要大量临时兼职人员的，这些岗位需求通过大学生、勤工助学系统解决，由各部门自行联系解决。

2. 考核

探索制订平台中骨干及助理的岗位职责和任职条件，改革和完善评价办法，改变单纯以论文、获奖为主的考核评价方式与追求数量的评价导向，将教书育人、服务社会的成果与理论研究成果同等对待，逐步建立与岗位管理相适应的人员分类考核制度。

（1）考核基本原则。

①以人为本原则。根据相关规定，结合协同育人平台工作实际，通过对各岗位工作客观公正的考核评价，有效认可每位员工的工作业绩，充分发挥个人特长，为个人的专业发展和个性发展搭建平台，有利于达到协同育人的工作目标，促进员工个人职业生涯目标与协同育人工作整体目标趋于一致、协调统一。

②质量第一原则。全面考核各岗位任务完成数量与质量，有效统计任务完成数量，注重评价工作质量，采取定性与定量相结合的考核方法进行综合平衡，做到质与量的统一，确保考核结论科学合理。

③公开公平公正原则。遵守考核规则，严格执行考核标准和考核程序，保证考核过程公开化、考核评价公平化、考核结果公正化。

④可行性原则。构建科学的评价体系，精心组织考核过程，确保考核评价便于操作、切实可行，从而保证考核评价的有效性。

（2）考核工作程序。

由育人中心组建考核工作领导小组并部署考核工作，明确考核要求和操作细则；被考核人员根据岗位职责，写出自我评价性的聘期工作总结或述职报告，填写“聘用期考核登记表”，进行述职和自我评价；由考核工作领导小组填写考核意见，并将聘期考核登记表、考核汇总表报考核小组。考核小组填写考核小组意见，并对考核人员进行打分、汇总，得出考核成绩及排名，对被考核人员提出考核等级的初步意见；各考核小组将团队成员“聘期考核登记表”和其他相关考核材料报平台考核工作领导小组讨论。考核工作领导小组综合各方面情况、审核确定考核结果后，将考核结果在学院范围内公示5个工作日；秘书处将考核结果以书面形式通知被考核人，“聘用期考核登记表”在被考核人签署确认意见后存档；被确定为优秀等级的成员，由中心进行公示。

（3）考核方式。

对聘任人员实行聘期考核，即2年一考核制度。平台根据工作项目的动态需求，建立有别于高校传统的考核指标、考核方法与考核程序。考核中减少数量指标的权重，增加质量指标的权重。科研成果质量采用客观标准与主观标准相结合的方式。客观标准借鉴商贸学院质量考核体系标准，主观标准由专家咨询委员会或采取匿名评审的方式获得结果。协同育人中心下设各部门以及委员会负责人，由中心或中心聘请的第三方机构进行。骨干和助理职员由中心组织，各部门实施考核，考核结果报秘书处备案。平台将建立跨单位考核评价机制，聘期内由平台进行考评，并将结果通报给职员人事关系所在单位。

3. 人员激励

针对协同育人各项工作，团队成员的工作按考核排名并给予奖励：

平台考核领导小组依据制定的考核细则对团队成员进行考核，并依据考核的量化结果，将成员的奖励性绩效评定为A、B、C三等，其中A等比例占25%，C等比例占10%，获A等的职员奖励性绩效额为：团队成员平均奖励性绩效加2 000元/聘期，获B等、C等的享受成员平均奖励性绩效额。

协同育人平台设置协同奖励基金，对在协同育人工作中做出重大贡献的个人或团队给予适当奖励。奖励的办法与细则由育人中心负责制订落实。奖励内容包括：设立协同育人优质奖，每年评定一次，按中心确定的条件和奖励办法执行。设立协同育人成果奖，如有专著、论文、教材、参考书、辅导材料、企业及社会培训资源建设成果等，每年评定一次，给予奖励。聘期内有以下突出贡献的，由育人中心组织专家评审并给予一次性奖励：申报重点专业、示范专业及特色专业，联合企业开发精品课程，建设示范性实训基地，参加技能竞赛获得省级以上奖项，获得省级以上教学成果奖，获得省级以上纵向科研课题，获得国家、省、市级颁发的教学名师，“千百十”与教学团队称号，累计培训社会学员1 000人并获得相关技能证书，在平台负责的项目工作中具有突出贡献。

四、协同育人平台的人才培养机制改革

充分发挥“政校行企”平台的联动机制，实施一系列人才培养机制的改革与创新。

商贸会展协同育人中心围绕“育人工作”这一中心思想，在广东省商贸会展类专业教指委、广州市商贸类各行业及企业的共同指导及参与下，充分利用平台资源，发挥平台的联动机制，基于“项目提升技能，创业带动就业”的人才培养模式，各专业群在学生招录、课程设置、培养方案以及相应人才计划的实施等方面进行了一定的创新。

1. 依据职业岗位技能和素质要求改革招录标准和方案

专业群强调教学改革和学生综合能力培养，从招生录取工作起实施一系列改革。例如，专业群主干专业“国际经济与贸易”作为一个涉外专业，在招生录取过程中强调学生的英语运用能力，将英语成绩作为录取的一个考量指标，并提出在新生入学分班时开设英语加强班，实施小班教学、双语教学、外教教学等教学模式改革，教学效果显著，学生英语运用能力得到普遍提高，其中英语加强班的大学英语四级通过率达到60%，远远高于省内高职院校同类专业的四、六级通过率。

专业群的教学改革和学生培养成效得到了社会的广泛认可，在招生录取等方面受到了学生及家长的热捧。近年来，年级专业群实际录取数为计划录取数的193%，尤其是财务管理、市场营销等专业，实际录到数均超过计划录取数100%以上。专业群实际报到率达80%，远高于省内高职院校同类专业群的平均报到率。

2. 基于岗位能力构建专业课程体系，积极实施“双证书”教育

专业群发挥协同创新平台的效用，开展专业调研和职业资格分析，以“岗位能力”为基础，以“项目提升技能”为目的，以“模块化、递进式、多证书”专业群课程体系为设置思路，对各专业进行课程设置的改革。

专业群带头专业会展策划与管理在调查与研究的基础上，梳理了当前会展企业和行业对高级技术技能型人才的需求情况，对会展行业典型工作岗位及其工作任务、工作内容、岗位能力进行了分解，开发了支撑各岗位能力培养的专业课程，并根据高职教育规律和课程之间的关系，构建了以“基础素质与能力课程＋专业平台课程＋专业方向课程＋专业拓展课程＋综合素质与能力拓展课程”为框架的课程体系。同时，会展策划与管理专业还引入会展行业职业资格证书，积极实施“双证书”教育，并将职业资格证书考试大纲与课程教学大纲相衔接，毕业生职业资格证书通过率达100%，保障了“双证书”教育的有效落实。

专业群主干专业国际经济与贸易根据高职人才培养规律和专业人才培养目标，结合“课岗结合”模式，以各个典型岗位的工作过程为主线、典型工作任务为节点、各岗位职业能力为依据开发专业课程，最终形成“以职业能力为本”的模块化课程体系。同时，国际经济与贸易专业围绕培养人才培养目标对人才的知识结构、能力结构和专业技

能的要求，将外贸行业已经推行的职业资格证书纳入人才培养方案中，并将职业资格证书考核内容融入专业课程的教学内容，从而将“基础知识学习—岗位能力培养—从业证书培训”三项内容连成一体，确保毕业生职业资格证书通过率达98%。

专业群其他专业也遵循此思路相应构建各专业课程体系，并全部实施“双证书”教育。

3. 强调学生职业素质的提升，创新实施“2+1”的校企合作、工学交替人才培养方案

由于专业群的带头专业“会展策划与管理”是中央财政支持建设的重点专业，主干专业“国际经济与贸易”也属于省级重点专业，所以在过去的建设中已经搭建了良好的校企合作平台。以此为基础，专业群创新实施“2+1”校企合作、工学交替的人才培养方案，由校企两个育人主体在校企两个育人环境中提高学生的专业知识与服务技能，提升职业能力和职业素质。专业群重点与各类行业协会、教学指导委员会、商贸企业和其他高职院校合作，由学院教师和企业专家共同制订培养目标、课程体系、教学内容、教学计划和教学方法。在人才培养过程中，“2+1”模式也实施校企共管，即第一、二学年学生在校完成公共基础课、职业专门课、综合性实训课程或校内生产性实训课、职业素质训练课的学习和实践活动，第三学年到校外顶岗实习单位进行顶岗实习，以强化目标岗位所需的操作技能，并由学院指定专业导师和职业导师，实习单位指定企业导师，三方共同全程对学生的顶岗实习活动进行指导和管理。

通过实施“2+1”校企合作、工学交替的人才培养方案，全面推进专业群教育教学改革，提高教学过程的实践性、开放性、职业性和创新性，既能提高学生的职业综合素质，也能实现校企合作的双赢。

4. 重视学生实践能力的培养，以项目为载体构建多元主体共建的校内外实训体系

专业群在人才培养方案制订和实施过程中强调教学过程的实践性、开放性和职业性，优化学时分配，突出实践教学，系统设计实践教学环节。专业群各专业依据本专业的人才培养目标和人才规格，设计从课程实训到校内实训再到综合实训的递进式实践教学体系，实践教学学时数均超过60%，并通过认知实习、课程实践、综合实践、顶岗实习，实现工学交替、产教融合，达到能力进阶的效果。

专业群紧紧围绕现代服务业的产业需求，依据专业群各专业的实践教学需要，基于育人平台来自政府、行业协会和企业的各项资源，通过扩建、新建和对现有资源进行整合等方式，建立了多元主体共建校内外实训体系，包括14个校内生产性实训基地、14个校内实训基地及50个校外实训基地，其中校企深度融合的校外实训基地有24个。专业

群带头专业会展策划与管理作为广州市会展行业协会的理事单位，依托协会资源，以琶洲国际会展中心和白云国际会议中心为平台，与广州益武国际展览有限公司、广州天唯展览服务有限公司、广州白云国际会议中心等知名会展公司建立了展览与会议校外实习实训基地。专业群主干专业国际经济与贸易以项目合作方式探索校内外实训基地合作模式，例如，以“校中厂”形式建立“广州科技贸易职业学院——广州立狮普贸易公司”校企合作实践教学基地，与广东普教图书发行有限公司在校内共建校园文化实训超市，均取得显著的合作效果。

专业群以“项目提升技能，创业带动就业”的人才培养模式为指导，通过开发各类实践实训项目，实现学习与岗位的零距离对接，提升学生专业技能。一方面，由教师、行业协会和企业合作开发研究适合自身教学特色的实训项目与一体化教学项目的课程、教材或者服务项目，以项目引导或工作任务驱动校内实训活动；另一方面，通过校外实训基地，与企业合作开发各类真实工作项目，将学生的实训纳入企业工作项目中，让学生在真实的工作环境中通过完成企业真实项目或工作任务进行实训，达到学生锻炼并提高专业技能的目的。其中，专业群带头专业会展策划与管理开展展览策划与管理服务的工作项目达 100 项，包括中国（广州）国际茶业博览会、中国（广州）国际汽车展览会、中国（广州）国际家具博览会等知名项目；专业群主干专业国际经济与贸易与北京展创科技有限公司、广州外贸总公司、广州秦仪企业管理咨询公司合作开发各项校企合作项目 30 余项。此外，专业群还通过打通学生的社会就业与创业通道，实现“创业带动就业”的培养目标。这个通道的实施环节以校内外企业商业项目为基础，构建从校内到校外的，以学生团队为主体的，以引进企业项目或学生自创项目为经营对象的就业创业能力培养体系，使学生获得运营项目的能力与经验，从而实现高职就业创业人才的培养目标。

5. 加强工学结合优质核心课程和配套教材建设，以信息技术为平台加快教学资源建设

专业群重点加强各专业工学结合优质核心课程建设和配套教材建设，并取得一定的改革成果。其中，会展策划与管理专业已建设 5 门优质核心课程，国际经济与贸易专业已建设 4 门优质核心课程，市场营销专业已建设 2 门优质核心课程；专业群建有市级精品课程 1 门、省级精品培育课程 1 门、省级优质课程 1 门、院级精品资源共享课程 12 门。专业群基于工作过程导向，开展项目导向、任务驱动等教学模式的改革，并通过校企合作开发各类教材和著作 39 本，其中工学结合教材 8 本。

专业群依托现代信息技术开发了多门以职业能力训练为中心的资源共享课程，并建

有丰富的网络教学资源库，其资源主要有：专业级资源库，包括专业介绍、人才培养方案、专业标准、行业标准、培训资料、资格认证等；课程级资源库，包括课程介绍、课程标准、学习情境、学习单元、试题库等单元，每个单元下又开发了包括单元目标、教学设计、教学课件、数字化学习内容、实训项目、习题库等资源；素材级资源库，主要是与专业相关的动画、视频、文本等，包括各类业务现场的图片和音视频，工作原理、工作过程等动画，企业案例、企业网站链接等，校企合作共同开发的教学软件、多媒体课件、实训软件等。

6. 通过以赛促学、以赛促教，大力提升学生职业技能

专业群根据高职人才培养规律和专业人才培养目标，在教学过程中贯彻“赛训结合”的人才培养方法，将专业课程实践环节与各类职业技能竞赛相结合。各专业依据行业企业典型岗位工作过程涉及的工作任务，参照行业职业资格标准和各层次技能竞赛实施方案等要求，集成各知识点，设计专业相关的技能考核点，开发、形成“校级单项技能竞赛——校级综合技能竞赛——国家、省、市级技能大赛”的层级递进竞赛体系，达到教学质量和竞赛成绩的双丰收。

近年来，专业群各专业组织各类校级职业技能竞赛 24 项，参与学生达 1 750 人次；参加各类国家、省、市级技能大赛 29 项，参与学生达 278 人次。各专业在参加的各类国家、省市级技能大赛中均取得优异成绩。专业群带头专业会展策划与管理在参加的 11 项国家、省、市级职业技能竞赛中，共有 51 人次获得 12 个奖项，其中在第六届全国商科院校技能大赛会展策划专业竞赛中获得一等奖，并代表中国大陆到台湾参加第一届海峡两岸大学生会展创意策划大赛；专业群主干专业国际经济与贸易在参加的 9 项国家、省、市级职业技能竞赛中，共有 97 人次获得 17 个奖项。

第四节　中小企业电商服务协同创新发展中心建设

电商的迅猛发展，以及以新技术、新业态、新方式将人流、物流、资金流、信息流进行“四流合一”，将彻底改变传统商业模式和交易方式。电子商务凭借其低成本、高效率的优势，不但受到普通消费者的青睐，还有效促进了中小企业寻找商机、赢得市场，已成为转变发展方式、优化产业结构的重要动力。

番禺区作为广州市现代化中心城市和珠江三角洲客运交通枢纽，有中小企业数万家，许多中小企业缺乏电商服务人才与技术，陷入营销困境，飞速发展的电子商务给传统的销售带来巨大冲击，使众多依赖传统销售方式的企业面临挑战，许多中小企业迫切需要

电商服务，因而形成了电商服务产业链，带动了电商物流、网络营销、电商商务平台的飞速发展。

目前，学院的电子商务、会展策划与管理、电商物流、国际贸易、市场营销、艺术设计、服装设计、计算机网络技术、计算机应用技术等9个专业共建与电商有关的12个实训室、7个工作室和4个实训基地，功能基本涵盖了电商的全领域和全过程；拥有涉及电子商务、网络营销、现代物流、国际贸易、商务会展、传媒设计等专业领域的师资40人，其中教授3人、副教授15人；合作企业数十家。教师团队已经承接企业真实项目数十个，基本满足了日常育人需求。相关专业学生数达2 500余人。各专业已经建成了与电商有关的资源设施，并且各自开展了与电商有关的实训。但由于这些专业分别属于学院五个二级学院，开展的电商实训还处于各行其是、彼此隔离的状态，既浪费了资源，也未能发挥出整体效应。

为此，学院与行业、企业协同，突破部门与部门之间、单位与单位之间的壁垒，把学院9个专业所属的电子商务资源，通过机制体制创新和硬件资源的整合，建成一个集“教学、实训、产业、科研、创业”五位一体的育人平台——中小企业电商服务协同创新发展中心（以下简称“中心”）。中心采取理事会——职业经理人治理结构，建立理事会决策、经理人管理、项目组操作的三层组织结构，自负盈亏，自我发展，承接企业真实项目，开展电商外包服务，是典型的体制机制改革与协同创新类项目。

一、建设目标

通过校会协同、校企协同、校校协同、校内协同，把中小企业电商服务协同创新发展中心建设成集“教学、实训、产业、科研、创业”五位一体的育人平台，以此提高人才培养质量并服务中小企业。

二、建设内容及方式

培育过程分整合重构、孵化运营、自负盈亏3个阶段10项任务。

1. 整合重构阶段

整合9个专业的资源，会同合作电商企业共同组建中小企业电商服务协同创新发展中心。学院提供工作场地，出主要设备和大部分的工作人员，并在孵化运营阶段提供启动孵化资金。企业出管理、业务、技术方面的指导人员，并提供一定数量的企业真实项目，包括服务外包业务。参与的行业企业有南村商会、标奇服装有限公司、番禺福捷电子有限公司、广东创电科技有限公司、深圳易泰龙科技有限公司、北京立汉和文化发展有限公司、广州一呼百应科技有限公司等。

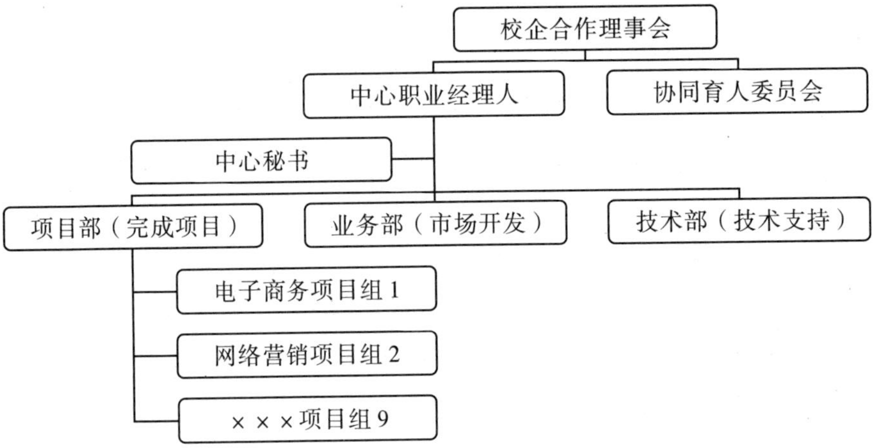

图 8－2 中心校企合作理事会组织结构图

构建创新发展中心校企合作理事会决策、经理人管理、项目组操作的三层组织结构（如图 8－2）。具体做法是由各二级学院负责人以及企业有关人员组成的校企合作理事会负责管理中心的资产，决定发展创新中心的重大事项。理事会下设协同育人委员会和管理运营团队。协同育人委员会由各专业的负责人组成，负责实训课程的设计、开设以及课程安排；聘请职业经理人，以及学院的教师和企业人员模拟真实企业的组织结构组成业务部、项目部和技术部来管理经营中心。其中业务部负责市场开发，项目部负责完成项目，技术部负责技术支持。3 个部门的主要管理者采取企业学院双元配置，即部门一正一副 2 个主管，以便合作互补。聘请一名具有电商背景的专职电商经理人来领导管理运营团队，经理人对理事会负责。项目部下设由 9 个专业教师团队组成的 9 个项目组承接和执行企业真实项目。学生参与项目组以及管理运营团队工作。

该阶段有如下任务。

（1）设计具体建设方案。

（2）组建校企合作理事会作为最高决策机构，下设协同育人委员会。

（3）模拟真实企业，组建三层管理运营机构。

（4）为中心配置人员。

（5）整合现有的设备设施，进行硬件建设。

（6）办公室场地装修。利用现有场地进行必要的间隔、装修，采购必要的办公设备，搭建业务中心。如果省（市）给予奖励资金，则可采用太空舱组合房屋技术，建设业务中心（否则分散在各专业的原有实训室），按照真实电商企业设计平面布局，按真实电商企业划分工作区，整合已有实训设备进入工作场地，设立电商企业，供学生在真实工作情境下实训。

2. 孵化运营阶段

（1）制订业务方案，设计业务流程，建立管理制度。

（2）通过企业运营，孵化出能承接企业真实项目的管理团队和9个专业项目团队。

3. 自负盈亏阶段

（1）完善体制机制，改善业务方案。

（2）开源节流，“中心”实现自负盈亏。

三、政策措施

1. 组织保障

实行三级负责制。学院成立创新强校工程领导小组，下设工作组。领导小组是最高决策机构，负责全院创新强校工作；工作组组织项目实施，具体负责创新强校工程的规划、实施、验收、推广工作；各二级学院负责本部门项目管理；项目负责人负责承担项目的建设管理工作。

2. 资金保障

学院在将原有的教改项目资金和质量工程资金、师资队伍建设资金、实训中心建设资金、校园建设资金划入创新强校工程资金预算的基础上，另外再提供一定数量的资金支持创新强校工程建设。同时本项目自筹资金，保障资金投入。

3. 管理、制度保障

学院动员全员参与立项、集中筛选、专家评审、开题（开建）论证、中期验收指导、结题（完工）验收、成果推广等项目管理全过程来实施创新强校工程，制定和完善相关制度对项目进行管理。比如学院已经制定了《广州科技贸易职业学院重点建设专业管理办法》《广州科技贸易职业学院示范专业建设、精品课程建设奖励办法》等管理制度。使项目建设的进度及效果有管理和制度保障。

第五节　电子信息工程技术协同育人研发中心建设

电子信息技术专业教师重视教学和科研创新，经过多年努力，其目前已经逐渐形成一个具有良好合作关系的科研创新团队，初步组建了电子信息工程技术研发中心，包括学院的专任教师12人（副高以上职称6人）、广东创电科技有限公司工程师15人、华南理工大学教授和研究生6人，基本形成了一支结构合理、素质优良的教学和科研团队。项目负责人是华南理工大学出站博士后、广东省高校“千百十工程”省级培养对象、广州市高层次人才，近年主持或主要参与的项目共10项，在高水平期刊发表论文12篇；授权专利9件（发明2件），主持的“基于先进控制技术大功率UPS及并机系统”项目成果鉴定为“国内领先”，获得佛山市2011年度科技进步奖二等奖。

由于项目负责人长期与广东创电科技有限公司进行产学研项目合作，攻克了许多关键技术，兼任广东创电科技有限公司副总经理和佛山市智能控制电源工程技术研究开发中心主任，因此，将科研成果在广东创电科技有限公司实现产业化是可行的。该公司是学院的校外实践基地，近年接纳了6名教师顶岗实践和近50名学生毕业实习。学院通过和广东创新科技有限公司、华南理工大学的合作，促进工程中心的建设，打造一支教学过硬、科研突出的团队，团队各位教师的教学和科研水平能得到较大的提高，青年教师通过在公司实践，成为“双师型”的人才。学院组织学生到公司进行生产实训和毕业实习，提高学生的专业水平和动手能力，培养出符合企业需要的专业人才。因此，建设电子信息工程技术协同育人研发中心是必要的和可行的。

“大功率数字化冗余并机型UPS的优化”“高频模块化UPS供电系统”这两个子课题的研究已经有较好的前期研究基础，并获得市级科技进步二等奖。通过继续研究，其将获得先进大功率电源技术的自主知识产权，具有重要的意义和广阔的市场前景。项目研究将大大地提升团队的科研能力，促进校企合作并实现产业化，获得较大的经济效益和社会效益，为电子信息工程技术研发中心的建设和专业建设打下基础，也为电源民族品牌建设做出贡献。

LED照明是广东省战略性新兴产业之一。从国内外产业现状来看，LED智能照明控制技术的产业发展势头迅猛，但针对具体应用并不成熟，还未出现真正意义上的适合我国国情的、低成本多功能的LED智能照明控制系统产品，而驱动电源的可靠性则是制约LED照明发展的一个瓶颈。因此深入研究基于高可靠驱动电源的智能LED照明系统，实现高性价比、高可靠的智能LED照明系统的产业化是完全必要的。

项目致力于校企协同育人的电子信息工程技术研发中心的建设，通过和广东创电科技有限公司、华南理工大学的紧密合作，重点进行3个产学研子课题——大功率冗余并机型UPS电源系统的优化、高频模块化UPS供电系统的研发和基于高可靠驱动电源的智能LED照明系统的研究，解决其关键技术，实现项目产业化。通过研究，教师将提高自己的科研水平，有力指导学生进行校外实践和毕业实习，学校将加强专业建设、课程建设以及实验实训室的建设，并与公司联合省级工程技术研究开发中心和省级科技进步奖，以期获得较大的经济效益和社会效益，为校企合作实现高职院校自主创新能力的提升提供一个优秀的范例。

学院通过校企协同育人的电子信息工程技术研发中心的建设，打造一支团结协作的教学和科研团队，全面提升专业服务产业发展能力，提高专业办学水平和人才培养质量。

一、建设思路

学院项目通过和广东创电科技有限公司、华南理工大学的紧密合作，联合建设协同育人的电子信息工程技术研发中心，该中心的工作重点是进行3个产学研子课题的研究：①大功率冗余并机型UPS电源系统的优化；②高频模块化UPS供电系统的研发；③基于高可靠驱动电源的智能LED照明系统。

研究成果将在广东创电科技有限公司进行转化，结题时预计实现产值5 000万元以上。相信经过此研究过程，将提高团队中各位教师的教学和科研水平，打造一个具有强大自主创新能力的电子信息教学和科研团队，为校企合作实现高职院校自主创新能力的提升提供一个优秀的范例。

1. 子课题拟解决的关键技术

（1）大功率冗余并机型UPS电源系统的关键技术。

在已有研究基础上，对三相UPS滤波、PWM整流、三相有源功率因数校正（APFC）、逆变器、并机控制等主要部分进行深入分析，主要包括：

①PWM整流技术和有源功率因数校正（APFC）技术。

②输出电压波形数字化控制策略的改进。

③三相UPS并机系统环流产生的机理、抑制方法。

④并机系统的可靠性和稳定性的研究。

（2）高频模块化UPS供电系统的关键技术。

主要解决大功率UPS高频PWM整流、有源功率因数校正（APFC）、大功率高频逆变、并联控制、热插拔、电池智能化管理和智能化网络监控等关键技术。整个系统需要解决的技术主要有：

①模块化设计，$N+X$冗余，在线热插拔升级扩容。

②良好的负载适应性以及带载能力，良好的电网适应性。

③绿色节能：整机效率大于95%，输入功率因数>0.99，输入电流谐波$<3\%$。

④功率模块配置双DSP控制器，模块独立自主控制，无单点故障风险。

⑤整流、逆变、充放电全部实现 DSP 数字化控制，完善的电池管理方案。

⑥全数字化模块并联技术，良好的环流指标。

本团队通过这两个产学研子课题的研究，在已有的研究基础上对研究成果进行培育，2016 年申请科技成果鉴定，并申报省级科技进步奖。

（3）基于高可靠驱动电源的智能 LED 照明系统。

对于 LED 驱动电源，目前需要进一步优化的关键技术是：

①整体化集成设计，将系统效率提高到 92% 以上。

②通过科学的散热设计和结构设计，电源的工作寿命提高到 5 万小时以上。

③可调光电源的开发，能实现 0 ~ 100% 的快速无闪烁调光。

智能 LED 照明系统拟解决的关键技术是：

①大功率低压直流区域供电电源转换效率提高和散热技术。

②CAN 总线信息集成技术。

③高效率场景识别算法技术。

2. 科研成果转化

项目 3 个产学研子课题研究成果将在广东创电科技有限公司进行转化，项目结题时预期产值在 5 000 万元以上，在公司市级工程技术研究开发中心的基础上，合作申报省级工程技术研究开发中心。

3. 师资队伍和实验实训室的建设

电子信息工程技术研发中心将打造一支教学过硬、科研突出的团队，通过本项目建设，团队各位教师的教学和科研水平均能得到较大的提高，团队每年有 2 个以上的项目研究，经费每年总共不少于 20 万元。团队将共计发表学术论文 8 篇以上，申请专利 4 件以上（至少 1 件发明）。青年教师能够通过高一级的职称评审，并能成为“双师型”的人才，项目负责人能够通过广东省“千百十工程”省级培养对象的考核。

项目将建立和完善现代电力电子技术、LED 照明系统两个实验实训室，进一步增强电子信息专业的实验条件。

4. 学生能力的培养

本项目将积极培养学生电子电气产品设计能力，组织学生参加各级电子类专业竞赛和“挑战杯”比赛并获奖，将组织学生到广东创电科技有限公司等企业进行课程实训和毕业实习，提高学生的专业水平和动手能力，培养出符合企业需要的专业人才。

二、建设内容

本项目始终要以校企协同育人工程技术研究开发中心的建设为核心，以实现自主创新能力提升为目标。工程中心的建设将以学院为主，结合广东创电科技公司多年来从事电源行业的优势，以及合作单位华南理工大学的学科优势，合理分工，既注重应用基础研究，又注重项目的产业化。项目负责人可以调动公司的物力、人力和财力，公司将为工程中心的建设提供资金支持。本项目的各子课题均具有较强的创新性和实用性，工作量大，因此正确的研究方法和合理的计划安排非常重要。

1. 大功率冗余并机型 UPS 电源系统、高频模块化 UPS 供电系统项目研究计划

2014 年 5 月至 2015 年 2 月，在已有的研究基础上，完成大功率数字化冗余并机型 UPS 电源（工频机）的优化，单机功率等级范围为 10KVA ~ 500KVA，所有参数指标达到国家标准所示的一类水平。

项目的研究重点是基于 DSP 控制的高频模块化 UPS 供电系统的开发，首先进行的是大功率 IGBT 整流关键技术的研究，然后将解决有源功率因数校正（APFC）、大功率高频逆变、并联技术、热插拔、智能化监控等关键技术。研究周期从 2015 年 1 月至 2016 年 12 月，样机在 2016 年 6 月完成试制并开始销售。

UPS 电源系统的设计将实现模块化，对拟订方案分别进行器件级、电路级和系统级仿真，然后在此基础之上完成各模块的软硬件设计，再进行系统联调。重视产品可靠性和电磁兼容设计，产品实现小批量生产后根据客户的反馈不断优化。

基于这两个子课题发表高水平学术论文 6 篇以上，申请专利 2 件以上，并且打包进行科技成果鉴定，申报广州市和广东省科技进步奖。

2. 基于高可靠驱动电源的智能 LED 照明系统项目研究计划

本子课题的技术路线包括大功率低压直流区域供电电源研制、LED 灯具和多传感器集成、系统集成等：将提出的大功率低压直流区域供电电源采用区域供电构思，采用 CAN 总线作为区域信息传输总线。LED 灯具和多传感器集成可以充分利用 LED 灯具监控信息的传递媒介进行温度、湿度、人员占用情况等信息的采集和获取。系统硬件集成包括在大功率低压直流区域供电电源的基础上增加接入互联网的能力，互联网交换机与大功率低压直流区域供电电源的匹配、电源与 LED 灯具及多传感器的匹配等。系统软件集成主要指在场景识别算法的基础上实现智能终端的用户界面软件或 APP，完成场景识别功能、LED 灯具的监控功能和故障诊断功能。

项目计划先进行 30W ~ 300W 大功率 LED 智能驱动电源的设计，然后实现对 LED 灯

具调光、亮度反馈、状态查询、故障报警、分组控制等智能化管理，系统将支持多传感器集成、CAN 总线，采用以太网组网技术。研究周期从 2014 年 9 月至 2016 年 10 月。在 2016 年 4 月完成试制并开始销售，此后不断优化。根据本子课题发表高水平学术论文 2 篇以上，申请专利 2 件以上。

电子信息工程技术研发中心的建设并不是单纯地进行产品研发，而是要切实提高团队中教师特别是青年教师的教学科研水平，加强专业建设、课程建设以及实验实训室的建设，指导学生校外实践和毕业实习，并与公司联合申报省级工程技术研究开发中心和申报省级科技进步奖，以期获得较大的经济效益和社会效益，为校企合作并实现学院自主创新能力的提升提供成功范例。

三、学院政策保障措施

（1）提供充分的实验实训场地。学院根据投入情况提供现代电力电子技术、LED 照明系统两个实验实训室场地。

（2）提供相应的配套资金。由学院负责提供建设项目配套资金。

（3）大力加强师资队伍建设，注重青年教师的培养。电子信息工程技术研发中心的人员以及学院其他部门的科研人员，均能够参与该项目的建设，特别是为青年教师提供一个良好的研究平台。

（4）学院体制机制创新，能够为该项目的运行提供管理保障。

（5）本项目的时间跨度较大，学院各部门的工作协调是本项目实施的重要保障。

参 考 文 献

[1] 顾明远. 教育大词典：第三卷 [M]. 上海：上海教育出版社，1991.

[2] 姚启和. 高等教育管理学 [M]. 武汉：华中理工大学出版社，2000.

[3] 吕鑫祥. 高等职业技术教育研究 [M]. 上海：上海教育出版社，1998.

[4] 石伟平. 比较职业技术教育 [M]. 上海：华东师范大学出版社，2001.

[5] 王明伦. 高等职业教育发展论 [M]. 北京：教育科学出版社，2005.

[6] 马庆发. 中国职业技术教育研究新进展 [M]. 上海：华东师范大学出版社，2008.

[7] 徐辉，季诚钧. 独立学院人才培养的理论与实践 [M]. 杭州：浙江大学出版社，2007.

[8] 罗强. 高等工程教育人才培养模式 [M]. 成都：四川教育出版社，1997.

[9] 喻本伐，熊贤君. 中国教育发展史 [M]. 武汉：华中师范大学出版社，2000.

[10] 刘献君. 高等学校战略管理 [M]. 北京：人民出版社，2008.

[11] 吴雪萍. 国际职业技术教育研究 [M]. 杭州：浙江大学出版社，2004.

[12] 邬大光. 中国高等教育大众化问题研究 [M]. 北京：高等教育出版社，2004.

[13] 姜大源. 当代德国职业教育主流教学思想研究 [M]. 北京：清华大学出版社，2007.

[14] 中国职业技术教育学会. 全面建设小康社会：现代职业教育体系构建 [M]. 北京：科学出版社，2003.

[15] 童加斌. 高职教学改革探索与实践 [M]. 南京：东南大学出版社，2010.

[16] 崔岩. 高等职业教育集团化办学典型案例 [M]. 西安：西安电子科技大学出版社，2014.

[17] 徐和昆. 高职教育特色院校建设的探索与实践 [M]. 杭州：浙江大学出版社，2015.

[18] 姚奇富. 高等职业教育办学模式创新研究 [M]. 杭州：浙江大学出版社，2009.

[19] 宋永泽，曹暄玮，王梦云. 职业教育的教育特性 [J]. 教育理论与实践，2003 (24).

[20] 王梦云. 职业教育的特征研究 [J]. 山西大学学报（哲学社会科学版），2005 (6).

[21] 黄中益. 新世纪初我国高等职业学校的特色 [J]. 湖南师范大学教育科学学报，2002 (1).

[22] 邓耀彩. 经验性技术发明与高等院校的研究功能：兼论强化高职院校的研究功能 [J]. 高等教育研究，2005 (6).

[23] 夏建国. 技术本科教育的理论与实践 [D]. 上海：华东师范大学，2007.

[24] 易元祥. 中国高等职业教育的发展研究 [D]. 武汉：华中科技大学，2004.

［25］陈先运. 高等职业教育与地方经济建设发展的关系［J］. 中国高教研究，2005（3）.

［26］孙玉杰. 超越高等教育大众化理论［J］. 山东社会科学，2007（7）.

［27］邬大光. 高等教育大众化的理论内涵和概念解析［J］. 教育研究，2004（9）.

［28］黄克孝. 职业和技术教育课程概论［M］. 上海：华东师范大学出版社，2001.

［29］张仪卿. 黄炎培职教思想与素质教育［J］. 教育与职业，2001（4）.

［30］王凤君，杜国城. 试论高等职业教育的人才培养模式［J］. 职业技术，2006（10）.

［31］全国教育科学规划领导小组办公室. 全国教育科学"十五"规划学科发展报告［M］. 北京：教育科学出版社，2008.

［32］姜军. 中国职业技术教育体系建构研究［D］. 哈尔滨：哈尔滨工业大学，2005.

［33］赵金昭. 我国高等职业教育体系与培养模式研究［D］. 天津：天津大学，2006.

［34］路书红. 当代国外高等职业教育的发展趋势［J］. 山东师范大学学报（人文社会科学版），2001（4）.

［35］马世品. 英国职业技术教育发展态势及其启示［J］. 广东职业技术师范学院学报（社会科学版），1998（3）.

［36］韩包海. 构建工学结合人才培养模式的长效机制［J］. 高等职业教育—天津职业大学学报，2007（6）.

［37］黄永刚. 高职院校实施产学合作教育的价值认识［J］. 教育与职业，2001（9）.

［38］陈维彬. 高职教育工学结合人才培养模式的理论与实践探索［J］. 教育与职业，2007（21）.

［39］薛国红，赵文华. 专业：高等教育学理论体系的中介概念［J］. 上海高教研究，1997（4）.

［40］蒋乃平. 集群式模块课程属于多元整合型课程：对"宽基础、活模块"的再思考之八［J］. 教育与职业，1999（8）.

［41］陈解放. 工学结合教育模式可持续发展的理性期待［J］. 中国高教研究，2006（8）.

［42］王霞. 职业教育推进工学结合的制度保障［J］. 职业技术教育，2007.

［43］霍汉平，贾振安，王宏亮. 实行校企合作是高职教育的必经之路［J］. 教育与职业，2004（31）.

［44］刁叔钧，吴勇华. 产学合作教育与大学生就业竞争力培养［J］. 江西教育科研，2007（10）.

［45］应金萍，潘瑶珍. "工学结合"课程体系构建的制约因素及解决途径［J］. 职业技术教育，2008（2）.

［46］贺文瑾. 职教教师教育的反思与建构［D］. 上海：华东师范大学，2007.

［47］同济大学职业技术教育学院课题组. 教育部全国教育科学"十五"规划重点课题"职教师资培养策略体系国际比较研究"总报告［J］. 中国职业技术教育，2006（1）.

［48］湛启标，李培青. 论终身教育体系的框架与构建［J］. 终身教育，2003（1）.

［49］叶小明，朱雪梅. "双师型"教师队伍建设的影响因素与模式探讨［J］. 高等工程教育研究，2006（4）：56－58.

［50］邹晓春，李佑成．中外高等职业教育人才培养模式之比较［J］．职业教育研究，2005（2）．

［51］厉以贤．教育与生产劳动相结合的理论及其发展［J］．江苏高教，1995．

［52］王林．高职教育人才培养模式的构建［J］．黑龙江高教研究，2008（4）．

［53］周济．工学结合、半工半读、实现我国职业教育改革和发展的新突破［Z］．在天津职业教育座谈会上的讲话，2005．

［54］耿洁．构建工学结合培养模式框架设想［J］．中国职业技术教育，2006（31）．

［55］高志敏．终身教育、终身学习与学习化社会［M］．上海：华东师范大学出版社，2005．

［56］牛晓燕．德国职教师资培养体系及其特点［J］．中国职业技术教育，2007（9）．

［57］彭爽．美国、德国、日本高职师资队伍建设的特色与启示［J］．职业教育研究，2006（12）．

［58］贺文瑾．部分发达国家职教师资培训的特点［J］．国外职业教育，2006（4）．

［59］时伟．专业化视野下教师继续教育的理论与实践［D］．上海：华东师范大学，2003．

［60］易红郡．英国教师职前培养、入职培训和在职进修的一体化及其特征［J］．高等师范教育研究，2003（4）．

［61］彭红玉．发达国家高职院校聘任兼职教师的比较［J］．职教论坛，2004（31）．

［62］李燕．美国高校兼职教师的发展研究［J］．国家行政教育学院学报，2005（7）．

［63］王春丽．中德两国职业教育师资队伍建设的比较研究［J］．河北师范大学学报（教育科学版），1999（1）．

［64］朱超华．大学教师管理制度改革的理性思考：从日本大学教师管理制度中得到的启示［J］．高教探索，1999（3）．

［65］温潘亚．建构科学公正的学术评价标准［J］．中国高等教育，2005（5）．

［66］本刊评论员．增强学术道德建设的紧迫感和责任感［J］．中国高等教育，2002（9）．

［67］郑永廷．高校思想政治教育面临的时代性课题［J］．中国高等教育，2003（21）．

［68］陈利荣．加强党风廉政教育促进和谐校园建设［J］．学校党建与思想教育，2008（9）．

［69］李莉．从文化经济视角关注大学生思想政治教育［J］．教学与研究，2006（2）．

［70］杨斌．软科学大辞典［M］．北京：中国社会科学出版社，1991．

［71］毕宪顺．权力整合与体制创新［M］．北京：教育科学出版社，2006．

［72］李连宁．依法治教的探索［M］．北京：法律出版社，2003．

［73］张驰，韩强．学校法律治理研究［M］．上海：上海交通大学出版社，2005．

［74］徐复观，陈克艰．中国学术精神［M］．上海：华东师范大学出版社，2004．

［75］贺金瑞，王文东．以德治国与道德建设［M］．北京：民族出版社，2001．

［76］龚群．以德治国论［M］．沈阳：辽宁人民出版社，2002．

［77］王小梅，杨德广．科学发展观和中国高等教育［M］．上海：上海教育出版社，2006．

［78］魏士强．关于党委领导下的校长负责制的法律思考［J］．中国高等教育，2005（2）．

［79］顾海良．关于加强和改进党委领导下校长负责制的思考［J］．中国高等教育，2003（18）．

[80] 路景山，王仁锁. 加强对在校大学生的法制教育 [J]. 理论前沿，2002 (7).

[81] 秦惠氏. 应尽快完善高校管理的法律秩序 [J]. 中国高等教育，2001 (13－14).

[82] 孙霄兵. 把握关键环节提升依法治校水平 [J]. 中国高等教育，2003 (17).

[83] 申素平. 对学校法人地位的新思考 [J]. 中国高等教育，2005 (3).

[84] 温潘亚. 量化标准与学术失范 [J]. 江西社会科学，2004 (1).

[85] 华正伟. 略论大学生学术道德建设 [J]. 道德与文明，2007 (4).

[86] 蔡宝刚. 论法德和谐与社会和谐 [J]. 扬州大学学报，2005 (6).

[87] 曹文泽. 高校廉政文化建设须把握的几个问题 [J]. 中国高等教育，2005 (6).

[88] 胡颀. 高校校园文化建设的根本任务研究 [J]. 洛阳师范学院学报，2007 (4).

[89] 杨玉圣. 学术腐败、学术规范与学术伦理：关于高校学术道德建设的若干问题 [J]. 社会科学论坛，2002 (6).

[90] 谢和平. 以健全管理运行机制为根本完善党委领导下的校长负责制 [J]. 中国高等教育，2003 (23).

[91] 王伟廉. 高等学校课程研究导论 [M]. 广州：广东高等教育出版社，2008.

[92] 李海宗. 高等职业教育概论 [M]. 北京：科学出版社，2009.

[93] 杨文明. 高职项目教学理论与行动研究 [M]. 北京：科学出版社，2008.

[94] 徐同文. 大学品牌战略 [M]. 北京：高等教育出版社，2008.

[95] 吴兆方，陈光曙. 高等职业教育“两高一新”人才培养模式的研究 [M]. 北京：高等教育出版社，2009.

后　记

深化高职院校教育教学改革，开展协同机制创新改革研究与实践，是各高职院校所肩负的重要职责和主要任务。进入新时代，教育改革既面临着许多新情况新问题，也恰逢难得的发展新环境新机遇，特别是党的十八大以来，教育改革呈现出前所未有的勃勃生机，各高职院校创造出许多改革创新的新经验。伴随教育事业的发展，广州科技贸易职业学院在探索教育教学改革和协同机制研究等方面也取得了一定的成绩。这些收获主要是在上级机关部门、相关院校、院士专家的关心和指导下，学院班子及全体师生共同努力下取得的。在此将高职院校协同创新探索的心得整理成册，期望对高职院校教育教学改革起到一定的借鉴和帮助作用。

出版之际特别需要说明的是，本书是学院"'政校行企'协同创新高职人才培养机制研究与实践工作方案"成果之一，在选编时得到了课题组全体成员的大力支持和积极配合，对部分内容做了一些调整和修改，谢继延和董加喜校长对全书进行了修改和审稿，范琳、曾兰燕老师参加了本书的编写和统稿工作，大家都付出了辛勤的劳动。本书在编写过程中，还得到了黎启健、黄国良两位老同志等有关人员的热情关心帮助，在此一并致谢。

由于课题组水平有限，书中如有疏漏和不足，请广大读者予以指正。

"'政校行企'协同创新高职人才培养机制
研究与实践工作方案"课题组
2020 年 3 月 3 日